Norbert Vörding & Andreas Weber

Geschichte(n) der Seefahrt

Band III – Seemächte und Seefahrtsrouten

Norbert Vörding & Andreas Weber

Geschichte(n) der Seefahrt

Band III – Seemächte und Seefahrtsrouten

Koehlers Verlagsgesellschaft mbH

Dankeschön!

Geschichte im Allgemeinen und Seefahrtsgeschichte im Besonderen leicht verständlich und möglichst unterhaltsam darzustellen – und auf diese Weise nicht nur, aber auch Leser an Themen heranzuführen, die damit an sich nicht allzu viel am Hut haben – das ist seit Band I der »Geschichte(n) der Seefahrt« unser Anliegen. Dass ein solches Vorhaben recht arbeitsintensiv ist und eine Menge Zeit in Anspruch nimmt, hat sich bei der Arbeit zu Band III wieder einmal bestätigt. Ob es sich allerdings nur um ein subjektives Empfinden handelt, dass der Aufwand mit jedem Band zunimmt, oder ob wir nur intensiver recherchieren und länger an den treffendsten Formulierungen feilen, können wir nicht mit Gewissheit sagen. Vielleicht ist das ja auch eine Art »Naturgesetz« …

Eines ist auf jeden Fall gewiss: Ohne die Unterstützung von verschiedenen Seiten hätten wir den dritten Band, wie er nun vorliegt, nicht fertig stellen können. Daher geht unser Dank an all jene, die uns bei seiner Entstehung einmal mehr geholfen haben. Dazu gehören die Geschäftsleitung sowie die Mitarbeiterinnen und Mitarbeiter der Koehler Verlagsgesellschaft, der Grafiker Lothar Siems, der mit gewohnter Präzision die Seekarten im Innenteil erstellt hat, unsere »gute Seele« Frank Reiss sowie unsere »persönlichen« Korrektoren Gabi Thielecke und Dr. Werner Neumann. Ein besonderer Dank geht an Herrn Dr. Dietrich Kosciessa, dessen fachkundiger Rat bisweilen äußerst hilfreich war und dessen beachtliche private Seefahrts-Bibliothek unsere Recherchen erheblich erleichtert hat.

Natürlich gilt unser Dank auch unseren Ehefrauen Christiane und Elke sowie dem Filius Jonas Weber für ihre Motivation, ihre Geduld und ihr Verständnis – gerade auch mit Blick auf die fehlenden gemeinsamen Stunden.

Norbert Vörding, Andreas Weber

Ein Gesamtverzeichnis der lieferbaren Titel schicken wir Ihnen gerne zu.
Senden Sie bitte eine E-Mail mit Ihrer Adresse an:
vertrieb@koehler-books.de
Sie finden uns auch im Internet unter: www.koehler-books.de

Bibliografische Information der Deutschen Nationalbibliothek

Die Deutsche Nationalbibliothek verzeichnet diese Publikation in der Deutschen Nationalbibliografie; detaillierte bibliografische Daten sind im Internet über http://dnb.d-nb.de abrufbar.

ISBN 978-3-7822-1043-0

Produktion: Anita Böning

Produktionsmanagement: impress media GmbH, Mönchengladbach

Inhalt

Seefahrtsrouten

Einleitung

Nach den Entdeckern, Seefahrern, Freibeutern und Piraten in Band I sowie den Schiffsschicksalen und Schiffstypen in Band II stehen im vorliegenden dritten Band der »Geschichte(n) der Seefahrt« Seemächte bzw. Seefahrtsnationen und Seefahrtsrouten im Mittelpunkt.

Den Schwerpunkt bilden jene Kulturen, Völker, Volksgruppen oder Nationen, die sich in der Seefahrt durch besondere Leistungen und Entwicklungen oder einfach nur dank ihrer herausragenden Bedeutung hervorgetan haben. Dass der jeweilige Betrachtungshorizont in der Regel über das rein Seefahrerische hinausgeht, war nicht nur unvermeidlich, sondern durchaus beabsichtigt. Auch wenn als erstes Thema Ägypten und als letzte Seemacht die Vereinigten Staaten von Amerika behandelt werden, so ist das nicht etwa dem Alphabet geschuldet, sondern beruht auf der chronologischen Anordnung der Erzählungen. Anderenfalls hätten sich ja auch die Wikinger am Ende des ersten Teils von Band III wiedergefunden.

In der zeitlichen Reihenfolge ihres Entstehens bei natürlichen oder ihrer Errichtung bei von Menschenhand geschaffenen Wasserstraßen sind auch die Seefahrtsrouten angeordnet. Angesichts der zahllosen Kanäle und Meerengen in der ganzen Welt haben sich die Autoren auf die ihrer Ansicht nach wichtigsten oder spektakulärsten beschränkt. Ein Anspruch auf Vollständigkeit besteht ohnehin nicht: weder bei den Seefahrtsrouten noch bei den Seemächten. Dagegen hoffen die Autoren, ihrem Anspruch auf möglichst kurzweilige, informative und unterhaltsame Vermittlung von historischen Zusammenhängen gerecht zu werden, damit nicht nur die Wasser-, sondern auch die Landratten unter den Lesern bei der Lektüre dieser Seefahrtsgeschichten voll auf ihre Kosten kommen.

Die erste Hochkultur der Menschheitsgeschichte

Das alte Ägypten

Die Ursprünge des alten Ägypten reichen bis in die Jungsteinzeit, das Neolithikum, zurück. Im Allgemeinen wird darunter jene Epoche der Menschheitsgeschichte verstanden, in der sich der Übergang vom Sammler und Jäger zu sesshaften bäuerlichen Gemeinschaften vollzog. Von nun an betrieben die Menschen neben der Viehzucht auch Ackerbau, und allmählich entstanden die Voraussetzungen für ein arbeitsteiliges Wirtschaften und die Bildung gesellschaftlicher Schichten. Da diese Entwicklung in den verschiedenen Regionen der Erde nicht gleichzeitig stattfand, gibt es dafür auch keine einheitlich gültige Zeitspanne, und selbst die Angaben über die Dauer des Neolithikums weichen je nach ihrem regionalen Auftreten bisweilen erheblich voneinander ab. Fest steht indes, dass dieser Übergang, der auch als »Neolithische Revolution« bekannt ist und von vielen Wissenschaftlern als der wichtigste Umbruch der Menschheitsgeschichte angesehen wird, zuerst im Nahen Osten stattgefunden hat – in dem als »Fruchtbarer Halbmond« bezeichneten Gebiet im Norden der arabischen Halbinsel. Hier nahm die Jungsteinzeit vor etwa 11.000 Jahren ihren Anfang.

Im alten Ägypten, das zwar ebenfalls dem Nahen Osten, nicht jedoch dem Kerngebiet des »Fruchtbaren Halbmondes« zugeordnet wird, entstanden die ersten neolithischen Kulturen erst ca. vier Jahrtausende später. Die frühesten von ihnen wie die Merimde- oder die Fayum-A-Kultur entwickelten sich aller Wahrscheinlichkeit nach ab Beginn des 5. vorchristlichen Jahrtausends in der Nähe des Nildeltas bzw. etwas weiter südlich davon in dem oasenartigen Fayum-Becken. Ab dieser Zeit bildeten sich entlang des gesamten Flussverlaufs immer mehr menschliche Ansiedlungen heraus, die von den regelmäßigen Überschwemmungen profitierten, die die Ufer des längsten Stroms der Erde in steter Regelmäßigkeit Jahr für Jahr mit nährstoffreichem Schlamm bedeckten.

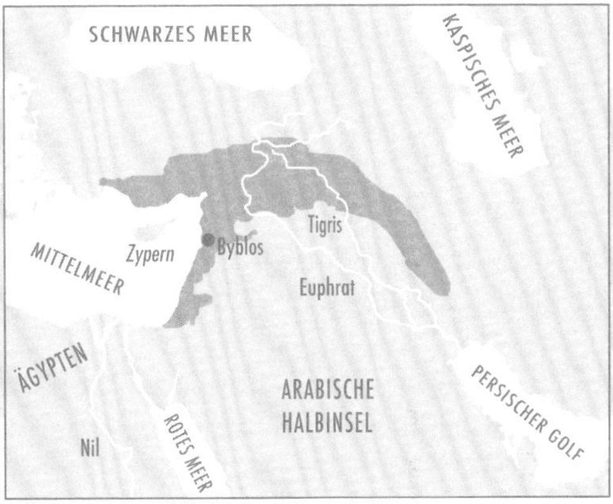

Der »Fruchtbare Halbmond« beschreibt ein Gebiet, das sich halbkreisförmig vom Zagrosgebirge im Osten (heute Iran) über das sogenannte »Zweistromland« zwischen Euphrat und Tigris bis zum Mittelmeer im Westen erstreckt.

So wurde das lange, gewundene Tal, das der Nil in die Wüste gegraben hatte, nach und nach besiedelt und kultiviert. Aus diesen Anfängen entstand im Lauf mehrerer Jahrhunderte die erste Hochkultur in der Geschichte der Menschheit: das alte Ägypten. Vom Beginn der mehrere Jahrhunderte dauernden Vereinigung Ober- und Unterägyptens gegen Ende des 4. Jahrtausends bis zum Ende des Reichs der Pharaonen als römische Provinz im Jahre 30 v. Chr. vergingen mehr als 3.000 Jahre. Davon machten aber nur gut zwei Drittel die Hochphase des alten Ägyptens aus: das Alte, das Mittlere und das Neue Reich. Verglichen mit späteren Hochkulturen wie denen der alten Griechen und Römer oder der süd- und mittelamerikanischen Inka, Maya und Azteken war das eine vergleichsweise lange Zeitspanne.

Die eigentliche Geschichte der ägyptischen Hochkultur begann unter der Herrschaft des Pharaos Chasechemui (2734 bis 2707 v. Chr.) mit der endgültigen Vereinigung Ober- und Unterägyptens. Sie markierte den Beginn des Alten Reiches. Nach dem Tod Chasechemuis gelangte Pharao Djoser auf den Thron. Von seiner 20-jährigen Herrschaft ist nicht viel überliefert, aber eines dann doch: Er war der erste Pharao, der sich eines

Mit der Vereinigung von Unter- und Oberägypten unter Pharao Chasechemui (gest. 2707 v. Chr.) begann die altägyptische Epoche des Alten Reiches.

jener monumentalen Bauwerke errichten ließ, die für Ägypten zu einer Art Markenzeichen werden sollten. Südlich des heutigen Kairo entstand vor ziemlich genau 4.700 Jahren die erste Pyramide aller Zeiten: die Stufenpyramide von Saqqara.

Doch schon lange vorher müssen die Ägypter Schiffe benutzt haben. Darauf deuten jedenfalls zwei ca. 7.000 Jahre alte Schiffsdarstellungen hin, die als die ältesten der Welt gelten. Aus Hierakonpolis, einem der ersten stadtähnlichen Zentren des alten Ägyptens, stammt die Wiedergabe eines Papyrusschiffs mit hochgezogenem Heck, Steuerruder und hüttenähnlichen Aufbauten. Auf der anderen Schiffsdarstellung, die sich auf einer Totenurne aus Luxor befindet, ist sogar bereits ein Segel zu erkennen. Das bedeutet, dass die Menschen schon mit den ersten neolithischen Kulturen damit begonnen haben, sich den Nil mit Hilfe von Schiffen nutzbar zu machen.

Angesichts der herausragenden Bedeutung des Stromes für die Entwicklungsgeschichte Ägyptens ist seine frühe Nutzbarmachung für die Schifffahrt auch naheliegend. Doch nicht nur der Nil selbst, sondern auch seine jährlichen Überflutungen verstärkten seit jeher das Bedürfnis der dortigen Siedler, sich mittels schwimmender Untersätze im wahrsten Sinne des Wortes über Wasser zu halten. Also entwickelte sich schon in der vordynastischen Zeit – Historiker gliedern die Geschichte Ägyptens von ca. 3300 v. Chr. bis zum Beginn der Herrschaft Alexander des Großen 332 n. Chr. in über 30 Dynastien – eine Flussgesellschaft. Der fast 7.000 Kilometer lange Nil war die Hauptschlagader des Landes, und die Flussschifffahrt diente neben dem Fischfang schon früh dem Transport von Personen sowie Handels- und Gebrauchsgütern. Darüber hinaus gilt es als erwiesen, dass die Ägypter spätestens ab Ende des vierten Jahrtausends v. Chr. auch Seeschifffahrt betrieben haben. Darauf verweisen Dokumente, die einen schwunghaften Handel mit der reichen phönizischen Hafenstadt Byblos an der Mittelmeerküste des heutigen Libanon belegen, durch den sich die Ägypter mit Keramikerzeugnissen und speziell mit Zedernholz für den Schiffbau versorgten, während sie selber Kleinkunstobjekte wie Goldperlen oder Steinvasen exportierten.

Mitte der ersten Hälfte des 3. Jahrtausends v. Chr. schließlich ist eine Expedition unter der Leitung des Ägypters Hannu ins Rote Meer belegt. Zu den Waren, die er von dieser Reise zurückbrachte, gehörten unter an-

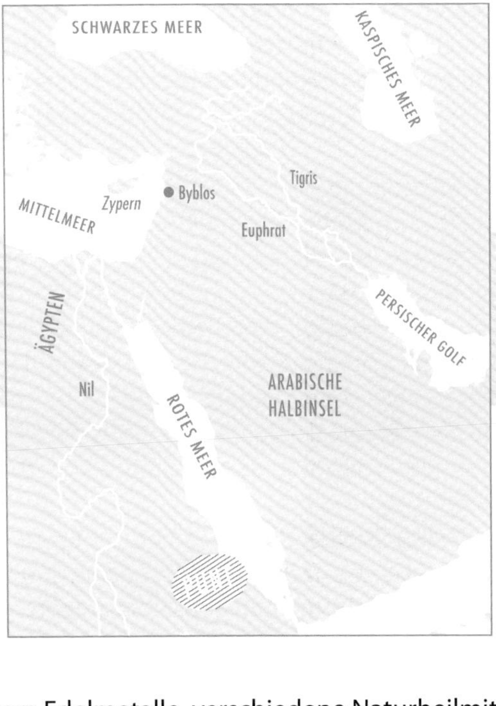

Hier im Süden des Roten Meeres könnte das sagenhafte »Goldland« Punt gelegen haben.

derem Edelmetalle, verschiedene Naturheilmittel, Weihrauch und Myrrhe. Der erste schriftlich überlieferte Bericht über den ägyptischen Seehandel stammt aus der Zeit um 2600 v. Chr. Er erzählt von einer Flotte von ca. 40 Schiffen, die während der Regentschaft des Pharaos Snofru Zedernholz aus Phönizien nach Ägypten beförderten. Nur etwa ein Jahrhundert später gab es auf dem Seeweg über das Rote Meer einen regelmäßigen Warenaustausch zwischen Ägypten und dem historischen Land Punt, das nach neuesten Erkenntnissen im heutigen Südsudan oder Nordostäthiopien gelegen haben dürfte. Zu den begehrten Importgütern von dort zählten Weihrauch und Elfenbein ebenso wie exotische Tiere und Sklaven. Ungefähr zu jener Zeit erreichte der Seehandel mit Byblos einen Höhepunkt, das neben dem Zedernholz und Keramiken auch Öle, Harz, Kupfer, Lapislazuli und andere Produkte lieferte, während aus Ägypten unter anderem Getreide, Leinen, Papyrus, Edelsteine sowie Gold und Elfenbein bezogen wurden – Handelswaren also, die zum Teil aus Punt stammten. Dann wurde Byblos etwa 2200 v. Chr. durch eine Invasion zerstört, woraufhin der ägyptische Seehandel mit der Stadt zum Erliegen kam. Kurz darauf ging auch die fünf Jahrhunderte währende Epoche des Alten Reichs infolge von sozialen Umwälzungen zu Ende. In Ägypten brach die Zentralgewalt zusammen, und das Land zerfiel in mehrere mehr oder weniger unabhängige Gaufürstentümer, was den Fernhandel letztlich fast vollends zum Erliegen brachte.

Historische Aufnahme der Cheops-Pyramide aus dem späten 19. Jahrhundert

Wichtige Aufschlüsse über die Schiffsbaukunst im alten Ägypten lassen sich auf den Totenkult zurückführen, der es verlangte, dass nach dem Tode eines Pharaos die Fahrt seines Leichnams auf dem Nil zur heiligen Stätte des Gottes Osiris erfolgen musste. Anschließend wurden die »Totenschiffe« mit in die Grabstätte des jeweiligen Herrschers gelegt. Anderen weniger hohen Würdenträgern wurden immerhin noch Schiffsmodelle anstelle von Originalschiffen mitgegeben, die ebenfalls Kenntnisse über den ägyptischen Schiffbau vermittelten. Zu den bemerkenswertesten Entdeckungen dieser Art kam es 1954 am Südende der Cheops-Pyramide, der ältesten und größten der drei Pyramiden von Giseh. Unter 40 gewaltigen, jeweils etwa 20 Tonnen schweren Feldsteinen stießen Archäologen in einer luft- und wasserdicht abgeschlossenen Erdkammer auf bestens erhaltene Teile eines Schiffes. Nach zwei Jahren der Bergung und Konservierung der über 1.200 Einzelteile begannen Spezialisten mit der Rekonstruktion desjenigen »Totenschiffes«, an dessen Bord der legendäre Pharao Cheops – er regierte als Nachfolger des Pharaos Snofru von 2604 bis mindestens 2581 v. Chr. – seine allerletzte »Reise« angetreten haben soll. Es entstand ein 43,30 Meter langes und 5,90 Meter breites Schiff, dessen kielloser Flachboden aus Zedernholzplanken zusammengesetzt war. Mit seinem Alter von über 4.500 Jahren ist es das älteste erhaltene, aus Holz gebaute Wasserfahrzeug der Welt. Angeblich soll es aber nur zum Zweck der Grabbeigabe und nicht zum tatsächlichen Transport des Leichnams erbaut worden sein.

Eine der detailreichsten Darstellungen altägyptischer Seeschiffe hat neben den Funden der Nilschiffe weitere interessante Erkenntnisse über den damaligen Schiffbau gebracht. Ein Reliefbild, das in dem Grabmal des Pharaos Sahure (2496 bis 2483 v. Chr.) gefunden wurde, zeigt die älteste Abbildung eines Seeschiffes. Es erinnert an die traditionell für die Flussschifffahrt konzipierten kiellosen Nilschiffe, da deren Bauweise trotz der gänzlich anderen Anforderungen an die Seeschifffahrt im Wesentlichen beibehalten wurde. Um die Stabilität zu erhöhen und dem Seegang zu widerstehen, wurden immerhin die seitliche Beplankung erhöht und zudem die Festigkeit des Schiffskörpers durch eine vom Bug zum Heck gespannte mächtige Trosse verstärkt. Auffallend war eine weitere technische Neuerung: Der Mast konnte im Bedarfsfall mitsamt dem Segel umgelegt werden. Diese Einrichtung war deshalb so wichtig, weil die Segel bis dahin starr befestigt waren und daher nicht ganz oder auch nur teilweise heruntergelassen werden konnten. Bei Windstille oder Gegenwind, wenn die umgangssprachlich als Ruder bezeichneten Riemen eingesetzt werden mussten, bewirkte das Segel förmlich eine Bremswirkung. Diese konnte nun durch den umklappbaren Mast vermieden werden.

Nach dem Ende des Alten Reichs (ca. 2700 bis 2170 v. Chr.) gab es für die Dauer von fast sieben Jahrhunderten keine erwähnenswerten Änderungen im ägyptischen Schiffbau – also auch nicht während der verhältnismäßig kurzen Epoche des Mittleren Reichs (ca. 2050 bis 1790 v. Chr.). Im Gegenteil: Dem Mittleren Reich folgte eine gut zweieinhalb Jahrhunderte dauernde Phase des Niedergangs, begleitet von inneren Unruhen, einem erneuten Verfall der Zentralgewalt, der Spaltung des Landes sowie einer von Einwanderern aus Vorderasien ausgeübten Fremdherrschaft. Ägypter herrschten lediglich noch in Oberägypten um Theben herum. Aufgrund der instabilen Gesamtsituation mangelte es an den finanziellen wie organisatorischen Möglichkeiten, eine im Roten Meer operierende Handelsflotte samt den dafür erforderlichen Einrichtungen wie Werften, Häfen, Lagerstätten und anderem aufrechtzuerhalten. Dadurch kam der lukrative Seehandel mit dem Land Punt zum Erliegen.

Nachdem es den Ägyptern Mitte des 16. vorchristlichen Jahrhunderts gelungen war, sich von der Fremdherrschaft zu befreien und das Land erneut zu vereinen, begann unter Pharao Ahmose I. (1550 bis 1525 v. Chr.) die Epoche des Neuen Reichs. Sie erreichte ihre absolute Blütezeit im 15. Jahrhundert unter der Regentschaft von Pharaonin Hatschepsut (1479 bis 1458) und der ihres Stiefsohnes Thutmosis III. Sie war zwar nicht die erste, sondern die zweite Frau, die sich mit der Doppelkrone des Pharaos – dem Herrschersymbol des vereinten Ägyptens – schmückte, doch sie war die erste Pharaonin von Bedeutung und damit zugleich die erste große Königin in der Geschichte der Menschheit.

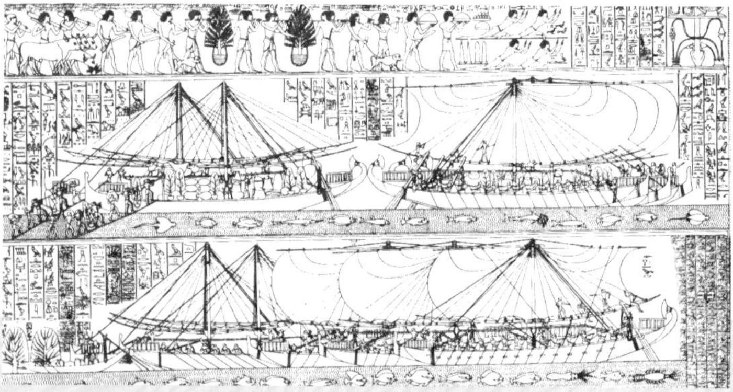

Darstellung von Handelsschiffen der ägyptischen Puntflotte mit zahlreichen filigranen Details (von einer Wandmalerei im Grabtempel der Pharaonin Hatschepsut)

Berühmt wurde sie jedenfalls unter anderem durch die Entsendung einer viel beachteten Schiffsexpedition nach Punt. Das bedeutet, dass sie nach etwa 300 Jahren die direkte Handelsverbindung mit diesem afrikanischen Land wieder herstellte. Darauf verweist auch eine Folge bemerkenswerter Darstellungen an einer Wand ihres Grabtempels in Deir el-Bahari.

Sie zeigt in beachtlicher Detailfülle das Einlaufen einer ägyptischen Flotte in den Hafen von Punt, das Beladen der Schiffe mit verschiedensten Waren bis hin zum Ablegen. Die neben diesen Szenen eingemeißelten Beischriften geben Hinweise auf die Güter, darunter diverse Edelhölzer wie Ebenholz, Weihrauch und Myrrhe, Gold und Elfenbein, Tierhäute und Jagdspeere sowie Eingeborene mit Kindern und mehr als 3.000 Tiere, darunter verschiedene Affen und sogar ein Leopard.

Gegenüber den etwa 1.000 Jahre älteren Seeschiffen aus der Zeit von Pharao Sahure waren grundlegende Verbesserungen vorgenommen worden. Sie betrafen die Steuerung ebenso wie die Segeltechnik und darüber hinaus die Konstruktion der Schiffskörper, die jetzt deutlich schlanker waren. Eingezogene Balken auf dem Deck sorgten für eine Verstärkung des gesamten Rumpfes, und der Mast musste nicht mehr umgelegt werden, weil inzwischen die Technik des Reffens, also des Zusammenziehens des Segels am Mast, bekannt war. Außerdem war es gelungen, die Segelfläche durch wesentlich breitere Rahen erheblich zu vergrößern. Dies sorgte nicht nur für eine höhere Geschwindigkeit, sondern erlaubte es auch, die Masten zu verkürzen. Dank der geringeren Hebelwirkung konnten die bisher verwendeten doppelten Mastfüße durch einen einzigen durchgehenden Mastbaum ersetzt werden. Neu waren auch die mittels einer Ruderpinne gelenkten sowie jeweils links und rechts des Hecks fest angebrachten Steuerruder.

Unter Hatschepsut und ihrem Nachfolger Thutmosis III. erfuhr Ägypten nicht nur die höchste Blütezeit, sondern auch die größte Ausdehnung seiner Geschichte. Sie reichte vom heutigen Nordsudan im Süden bis zur Ostküste des Mittelmeers inklusive Phönizien und Syrien im Norden. Mit 17 gewonnenen Feldzügen in der Zeit seiner 23-jährigen Alleinherrschaft sorgte Thutmosis III. nicht nur für eine Gebietserweiterung, sondern vor allem für eine Sicherung des Reichs nach außen. Verbunden mit einer klugen Innen- und Außenpolitik, war dies zudem die Grundlage einer wirtschaftlichen Hochzeit im Inneren. Dazu trugen der Seehandel über das Rote Meer ebenso bei wie der mit den vielen Mittelmeervölkern. So lieferte zum Beispiel Zypern das begehrte Kupfer, aus Kreta kamen Waffen, Kunstgegenstände sowie Schmuck, und aus Phönizien wurde neben dem begehrten Zedernholz für den Schiffbau und vielen anderen Produkten sogar der neuartige Stoff Glas importiert.

Von den herausragenden Leistungen Thutmosis III., der von vielen Historikern als der bedeutendste Pharao der altägyptischen Geschichte angesehen wird, profitierte das Land noch zwei bis drei Jahrhunderte lang. Zwar konnte zu Beginn des 12. Jahrhunderts v. Chr. im Mittelmeer noch ein Angriff der sogenannten »Seevölker« abgewehrt werden, doch zunehmende Korruption und Amtsmissbrauch sowie Angriffe von Libyern und anderen Völkern brachten das Reich mehr und mehr in Bedrängnis. Im Verlauf der folgenden 100 Jahre erlebte Ägypten einen steilen Niedergang. Versorgungsengpässe und Arbeiterstreiks gipfelten gegen 1070 v. Chr. in einem regelrechten Bürgerkrieg und besiegelten das Ende des Neuen Reichs. In der Folge erlangten unter anderem Libyer, Nubier, Assyrer sowie schließlich Perser die Macht über das Land der Pharaonen. 332 v. Chr. nahm Makedonenkönig Alexander der Große bei seinem Feldzug gegen Persien auch das persisch besetzte Ägypten ein. Nach Alexanders Tod sowie Erbstreitigkeiten unter seinen Feldherren und Nachfahren fiel es 306 v. Chr. an Ptolemaios I., der die knapp 300 Jahre währende Herrschaft der Ptolemäer über Ägypten begründete. Am Ende dieser finalen Epoche stand Pharaonin Kleopatra VII., die sich im Jahr 30 v. Chr. das Leben nahm – ein Jahr nach der Niederlage in der entscheidenden Seeschlacht bei Actium zwischen der ägyptischen und der römischen Flotte. Ägypten wurde bekanntlich zu einer Provinz des Römischen Reiches herabgestuft. Damit war die mehr als 3.000-jährige Geschichte des Reichs der Pharaonen beendet.

Die mangelnde Stabilität der ursprünglich für die Flussschifffahrt konzipierten ägyptischen Schiffe, deren Grundkonstruktion für die Seeschifffahrt übernommen wurde, verhinderte eine Übernahme der Bauweise für die folgenden großen Seefahrtsnationen wie die Phönizier, die Griechen oder die Römer. Daher hatte die erste Hochkultur der Menschheit trotz ihrer beachtlichen Dauer und zum Teil durchaus bemerkenswerter Leistungen keine nennenswerten Auswirkungen auf die weitere Entwicklung des Schiffbaus oder der Seefahrt.

Die erste große See- und Handelsmacht im Mittelmeer

Phönizien

Während die Begriffe Antike und Altertum von den meisten Menschen im westlichen Kulturkreis vermutlich als gleichbedeutend angesehen werden, machen manche Historiker hier durchaus einen Unterschied. Sie verstehen unter der Antike die vergleichsweise kurze Zeitspanne vom 12. oder – je nach Betrachtungsweise – vom 8. vorchristlichen Jahrhundert bis in der Regel zum späten 5. Jahrhundert n. Chr. Zudem beschränkt sie sich räumlich auf den Mittelmeerraum und sachlich im Wesentlichen auf das alte Griechenland als Wiege der abendländischen Zivilisation und auf das Römische Reich als dessen Nachfolger. Das Altertum hingegen beginnt diesem Ansatz folgend bereits Mitte des 4. Jahrtausends v. Chr. mit der Entwicklung der Schrift als menschlicher Kommunikationsform und endet vergleichbar dem Ende der Antike. Außerdem umfasst das Altertum die altorientalischen Hochkulturen, wie z. B. Ägypten, Anatolien, Assyrien, Mesopotamien, Persien und andere. Beide Definitionen sind natürlich keineswegs verbindlich, sondern kennzeichnen nur verschiedene Auffassungen die Antike oder das Altertum betreffend. Auch fallen aus den beiden europäisch bzw. europäisch-orientalisch geprägten Betrachtungen frühe asiatische und amerikanische Kulturen komplett heraus, was zum Beispiel erklärt, warum die Große Mauer in China nicht den berühmten sieben Weltwundern der Antike zugerechnet wird.

Doch bleiben wir beim Mittelmeerraum, der schließlich nicht nur aus entwicklungsgeschichtlicher, sondern speziell auch aus seefahrerischer Sicht von großem Interesse ist. Wann genau welche Mittelmeeranrainer sich zuerst von der reinen Küstenfischerei der Fahrt über das Meer zuwandten, ist ungewiss. Als gesichert hingegen gilt, dass schon im 7. Jahrtausend vor Christus Bewohner der auf der griechischen Halbinsel Peloponnes gelegenen Franchthi-Höhle zur Insel Melos gelangten, um von dort das begehrte Obsidian, ein vulkanisches Gesteinsglas, als Rohstoff für die Herstellung von Werkzeugen zu beschaffen. Im darauffolgenden 6. Jahrtausend besiedelten und kolonisierten neolithische Bauern die beiden großen Mittelmeerinseln Kreta und Zypern. Bei ihren Fahrten dorthin müssen sie auf ihren schwimmenden Untersätzen – waren es nun Boote oder vielleicht doch nur Flöße – bereits Haustiere mit sich geführt haben. Doch erst im 3. vorchristlichen Jahrtausend entwickelte sich ein regelmäßiger Fernhandel über das Mittelmeer wie zum Beispiel zwischen der Stadt Byblos an der Küste des heutigen Libanon und Ägypten oder zwischen Inseln der Kykladen im Ägäischen Meer und der Iberischen Halbinsel.

Also schon lange, bevor die alten Griechen in Form des Attischen Seebundes – einem Bündnissystem zwischen diversen griechischen und kleinasiatischen Stadtstaaten unter Führung Athens – Mitte des 1. Jahrtausends v. Chr. auf den Plan traten, gab es im Mittelmeer einen recht lebhaften Handelsverkehr. Daher sollte der Betrachtungszeitraum auch früher beginnen als der in der eingangs erwähnten »Antike im engeren Sinn«, die im Gegensatz zum weiter gefassten »orientalischen Ansatz« als klassische Altertumsforschung bezeichnet wird: mit der See- und Handelsmacht der Phönizier.

Doch halt: Gab es nicht noch etwas davor? Eine Mittelmeerinsel, von der die erste sogenannte »Thalassokratie« der Weltgeschichte ausging? Abgeleitet von den altgriechischen Begriffen »thàlassa« für Meer und »kratia« für Herrschaft bedeutet das »Seeherrschaft« – und die minoische Kultur auf Kreta, deren Name auf den legendären König Minos zurückgeht, soll die erste wirkliche Seemacht aller Zeiten gewesen sein. Darauf verweisen jedenfalls schriftliche Überlieferungen namhafter altgriechischer Autoren wie Thykidides, Herodot, Aristoteles und Platon. Deren Schilderungen verbindet allerdings ein nicht unerheblicher Makel: Sie wurden erst mehrere Jahrhunderte nach den darin geschilderten Ereignissen verfasst und werden in Hinblick auf die Aussage, Kreta hätte eine Seeherrschaft über die Ägäis und das östliche Mittelmeer ausgeübt, inzwischen von Historikern angezweifelt. Dennoch steht fest, dass das »Minoische Kreta«, dessen Existenz von ca. 2500 bis 1400 v. Chr. gedauert haben soll, über ausgezeichnete Seefahrer sowie schnelle Ruderschiffe verfügte und Handelskontakte mit der Ägäis, dem griechischen und kleinasiatischen Festland, Sizilien, Sardinien, Libyen, Ägypten sowie dem Vorderen Orient pflegte. Ihre höchste Blüte erlebte die minoische Kultur zwischen 1800 und 1500 v. Chr.

Ebenfalls in dieser Zeit, ab dem 17. vorchristlichen Jahrhundert, entwickelte sich nördlich von Kreta eine der ersten Hochkulturen des europäischen Festlandes: das mykenische Griechenland. Bezeichnet wird diese aus einer Reihe monarchisch geführter Städte bestehende Kultur nach der ersten von ihnen, die Archäologen im 19. Jahrhundert n. Chr. bei Ausgrabungen wiederentdeckten: der antiken Stadt Mykene. Stark beeinflusst von der minoischen Kultur, eroberten die mykenischen Griechen im Verlauf des 15. Jahrhunderts v. Chr. Kreta und übernahmen dessen Rolle als bedeutendste See- und Handelsmacht des Mittelmeers. In den folgenden Jahrhunderten erlebte nun die mykenische Kultur eine absolute Blütezeit, bis sie ab 1200 v. Chr. allmählich von der Bildfläche verschwand. Die Ursachen für diesen Niedergang der mykenischen Staatenwelt sind bis heute nicht zweifelsfrei geklärt, doch geht sie einher mit einem Zusammenbruch vieler Reiche, Inseln, Städte und Stadtstaaten im östlichen Mittelmeerraum zu jener Zeit. Zwei Begriffe fallen in diesem Zusammenhang immer wieder: zum einen »Seevölkersturm«, zum anderen »Dunkle Jahrhunderte«.

Während letztere Bezeichnung auf einer relativ großen historischen Unkenntnis über jene Vorgänge zwischen 1200 und 750 v. Chr. beruht, die sich allerdings seit den letzten Jahrzehnten dank archäologischer Funde mehr und mehr zu lichten beginnt, gibt die aus altägyptischen Quellen stammende Bezeichnung »Seevölker« noch heute einige Rätsel auf. Wer die Fremden waren, die nicht nur zum Niedergang des mykenischen Griechenlands, sondern auch maßgeblich zum Ende des Hethiterreiches in Anatolien beigetragen sowie Kreta, Zypern und die bedeutende Handelsstadt Ugarit an der Küste des heutigen Syriens angegriffen und weitgehend zerstört haben und woher sie kamen, ist nach wie vor nicht sicher. Dagegen steht fest, dass es gewaltige Wanderungsbewegungen gegeben hat, die Eroberungen, Plünderungen, Zerstörungen und Massenfluchten zur Folge hatten. Vor dem Beginn dieser »Dunklen Jahrhunderte« stand der Trojanische Krieg, bei dem vor allem macht- und wirtschaftspolitische Interessen im Mittelpunkt standen. Gleichzeitig kam es in den betroffenen Regionen zu einem spürbaren wirtschaftlichen sowie kulturellen Rückschritt, wofür das Verschwinden der Schrift speziell in Griechenland symptomatisch war.

Als sich das Dunkel der Geschichte im 8. Jahrhundert v. Chr. wieder aufzuhellen begann, erwuchs auf dem griechischen Festland sowie den ägäischen Inseln jene Kultur, die als das antike Griechenland in die Geschichte eingegangen ist. Doch schon vorher hatte ein anderes Volk das Vakuum ausgefüllt, das mit dem Niedergang der mykenischen Kultur und dem damit einhergehenden Erliegen des Seewesens im Mittelmeer entstanden war: die Phönizier. Sie hatten den »Seevölkersturm« weitgehend unbeschadet überstanden und im Lauf der dunklen Epoche eine See- und Handelsmacht auf die Beine gestellt, die hinsichtlich ihrer Reichweite und Ausdehnung im Mittelmeer und sogar darüber hinaus einzigartig ist. Keine der nachfolgenden Mächte, weder das aus einer phönizischen Kolonie hervorgegangene Karthago noch Persien, Griechenland, Rom, Byzanz, Italiens mächtigste Stadtrepubliken Venedig sowie Genua, das Osmanische Reich, ja nicht einmal das neuzeitliche Spanien, reichte in dieser Hinsicht an sie heran.

Doch wer waren die Phönizier überhaupt, deren Name vermutlich von dem altgriechischen Wort »phoinix« abstammt, das »purpurrot« bedeutet und auf die ureigene phönizische Handwerkstradition des Färbens von Stoffen mittels Purpurschnecken zurückgeht? Zwar steht außer Frage, dass sie wie die Äthiopier, die Araber, die Babylonier, die Syrer und viele andere der semitischen Sprachfamilie zuzurechnen sind, ihre genaue Herkunft ist jedoch nicht bekannt. Auch wird häufig in Zweifel gezogen, dass es sich tatsächlich um ein Volk mit einer nationalen Identität gehandelt habe, da Phönizien im Grunde kein staatsähnliches Gebilde war, sondern lediglich eine Ansammlung einiger relativ weit entwickelter, mitunter heftig rivalisierender Städte. Diese hatten sich in der »klassischen Levante« gebildet – jenem Küstenbereich des östlichen Mittelmeers samt Hinterland, den sich heute Syrien, der Libanon, Israel sowie das palästinensische Autonomiegebiet im Gazastreifen teilen.

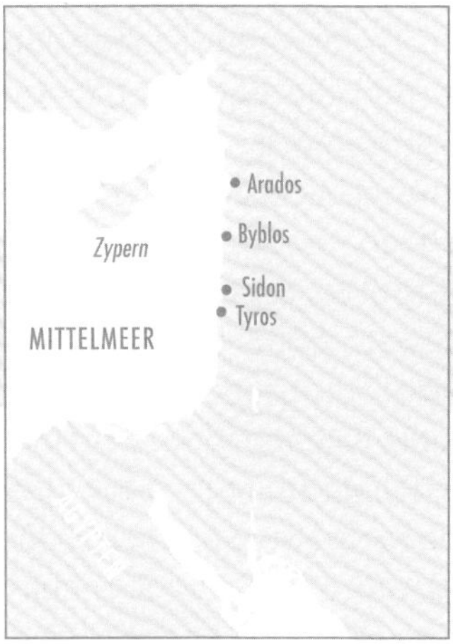

Die »klassische Levante« mit den wichtigsten Städten während der Blütezeit Phöniziens

Im zentralen Bereich dieses Küstenstreifens, der sich auf einer Länge von ca. 300 Kilometern vom Süden des heutigen Syriens bis zum Norden Israels erstreckt, befanden sich die phönizischen Städte, darunter Berytos, das spätere Beirut. Die vier größten und mächtigsten von ihnen waren die Städte Arados, Byblos, Sidon und Tyros. Sie hatten im Lauf der Zeit am meisten von der privilegierten Lage an der Levanteküste profitiert. Schließlich befand sich hier gewissermaßen das westliche Ende der Karawanenstraßen, die heute unter dem Sammelbegriff »Seidenstraße« bekannt sind und auf denen die begehrten Waren aus Indien und China bis hierher gelangten. Doch es war nicht allein die strategisch hervorragende Lage als Umschlagplatz zwischen Orient und Okzident, dank der die phönizischen Städte florierten, sondern auch ihre Funktion als Schnittstelle zwischen den Großreichen Mesopotamien und Ägypten. Vor allem aber waren es die ausgezeichneten Fähigkeiten ihrer Bewohner als Händler und Seefahrer, die zu der weithin noch viel zu wenig beachteten Entwicklung

Phöniziens zur bedeutendsten See- und Handelsmacht des Mittelmeers beitrugen.

Vier Jahrhunderte lang, von etwa 1000 bis 600 v. Chr., erlebten die phönizischen Städte ihre größte Blütezeit. Vorausgegangen war eine längere Phase der Fremdherrschaft unter Mesopotamien, Ägypten und dem Hethiterreich, wobei den Levantestädten in der Regel eine relativ große Eigenständigkeit zugebilligt wurde. Durch den regen Außenhandel mit diesen drei Großreichen, die einen steten Bedarf speziell an dem begehrten und überwiegend für den Schiffbau benötigten Zedernholz aus dem Libanongebirge sowie an Metallen, Erzen, Töpferwaren, Stoffen, Textilien und diversen Luxusgütern hatten, gelangten die Phönizier zu großem Wohlstand. Als die Großreiche infolge des »Seevölkersturms« zugrunde gegangen oder wie beispielsweise Ägypten geschwächt aus dieser Phase der Umwälzungen hervorgegangen waren, nutzten die phönizischen Städte ihre dadurch gewonnene Freiheit und bauten ein den gesamten Mittelmeerraum umfassendes Seehandelsnetz auf. Ihre Schiffe befuhren alle damals bekannten Seewege, gelangten durch die Dardanellen ins Schwarze Meer und erreichten im Westen die Balearen sowie die Iberische Halbinsel. Auf der Suche nach neuen Handelspartnern und Rohstoffquellen stießen sie schließlich von ihrer Kolonie Karthago aus als erste über die Straße von Gibraltar hinaus in den Nordatlantik hinein. Dort erreichten sie in nördlicher Richtung den Süden Britanniens und drangen in Richtung Süden an der Westküste Afrikas schon mehr als 2.000 Jahre vor den Portugiesen fast bis auf die Höhe des Äquators vor. Vermutlich landeten sie nicht nur auf den Kanaren, sondern auch auf Madeira sowie den Azoren. Dagegen erwies sich ein in jüngerer Zeit im brasilianischen Paraíba aufgetauchtes Dokument, das die frühe Landung von Seefahrern aus Sidon an der Nordostküste Südamerikas bekundete, als eine Fälschung.

Die Phönizier gingen jedenfalls als die eigentlichen Gewinner aus den »Dunklen Jahrhunderten« hervor. Ab dem 10. Jahrhundert v. Chr. entwickelte sich Tyros zur einflussreichsten phönizischen Stadt, und zur Sicherung der Handelsbeziehungen wurden auf den Inseln und an den Küsten des Mittelmeeres nicht nur zahlreiche Niederlassungen, sondern vermehrt auch Kolonien gegründet. Tyros war nun der Hauptsitz eines mächtigen Handelsimperiums, und aus seiner Kolonie Karthago erwuchs im Lauf der Zeit ein eigenständiger Staat, der sein Mutterland überdauerte, sich zur mächtigsten Seemacht im westlichen Mittelmeer erhob, weite Teile Nordafrikas und Spaniens sowie Sardinien, Korsika und halb Sizilien beherrschte und später zum erbitterten Gegner der alten Griechen und Römer wurde.

Phönizien selbst gelangte ebenso wie die gesamte Levante ab Mitte des 6. vorchristlichen Jahrhunderts unter persische Oberhoheit. Seine Schiffe traten von da an vor allem als Bestandteile der persischen Flotten in Erscheinung. Gleichzeitig begann Griechenland zu erstarken, das im 5. Jahrhundert die Phönizier wie auch die Karthager von der Seefahrt im Schwarzen Meer und der Ägäis ausschloss und ein Handelsmonopol im östlichen Mittelmeer errichtete. Damit war die große Zeit Phöniziens in der Geschichte der Seefahrt – und kurz darauf auch als Nation oder Handelsbündnis seiner Städte – endgültig vorbei.

Allerdings haben die »Purpurroten« der Nachwelt zwei bleibende Dinge hinterlassen. Zum einen schufen die Phönizier die erste auf einem Alphabet basierende Schrift, die aus 22 Konsonanten bestand und als die Urform des noch heute gebräuchlichen Alphabets gilt. Zum anderen stammt von ihnen der Entwurf eines verbindlichen maritimen Rechts, der »Lex Rhodia«, in dem die Rechte und Pflichten von Schiffseignern und -kapitänen ebenso wie von Hafenbeamten, Passagieren, Händlern und anderen festgelegt wurden. Auf Basis dieser Maßregeln entstanden in der Folge nicht nur in Europa, sondern in aller Welt vergleichbare Regelungen, und selbst das heute gebräuchliche internationale Seerecht geht auf phönizische Wurzeln zurück.

Die Wiege der abendländischen Zivilisation

Das alte Griechenland

Wer kennt sie nicht, wenigstens dem Namen nach: die beiden großen Epen »Ilias« und »Odyssee« des legendären griechischen Dichterfürsten Homer? Dabei ist es ziemlich unerheblich, zu welcher Zeit – die meisten Wissenschaftler gehen vom 9. oder 8. Jahrhundert v. Chr. aus – diese frühen Meisterwerke der Weltliteratur entstanden sind, ob sie tatsächlich von einem oder vielleicht sogar von verschiedenen Urhebern stammen und ob es die Person Homer überhaupt gegeben hat. Fest steht jedenfalls, dass es sich bei diesen in Versform verfassten historischen Erzählungen um die ersten bedeutenden schriftlichen Zeugnisse nicht nur der griechischen, sondern der europäischen Geschichte handelt. Aus diesem Grund gilt das alte Griechenland noch heute als die Wiege des Abendlandes, als Ursprung der europäischen Zivilisation.

Während die »Ilias« eine spezielle Episode des Trojanischen Krieges behandelt, geht es bei der »Odyssee« um eine Seefahrt nach dem Ende dieser kriegerischen Auseinandersetzung: die abenteuerliche Heimreise des Griechen Odysseus, des sagenhaften Herrschers über Ithaka, von Troja zurück zu seiner Insel. Inwieweit die in den Epen beschriebenen Inhalte der Wahrheit entsprechen, ist bis heute nicht zweifelsfrei geklärt, spielt aber hier auch keine Rolle. Dagegen ist der Trojanische Krieg – der möglicherweise keiner war, sondern bei dem es sich um eine literarische Zusammenfassung verschiedener Konflikte zwischen mykenischen Griechen und anderen Volksgruppen um den Zugang von der Ägäis zum Schwarzen Meer gehandelt haben könnte – für die Geschichte Griechenlands von Bedeutung, weil er zeitlich ungefähr mit dem Beginn des Niedergangs der mykenisch-griechischen Kultur zusammenfällt. Sie war die damals führende See- und Handelsmacht im Mittelmeer.

Dabei gehören die Ereignisse um Troja, die zum Ende der späten Bronzezeit im 13. oder 12. Jahrhundert v. Chr. stattgefunden haben sollen, nicht mehr in den Betrachtungszeitraum der »klassischen Antike«, die erst mit dem 9. oder 8. vorchristlichen Jahrhundert begann. Vorher jedoch kam es im östlichen Mittelmeerraum zu umwälzenden Ereignissen, die auch zum Untergang der mykenischen Kultur führten. Deren führende Rolle als See- und Handelsmacht übernahmen danach die an der Küste des heutigen Libanon ansässigen Phönizier. Indem sie sich nicht allein auf die Einrichtung von Handelsniederlassungen beschränkten, sondern dazu übergingen, Kolonien wie zum Beispiel Karthago zu gründen, weiteten sie ihren Einflussbereich nachhaltiger aus als ihre Vorgänger. Aus dem nahe der heutigen tunesischen Hauptstadt Tunis liegenden Karthago entwickelte sich im Lauf der Zeit ein eigenständiges Großreich, das sein Mutterland überdauern, eigene Kolonien gründen und große Bereiche des westlichen Mittelmeers lange Zeit dominieren sollte.

Als Karthago im 9. oder 8. Jahrhundert v. Chr. von Phöniziern, genau genommen von Siedlern aus der zu jener Zeit mächtigsten phönizischen Stadt Tyros, gegründet wurde, erwachte das damalige Griechenland gerade aus dem Tiefschlaf der »Dunklen Jahrhunderte« – jener Zeit der tiefgreifenden Umwälzungen zwischen ca. 1200 und 750 v. Chr., von der die Historiker dank jüngerer archäologischer Funde erst seit den letzten Jahrzehnten etwas mehr an Klarheit gewinnen. Daher ist noch nicht genau bekannt, ab wann sich hier jenes Staatswesen herauszubilden begann, das für das antike Griechenland zu einer Art Alleinstellungsmerkmal wurde: der griechisch als »Polis« bezeichnete Stadtstaat. Zu den größten dieser städtischen »Bürgergemeinschaften«, die sich im Gegensatz zu den monarchisch geprägten Städten der vergangenen mykenischen Kultur oder denen Phöniziens stärker durch ein – mehr oder weniger – ausgeprägtes Gemeinwesen auszeichneten, entwickelten sich Sparta und Athen.

Spätestens ab der zweiten Hälfte des 8. Jahrhunderts setzte eine bemerkenswerte Auswanderungsbewegung ein, die auch als die Große Griechische Kolonisation bezeichnet wird. Vermutlich ausgelöst durch eine Überbevölkerung in den schnell wachsenden Stadtstaaten, gründeten griechische Siedler innerhalb der folgenden etwa 200 Jahre nun ihrerseits zahlreiche Kolonien. Dabei profitierten sie von dem vorhandenen nautischen Wissen ihrer Vorfahren ebenso wie von den griechischen Händlern, die von ihren Seereisen nicht nur Waren, sondern auch Informationen über günstige Siedlungsplätze mitbrachten. So erklärt sich auch der Umstand, dass die Kolonien in der Regel entlang der griechischen Seehandelsrouten vornehmlich an Küsten und auf Inseln angelegt wurden. Vom Festland und der Ägäis ausgehend, erstreckten sich die Kolonien fast über den gesamten Mittelmeerraum und über die makedonische und thrakische Küste bis ins Schwarze Meer hinein. Zu den Schwerpunktregionen gehörten Sizilien und Unteritalien, das aufgrund der vielen Siedlungen den Beinamen »Magna Graecia« (Groß-Griechenland) erhielt. Von hier aus wurden in westlicher Richtung Nikaia (Nizza) und Massilia (Marseille) sowie weitere Kolonien an der Nordostküste der Iberischen Halbinsel gegründet. Dagegen entstanden im östlichen Mittelmeer wegen der dortigen Vormachtstellung der Phönizier, Perser und Ägypter nur vereinzelt Kolonien.

Die starke Präsenz der Griechen im westlichen Mittelmeer musste zwangsläufig zu Konflikten mit der aus der gleichnamigen phönizischen

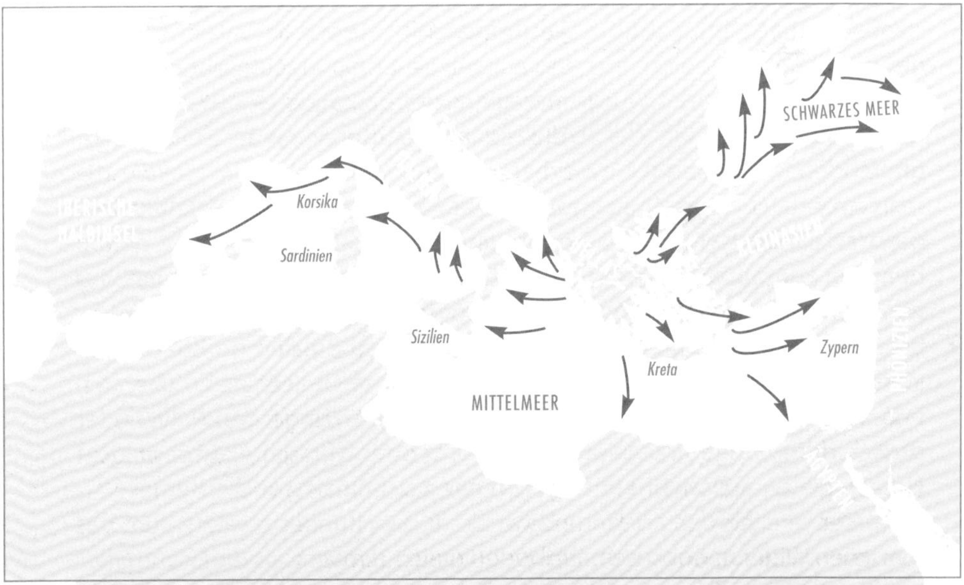

Die Wanderungsbewegungen der Großen Griechischen Kolonisation

Kolonie erwachsenen Großmacht Karthago führen. Als die Griechen sogar über die Straße von Gibraltar hinaus in den Atlantik gelangten, war dies vermutlich der Grund für die Karthager, diese strategisch wichtige Seeverbindung für alle nichtkarthagischen Schiffe zu sperren. Auf diese Weise wollten die Punier – der lateinischstämmige Name »Poeni« für die Phönizier wurde später zur Sammelbezeichnung der Bewohner Karthagos – den Zugang zu dem damals legendären Reich Tartessos im Südwesten der Iberischen Halbinsel, das für seine überaus reichen Metallvorkommen bekannt war, verhindern. Als ab Mitte des 6. Jahrhunderts v. Chr. die Große Griechische Kolonisation endete, blieben die Konflikte nicht aus. Trotz einiger Niederlagen wie in der Seeschlacht vermutlich zwischen 540 und 530 vor Massilia, in der die Bewohner des späteren Marseille siegten, konnte Karthago mehr und mehr die Oberhand behalten und eine Art Handelsmonopol im westlichen Mittelmeer errichten.

Im Schwarzmeergebiet sowie im östlichen Mittelmeer hingegen befand sich der griechische Seehandel zu jener Zeit schon seit Längerem im Aufwind. Doch nun drohte Gefahr von einer anderen Seite: Persien. Die Perser hatten unter ihren Königen Kyros II. und vor allem Dareios I. vom heutigen Iran aus ihr Herrschaftsgebiet auf Phönizien und Ägypten im Süden sowie Kleinasien im Westen ausgedehnt und dabei auch die griechischen Stadtstaaten an der kleinasiatischen Westküste Ioniens unterworfen. Wie die Phönizier und Ägypter arrangierten sich auch die ionischen Griechen zunächst mit den neuen Machthabern und traten in deren Dienste. Aufgrund der hohen Tributleistungen, die sie an die Perser entrichten mussten, begann aber um 500 v. Chr. ein mehrere Jahre dauernder Aufstand der Ionier, in dem erstmals ein neuer Kriegsschiffstyp zum Einsatz kam: die Triére. Diese dreireihig geruderten Schiffe waren ihren Vorgängern an Geschwindigkeit und dadurch an Rammkraft deutlich überlegen. Da der Bau und die Unterhaltung von Triéren relativ kostspielig waren, verfügten nicht alle über diesen neuen Schiffstyp. Eine Ausnahme bildeten zumindest die recht wohlhabenden ionischen Griechen, aber auch die nun in persischen Diensten stehenden Phönizier. Als es 494 v. Chr. vor der Küste von Milet – ungefähr 80 Kilometer südlich des heutigen Izmir – bei der Insel Lade zur Entscheidungsschlacht kam, siegte die persische Flotte gegen den zahlenmäßig unterlegenen Verband der Griechen. Anschließend wurde die Stadt Milet, das Zentrum des ionischen Widerstandes, dem Erdboden gleichgemacht.

Ermutigt durch diesen Erfolg, richtete sich die persische Expansion weiter nach Westen, und zwei Jahre darauf wurden Thrakien und Make-

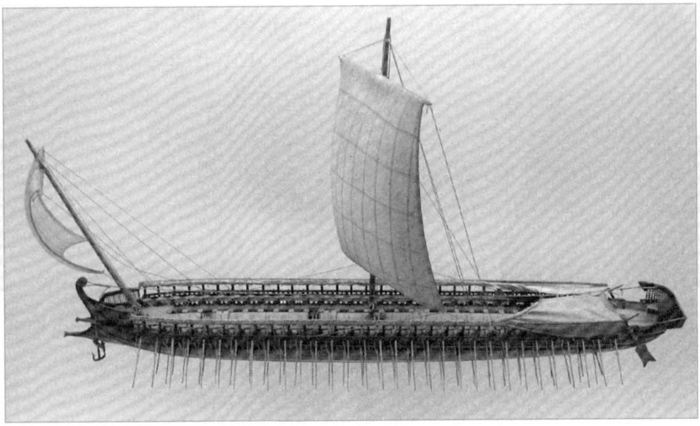

Modell einer griechischen Triére

donien erobert. Da sich Athen mit einem kleinen Flottenverband an der Schlacht gegen die Perser beteiligt hatte, entsandte Dareios I. eine Strafexpedition gegen jene Stadt, die gerade dabei war, sich – vergleichbar Sparta auf der Halbinsel Peloponnes – zu einem der führenden Stadtstaaten Griechenlands zu entwickeln. Im Spätsommer des Jahres 490 v. Chr. landeten die persischen Truppen in der etwa 40 Kilometer nordöstlich von Athen liegenden Bucht von Marathon, um von hier aus gegen die Stadt vorzurücken. Doch schon in der Ebene von Marathon stießen sie auf das athenische Heer, das den Persern eine schmerzhafte Niederlage beibrachte. Diese Schlacht, der auch die Legende von jenem Boten entsprang, der direkt nach ihr nach Athen eilte, vom Sieg berichtete und anschließend vor Erschöpfung verstarb, markiert den Beginn der Perserkriege.

In der Folge rüsteten beide Seiten mächtig auf. Allein Athen ließ 200 Triéren bauen und schloss ein Verteidigungsbündnis mit Sparta, Korinth und einigen weiteren Stadtstaaten. Als der Nachfolger von Dareios I., sein Sohn Xerxes I., zehn Jahre nach der Schlacht bei Marathon mit einer großen persischen Flotte aus ionischen, phönizischen, ägyptischen und weiteren Schiffen sowie einer beachtlichen Landstreitmacht von bis zu 80.000 Mann gegen Athen vorrückte, ging es nicht mehr um Vergeltung. Vielmehr wollte der Perserkönig nun ganz Griechenland erobern und von hier aus seine Expansionspolitik in Richtung Westen fortsetzen. Trotz anfänglicher Erfolge der Perser zu Lande und zu Wasser gelang es den Verbündeten schließlich, Ende September des Jahres 480 v. Chr. die Vorentscheidung in der wohl größten Seeschlacht des Altertums herbeizuführen: der Schlacht von Salamis. Trotz der Überlegenheit – wissenschaftliche Rekonstruktionen gehen von ca. 600 Schiffen auf persischer und knapp 370 auf griechischer Seite aus – siegten die Griechen aufgrund ihrer überlegenen Taktik und einer höheren Kampfmoral. Als im Jahr darauf noch das persische Landheer vernichtend geschlagen und fast zeitgleich die Reste der persischen Flotte vernichtet werden konnten, bedeutete dies das endgültige Aus für die Expansionsbestrebungen der Perser in Richtung Westen.

Basierend auf dieser Erfahrung erkannte Athen die überragende Bedeutung der Seeherrschaft für die eigene Entwicklung und machte sie zum zentralen Baustein seiner künftigen Außen- und Wirtschaftspolitik. So kam es 478/477 v. Chr. zur Gründung des Attischen Seebundes. Dieser Vereinigung verschiedener griechischer Stadtstaaten, die Athen zunehmend dominierte, blieb die Landmacht Sparta allerdings fern. Zunächst gelang es dem attischen Bündnis recht schnell, Ionien von der persischen Oberherrschaft zu befreien, woraufhin sich die ionischen Städte dem Seebund anschlossen. In den folgenden Jahren kam es mit wechselnden Erfolgen zu diversen Auseinandersetzungen mit Persien, bis 449 v. Chr. ein – historisch allerdings umstrittener – Friedensschluss zwischen dem Perserreich und dem Attischen Seebund getroffen wurde. Nun konnten sich Athen und seine Bündnispartner mit voller Kraft dem Kampf um die Vorherrschaft im griechischen Mutterland selbst widmen.

Nachdem es bereits in der ersten Hälfte des 5. Jahrhunderts v. Chr. zu gelegentlichen militärischen Konflikten zwischen der Seemacht Athen und der Landmacht Sparta gekommen war, wurde zu Beginn der zweiten Hälfte ebenfalls ein Friedensvertrag unterzeichnet, der 30 Jahre dauern sollte. Doch schon 15 Jahre später, 431 v. Chr., begann der fast 30 Jahre währende Peloponnesische Krieg zwischen Sparta und seinen Bündnispartnern auf der einen sowie dem Attischen Seebund unter der Führung Athens auf der anderen Seite. Zunächst behielt der Seebund vor allem dank seiner überlegenen Triérenflotte die Oberhand, indem immer wieder feindliche Küstenstädte angegriffen und verwüstet wurden – bis zwei entscheidende Veränderungen auf Seiten des von Sparta geführten Peloponnesischen Bundes das Kräfteverhältnis zum Kippen brachten: erstens der Beitritt des inzwischen aufgrund der Auseinandersetzungen mit Karthago zu einer Seegroßmacht aufgestiegenen sizilianischen Syrakus und zweitens der Bau einer eigenen spartanischen Flotte. Im September 405 v. Chr. gelang es einem syrakusisch-spartanischen Schiffsverband, die attische Flotte in der Schlacht von Aigospotamoi bei den Dardanellen vernichtend zu schlagen. Ein Jahr später musste Athen kapitulieren. Damit war der Peloponnesische Krieg beendet.

Da Sparta jedoch darauf verzichtete, Athen zu zerstören, und zudem nicht in der Lage war, die Vormachtstellung in Griechenland auszufüllen, konnte sich der einst mächtige Stadtstaat im 4. Jahrhundert v. Chr. wieder ein wenig von seinem Tiefpunkt erholen. Exakt 100 Jahre nach Gründung des Attischen Seebundes gelang es Athen sogar, das Bündnis wieder zu

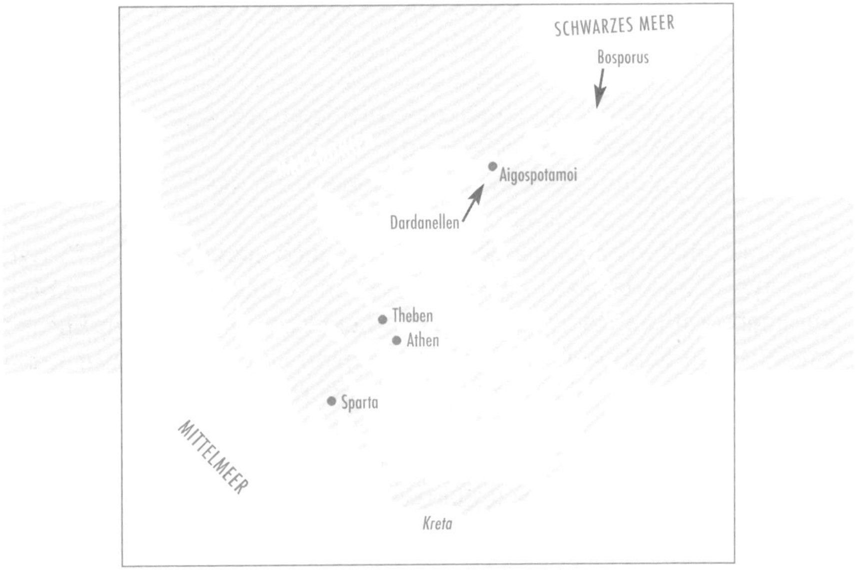

beleben, wenngleich in wesentlich bescheidenerem Umfang und auch nicht mehr mit der einstigen Dominanz. In der Mitte dieses Jahrhunderts schwang sich im Norden Griechenlands ein bis dahin eher unbedeutendes Land zu neuen Ufern auf: Makedonien. Unter König Philipp II. gelang es den Makedoniern, innerhalb von nur zwei Jahrzehnten die Herrschaft über Griechenland zu erringen. Nachdem er 336 v. Chr. ermordet wurde, folgte ihm sein Sohn Alexander, der später den Beinamen »der Große« erhalten sollte, auf den makedonischen Königsthron und begann zwei Jahre später mit dem schon von seinem Vater geplanten Eroberungsfeldzug gegen Persien, an dem auch die Griechen unter seiner Führung beteiligt waren. Im Zuge dieses Feldzuges breitete sich die griechische Kultur weit nach Asien aus, wo sie mit orientalischen Einflüssen verschmolz.

Tetradrachme mit dem Porträt Alexander des Großen auf der Vorderseite; die Rückseite zeigt Athene, die griechische Göttin des Krieges, mit der Siegesgöttin Nike in ihrer Rechten. Geprägt wurde diese erstaunlich gut erhaltene Originalmünze zu Ehren des legendären makedonischen Königs und Eroberers im westlich von Makedonien liegenden Thrakien unter der Herrschaft von Lysimachos (323 bis 281 v. Chr.).

Hier nun endete das klassische Zeitalter Griechenlands mit den für diese Ära typischen Stadtstaaten und seine von Reichsbildungen wie dem Ätolischen und dem Achaiischen Bund geprägte hellenistische Epoche begann. Doch auch dem Weltreich Alexanders des Großen, der sogar Ägypten unterwarf, und seinen Nachfolgern blieb nur eine relativ kurze Zeitspanne, bis im Lauf des 3. vorchristlichen Jahrhunderts ein anderes und noch mächtigeres Reich entstand: das antike Rom. Im 2. Makedonisch-Römischen Krieg (200 bis 197 v. Chr.) wurde Makedonien vernichtend geschlagen und Griechenland befreit – zunächst. Doch schon fünf Jahrzehnte später wurde Griechenland eine römische Provinz und versank für einen Zeitraum von fast 2.000 Jahren weitgehend in der Bedeutungslosigkeit.

Das erste »Weltreich« der Geschichte

Das alte Rom

Noch heute zeugen in etlichen Ländern Europas viele angesichts ihres betagten Alters recht gut erhaltene Bauwerke oder Ruinen von dem Glanz jener Epoche, in der das antike Rom die damals bekannte Welt weitgehend beherrschte – sehen wir einmal von einem kleinen Dorf im Norden Galliens ab, das dank der Unterstützung eines geheimnisvollen Zaubertranks seines Druiden den alten Römern gehörig Kopfzerbrechen bereitete, dessen Existenz aber von Wissenschaftlern noch immer nicht zweifelsfrei nachgewiesen werden konnte. Ganz anders verhält es sich mit den vielen architektonischen Beispielen, die nach wie vor an das erste »Weltreich« in der Geschichte der Menschheit erinnern. Dazu gehören zum Beispiel die noch funktionierenden und von den Bewohnern der englischen Ortschaft Bath nach wie vor genutzten Thermalbäder. Woher die Stadt ihren Namen erhielt, lässt sich mit ein wenig Fantasie erahnen. In Frankreich ist zum Beispiel das »Maison Carrée« (Rechteckiges Haus) in Nîmes einer der am besten erhaltenen Tempel auf dem Gebiet des altrömischen Reichs, und zu den bekanntesten Relikten in Deutschland gehören das altrömische Stadttor »Porta Nigra« sowie die Konstantinbasilika mit dem größten noch heute erhaltenen Einzelraum der Antike in Trier. Diese Auflistung ließe sich schier endlos fortsetzen, doch ein Blick in das Zentrum des einstigen Großreichs, die italienische Hauptstadt Rom, lässt mit ihren Brücken, Aquädukten, Triumphbögen, Säulen, Tempeln, Brunnen, Theatern, Grabmälern, Palästen und anderen Monumenten weit mehr als alle anderen architektonischen Überbleibsel in den ehemaligen römischen Provinzen erahnen, wie weit entwickelt das antike Rom vor zwei Jahrtausenden bereits gewesen ist.

Doch kehren wir zu den Anfängen der römischen Geschichte zurück. Als die Griechen Mitte des 8. vorchristlichen Jahrhunderts schon damit begannen, an den Küsten Süditaliens und Siziliens Kolonien zu gründen, existierte das spätere Rom noch gar nicht. Auf den Schutz bietenden Hügeln oberhalb des Tiber hatten sich damals aus mehreren Familien bestehende Gemeinschaften des Stammes der Latiner angesiedelt. Dieser Stamm gehörte wie die Samniten, die Sabiner oder die Umbrer zur Volksgruppe der Italiker, die vermutlich zwei bis drei Jahrhunderte zuvor von Norden her kommend in dieses und benachbarte Gebiete gelangt waren. Die Latiner siedelten in dem kleinen Bereich an der Ostküste des italienischen Stiefels zwischen der griechischen Kolonie Kyme und der von den Etruskern bewohnten Region nördlich des späteren Roms. Vieles deutet darauf hin, dass sich aus diesen bescheidenen Anfängen nach und nach eine städtische Gemeinschaft entwickelte, die ab etwa 600 v. Chr. unter die Herrschaft etruskischer Könige gelangte. Parallel dazu bildete sich eine Oberschicht der latinischen Urbevölkerung heraus. Diese sogenannten »Patrizier« gewannen zunehmend an Macht und Einfluss, und etwa um das Jahr 500 v. Chr. herum jagten sie den letzten König etruskischer Herkunft davon. Dieser Aufstand markierte den entscheidenden Wendepunkt auf dem Weg Roms zu einer Großmacht. Gleichzeitig kennzeichnete er den Beginn der Römischen Republik, an deren Spitze ein ernannter Vertreter aus den Reihen der Patrizier stand: ein Staatsbeamter auf Zeit, der zunächst jeweils nach einem Jahr abgelöst wurde.

In den folgenden etwa 100 Jahren kristallisierte sich im Inneren Roms ein Gemeinwesen heraus, das auch dem einfachen Volk, den sogenannten »Plebejern«, Mitwirkungs- und Mitgestaltungsrechte einräumte. Anschließend folgte eine Phase enormer Ausdehnung, die auch deswegen so erfolgreich verlief, weil alle gesellschaftlich relevanten Schichten die auf Kriege und Eroberungen angelegte Expansionspolitik der Republik mittrugen. In teils langen Kriegen unterwarfen die Römer die benachbarten Etrusker, Samniten, andere latinische Stämme und weitere Völker. Selbst schmachvolle Niederlagen wie um 390 v. Chr. herum gegen die Kelten oder verlustreiche Schlachten wie im Jahr 280 v. Chr. zu Beginn des Tarentinischen Krieges gegen die griechische Kolonie Tarent konnten die Römer nicht aufhalten, da sie eines nie taten: kapitulieren. Vielmehr steckten sie auch größere Niederlagen relativ schnell weg, rekrutierten aus einem schier unerschöpflich scheinenden Reservoir immer neue Krieger, zogen aus den strategischen wie taktischen Vorgehensweisen ihrer Gegner die richtigen Lehren, passten ihre eigene Strategie und Taktik diesen Erkenntnissen an und schlugen fast immer erfolgreich zurück. So auch gegen Tarent, das 267 v. Chr. endgültig besiegt wurde. Damit herrschte Rom nun – auch dank eines ausgeklügelten Bündnissystems – über den ganzen Stiefel von der Poebene im Norden bis zu seiner südlichsten Spitze.

Das Römische Reich (dunkle Fläche) im Jahr 267 v. Chr.: Innerhalb von knapp 250 Jahren hat sich Rom von einem wohlhabenden Stadtstaat zu einer Großmacht entwickelt, deren Herrschaftsbereich fast den gesamten italienischen »Stiefel« umfasst.

Doch das Römische Reich war zu jener Zeit eine reine Landmacht. Abgesehen von etwa 20 Kriegsschiffen, die 341 v. Chr. bei einer Belagerung an der Küste unweit von Rom zum Einsatz gekommen sein sollen, hatten die Römer bis dahin auch keine Veranlassung gesehen, als Seemacht in Erscheinung zu treten. Das westliche Mittelmeer wurde von der einstigen phönizischen Kolonie Karthago beherrscht, die ihr seit dem 6. vorchristlichen Jahrhundert unter Fremdherrschaft stehendes Mutterland überdauert hatte und selbst zu einer bedeutenden See- und Handelsmacht aufgestiegen war. Dagegen stand das östliche Mittelmeer vor allem unter dem Einfluss der drei sogenannten »Diadochenreiche«. Als Diadochen werden im engeren Sinne die Nachfolger Alexanders des Großen und im weiteren auch deren Erben verstanden, die das mächtige Alexanderreich nach dessen frühem Tod im Jahr 323 v. Chr. unter sich aufgeteilt und weitergeführt hatten. Nach mehreren Machtkämpfen waren daraus drei Reiche entstanden: das von den Ptolemäern regierte Ägypten, das weit nach Asien ausgerichtete Seleukidenreich und das vornehmlich Griechenland und Makedonien einnehmende Reich der Antigoniden. Diese Aufteilung sollte sich bis zum Auftreten der Römer im östlichen Mittelmeer etwa einhundert Jahre später nur unwesentlich verändern.

Doch zunächst kam es im Westen zum Konflikt zwischen Rom und Karthago, dessen Bewohner von den Römern in lateinischer Abwandlung des Begriffs Phönizier als »Punier« bezeichnet wurden. Durch einen eher nichtigen Anlass – in einer internen Auseinandersetzung auf Sizilien hatten die dortigen Kontrahenten sowohl Karthago als auch Rom um Unterstützung gebeten – kam es 264 v. Chr. zum Ausbruch des 1. Punischen Krieges. Schon bald darauf erkannten die Römer, dass sie gegen die gut geschulte und bestens ausgestattete punische Flotte mit ihrem vor allem aus Schiffen der Bündnispartner bestehenden Verband keine Chance hatten. Daher entschlossen sie sich zum Bau einer eigenen Flotte von vermutlich 130 Schiffen, die nach dem Vorbild einer karthagischen »Quinquereme«, eines Fünfruderers, erbaut wurden. Zwar zeigten sich anfänglich schiffbauliche Mängel sowie die Unerfahrenheit in taktischer und strategischer Hinsicht, doch diese Nachteile wurden durch die Ausrüstung der Schiffe mit einer Neuheit ausgeglichen: schwenkbaren Enterbrücken. Das machte sich schon vier Jahre nach Kriegsausbruch bemerkbar, als die Römer beim ersten größeren Seegefecht vor Mylae an der Nordküste Siziliens dank dieser neuen Entertaktik ihre starken Legionärsmannschaften einsetzen konnten. Auf diese Weise eroberten sie mehr als 30 gegnerische Schiffe inklusive des Admiralsschiffes und zwangen die Karthager zum Rückzug.

Obwohl die Römer sich in schiffbautechnischer und kampftaktischer Hinsicht recht schnell weiterentwickelten, ihre Flotte mit verbesserten Kriegsschiffen ausstatteten und die Entertechnik wohl deshalb nicht mehr einsetzten, weil sie nicht mehr erforderlich war, verloren sie im Lauf des Krieges – vielfach auch nur aufgrund mangelnder nautischer Erfahrung durch unwetterbedingte Havarien – deutlich mehr Schiffe als die Karthager. Trotzdem konnten sie ihre Verluste dank größerer Reserven besser ausgleichen als ihre Gegner. Als die Römer 241 v. Chr. den Karthagern vor Lilybaeum an der Westküste Siziliens, dem letzten punischen Stützpunkt auf der Insel, eine weitere schwere Niederlage beibrachten, war dies das Ende des Krieges. Die Karthager gaben sich geschlagen und mussten nicht nur Sizilien, sondern auch zahlreiche weitere ehemalige Besitzungen an Rom abtreten.

Der 2. Punische Krieg, der von 218 bis 201 v. Chr. dauerte und die endgültige Entscheidung zugunsten Roms brachte, war im Gegensatz zur ersten Auseinandersetzung kein See-, sondern ein Landkrieg. Lediglich am Anfang versuchte ein aus ca. 150 Schiffen bestehender Verband der Karthager Sizilien anzulaufen, doch schon nach der ersten Sichtung römischer Einheiten folgte der Rückzug. Der Versuch, das Römische Reich mit einem gewaltigen Heer unter Leitung des Feldherrn Hannibal auf dem Landweg über Spanien und die Alpen von Norden her zu attackieren, führte im Jahr 216 v. Chr. im südostitalienischen Cannae zur größten Einzelschlacht aller Zeiten. Doch obwohl Hannibals Truppen dem 80.000 Mann starken römischen Heer eine vernichtende Niederlage beibrachten, unterließ es der karthagische Heerführer, auf Rom zuzumarschieren und dem Zentrum des Reiches gewissermaßen den Todesstoß zu verpassen. Stattdessen gelang es den Römern, sich neu zu formieren, die Angreifer nach und nach zu zermürben, zurückzudrängen und schließlich auf afrikanischem Boden 201 v. Chr. in einer Entscheidungsschlacht zu besiegen. Karthago verlor alle noch verbliebenen überseeischen Besitzungen und musste in den folgenden 50 Jahren erhebliche Reparationszahlungen im Umfang der unvorstellbaren Menge von insgesamt 260 Tonnen Silber leisten. Was aber fast noch schwerer wog: Die einstige Großmacht zur See durfte gerade einmal zehn Kriegsschiffe behalten.

Dagegen übernahm das Römische Reich jetzt Karthagos Rolle als die führende See- und Handelsmacht im westlichen Mittelmeer. Doch nicht nur dort, auch in östlicher Richtung dehnte sich der Machtbereich Roms immer weiter aus. Bis einschließlich 133 v. Chr. wurden Makedonien samt Griechenland als Provinz »Makedonien« ebenso in das Reich eingegliedert wie das Königreich Pergamon als Provinz »Asia«, die große Teile der heutigen Türkei umfasste. Noch weitere gut 100 Jahre sollte es dauern, bis – von der äußersten Ostküste abgesehen – alle Mittelmeeranrainer von der Iberischen Halbinsel über Gallien, Dalmatien bis nach Kilikien und darüber hinaus sowie von Ägypten über einen Großteil der afrikanischen Nordküste hinweg zum Machtbereich des Römischen Reiches zählten. Die Römer nannten es schlicht und ergreifend »Mare nostrum«: unser Meer.

Die letzte große Seeschlacht der Antike hatte 31 v. Chr. vor dem nordwestgriechischen Actium die Vorentscheidung im Machtkampf zwischen den Caesar-Nachfolgern Octavian auf der einen und Marcus Antonius auf

Die Ausbreitung Roms im Mittelmeerraum (dunkle Fläche) um 14 n. Chr.

der anderen Seite herbeigeführt. Octavian, der spätere erste Kaiser Augustus, konnte die ägyptische Flotte seines auf Seiten der letzten Pharaonin Kleopatra VII. kämpfenden Rivalen entscheidend schlagen. Ein Jahr später marschierten römische Truppen in das Land der Pyramiden ein. Kleopatra, die letzte Herrscherin des ptolemäischen Ägyptens, und ihr Gemahl Marcus Antonius nahmen sich das Leben, und das einstige Großreich am Nil wurde eine weitere römische Provinz.

Mit der Ernennung Octavians zum ersten römischen Kaiser und der Verleihung des Ehrennamens »Augustus« (der Erhabene) am 16. Januar 27 v. Chr. durch den Senat endete nicht nur ein Jahrhundert von Bürgerkriegen, sondern auch das fast 500 Jahre dauernde Zeitalter der Römischen Republik. Gleichzeitig begann damit innerhalb des Reiches aber auch eine ca. zwei Jahrhunderte währende Phase des Friedens und Wohlstands, die als »Pax Romana«, als Römischer Frieden, in die Geschichte einging. Der Seehandel im Mittelmeer erlebte dadurch einen beachtlichen Aufschwung, was wiederum ein vermehrtes Aufkommen der Piraterie nach sich zog. Daher konnte Rom seine Präsenz im Mittelmeer keineswegs verringern. Vielmehr wurden weiterhin starke Kriegsflotten unterhalten wie zum Beispiel in Ravenna an der Adria und in Misenum am Golf von Neapel – insbesondere, um die für das Machtzentrum am Tiber so wichtigen Getreidelieferungen aus Ägypten, Nordafrika, Sardinien und Sizilien nicht zu gefährden. Der Aufschwung belebte aber nicht nur den Mittelmeerhandel, sondern betraf auch das Transportwesen im Schwarzen und im Roten Meer und führte die Frachtsegler in den Atlantik und den Indischen Ozean hinein. Ja, es soll damals sogar so etwas wie Kreuzfahrten gegeben haben, die betuchte Bildungsbürger zu berühmten Kultstätten oder beliebten Ausflugszielen beförderten.

Im 3. Jahrhundert n. Chr. erhielt die Fassade des Kaiserreichs allmählich erste Risse. Eine Wirtschaftskrise, interne politische Machtkämpfe und aufkommende Übergriffe an den Reichsgrenzen, vor allem durch germanische Stämme im Norden und die persischen Sassaniden im Osten, sorgten für zunehmend instabile Verhältnisse. Zu den Folgen der bröckelnden Fassade gehörte unter anderem ein erneut vermehrtes Auftreten von Piratenaktivitäten im Mittelmeer, weil auch die dortigen Flotten wohl nicht mehr funktionstüchtig waren. Zwar konnte Kaiser Diokletian am Übergang zum 4. Jahrhundert durch verschiedene Reformen und die Einführung des Mehrkaisertums das Reich wieder stabilisieren, doch schon kurz nach seinem Tod im Jahr 312 kam es zwischen den vier regierenden Kaisern zu einem erbitterten Machtkampf um die Alleinherrschaft, der 324 in einer Seeschlacht vor den Dardanellen zugunsten von Konstantin I. maßgeblich entschieden wurde. Er, der später den Beinamen »der Große« erhielt, verlegte seine Residenz in die alte griechische Kolonie Byzanthion, die nach ihm in Konstantinopel umbenannt wurde und im Jahr 330 Rom als Reichshauptstadt ablöste.

Die Verlagerung der Machtbasis in den östlichen Bereich des »Imperium Romanum« hatte für den kriselnden und schwächelnden Westen erhebliche Konsequenzen. Er führte sogar zur Aufspaltung in Ost- und Westrom, und mit der Abdankung des letzten weströmischen Kaisers im Jahr 476 war das Weströmische Reich Geschichte. Im Gegensatz zum Ende Westroms, das für viele Historiker auch das Ende der antiken Zeitrechnung markiert, sollte das Oströmische Reich von Byzanz noch fast ein Jahrtausend lang existieren.

Das vergessene Kaiserreich – 1.000 Jahre kulturelles Zentrum

Byzanz

Wenn es um historische Städte mit großer Vergangenheit geht, denken die meisten zunächst an Rom, Athen und Alexandria oder auch Jericho, Babylon und Troja. Zu den europäischen Städten mit großer Geschichte gehört aber auch das heutige Istanbul. Als das Römische Gesamtreich im 4. Jahrhundert n. Chr. zu Ende ging, stieg die Stadt Byzanz bzw. Byzanthion zum prachtvollen Zentrum des Oströmischen Reiches auf. Mehr als 700 Jahre stellte das Byzantinische Reich die politische, kulturelle und auch maritime Großmacht Europas dar – und war mehr als 1.000 Jahre die wichtigste Übergangsstelle von Europa nach Asien. Allerdings hat es einen Staat mit der Bezeichnung »Byzantinisches Reich« im Grunde nie gegeben. Dieser Begriff wurde erst im 16. Jahrhundert eingeführt. Wenn im Folgenden vom Byzantinischen Reich die Rede ist, ist vielmehr das Oströmische Kaiserreich oder Ostrom gemeint, dessen Geschichte sich von der Ernennung Konstantinopels zur Hauptstadt von Byzanz im Jahr 330 bis zur Eroberung der Stadt durch die Türken im Jahr 1453 erstreckt.

Konstantin I. veranlasste als erster Herrscher des neuen Reiches das Ende der Christenverfolgung und damit den Aufstieg des Christentums zu einem gleichberechtigten Glauben im Römischen Reich. Byzanz erhielt dadurch im christlichen Westen Europas einen ganz besonderen Status als gleichberechtigtes kirchlich-religiöses Zentrum im Osten Europas und als Gegengewicht zum Papsttum in Rom. Hier entstand mit einem eher osteuropäisch und russisch geprägten Glauben die christlich-orthodoxe Kirche. Die Stellung als Bollwerk Europas gegen den islamischen Osten und als Blüte der gesamten Christenheit sollte bis zum Jahr 1204 anhalten. Dann folgte eine unglaubliche Katastrophe: Kreuzfahrer eroberten die christliche Hauptstadt des Byzantinischen Reiches und verwüsteten sie auf unvorstellbare Weise. Es war der Anfang vom Ende der christlich-mediterranen Großmacht am Schwarzen Meer.

Leider wird in der westlichen Welt die Geschichte des Oströmischen bzw. Byzantinischen Kaisserreichs bis heute kaum angemessen gewürdigt. Tatsächlich aber war das Oströmische Reich von 395 bis 1453 n. Chr., also mehr als 1.000 Jahre, in kultureller, wirtschaftlicher und militärischer Hinsicht die mit Abstand führende Macht Europas – zu Lande und auf dem Wasser. Ostrom schuf sich ein hochentwickeltes Wirtschaftssystem, ganz im Gegensatz zu den anderen Regionen des ehemaligen Imperiums in Westeuropa, wo nach dem Untergang des Weströmischen Reiches teilweise wieder der Tauschhandel aufkam. Byzanz entwickelte dagegen einen geschulten Beamtenstab und ein vorbildliches Rechtswesen. Nach der Durchsetzung der hellenischen Sprache und Kultur wurde Byzanz zu einem Römischen Reich mit eher griechischer Prägung.

Byzanz, die ehemals griechische Koloniestadt Byzanthion, lag zwischen dem Marmarameer und dem Bosporus und wurde um 660 v. Chr. gegründet. Ihr Name ist thrakischen Ursprungs. Über Jahrhunderte hatte die Stadt große Bedeutung als Hafen und Warenumschlagsplatz und aufgrund seiner strategisch günstigen Lage schon früh eine sehr wechselvolle Geschichte. Sie war ein permanentes Streitobjekt zwischen den führenden Mächten der jeweiligen Epochen: den Persern, den Griechen des Attischen Seebunds, den Kelten und später den Römern. Als Konstantin I. im Jahr 324 n. Chr. bei der Frage der Herrschaft im römischen Imperium nach langen Streitigkeiten die Oberhand behielt und erstmals zum Alleinherrscher des Gesamtreiches wurde, verlegte er seine Hauptstadt nach Osten. Er machte Byzanthion am Bosporus im Mai 330 n. Chr. zur neuen Reichshauptstadt und nannte sie »Nova Roma« (Neues Rom) sowie Konstantiopolis – die Stadt Konstantins. Dank ihrer zentralen Lage kam die Stadt schnell zur Blüte und vergrößerte sich in kurzer Zeit um das Fünffache. Nach dem Tod von Theodosius dem Großen im Jahr 395, dem letzten römischen Kaiser, der noch über das gesamte Imperium geherrscht hatte, teilten dessen Söhne Honorius und Arcadius das Reich endgültig in zwei Teile: in das Weströmische Reich mit der Hauptstadt Rom und das Oströmische (Byzantinische)

Reich mit der Hauptstadt Byzanz. Diese Metropole wurde zugleich zum Symbol eines neuen Zeitalters – zur größten Stadt in der christlichen Welt und zum Gegenstück des heidnischen, dekadenten und inzwischen völlig verkommenen Rom.

Da die Römer zu diesem Zeitpunkt alle ans Mittelmeer angrenzenden Länder unterworfen hatten, ging der Bedarf an Kriegsschiffen stark zurück. Kein anderes Reich verfügte damals über eine Seeflotte, die sich mit derjenigen der Römer hätte messen können. Und Piraten waren aus den Gewässern weitgehend vertrieben worden und daher bedeutungslos. Der Bedarf an einer Seemacht zur Durchsetzung von Interessen oder zum Schutz des

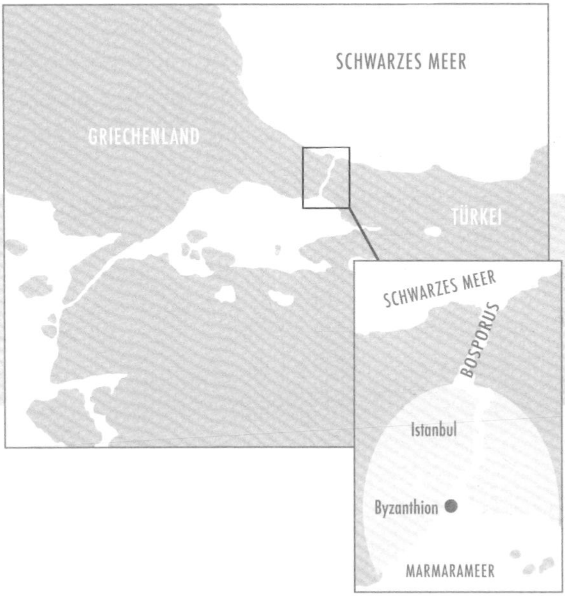

Lage der kleinen, ursprünglich griechischen Kolonie Byzanthion als Keimzelle für das Kaiserreich Byzanz

Handels schien jetzt nicht mehr erforderlich. Deshalb wurde die weitere Entwicklung der Flotte vernachlässigt, was sich später als großer Fehler erweisen sollte. Denn als im 5. Jahrhundert im Rahmen der germanischen Völkerwanderung Scharen von Menschen mit Wucht auf die römischen Landgrenzen im Norden Italiens prallten, konnte auch die inzwischen zusammengeschrumpfte römische Flotte kaum noch etwas dagegen ausrichten. Bis zum Zusammenbruch des Weströmischen Reiches 476 n. Chr. wurden Schiffe größtenteils nur noch dazu verwendet, römische Bürger aus Krisengebieten zu evakuieren. Nach diesem unrühmlichen Ende des weströmischen Reiches führte Ostrom die Seetradition des römischen Imperiums fort. Die dort stationierten Galeeren wurden zum Grundstock der neuen Flotte von Byzanz. Das bedeutendste Kriegsschiff der Byzantiner im frühen Mittelalter war die Dromone, die sich wie die Triére aus den antiken Ruderkriegsschiffen entwickelt hatte. Eine typische Dromone war lang und schmal, um eine möglichst hohe Geschwindigkeit zu erzielen. Sie wurde mit Hilfe von 50 bis 200 Ruderern und dreieckigen Lateinsegeln fortbewegt. Jeweils in der Mitte der vorderen und der hinteren Hälfte des Schiffes war ein Mast angebracht. Der Bug der Dromone war mit einem Rammsporn ausgerüstet, der sich in die Schiffe der Feinde bohrte, bevor diese geentert wurden. In der Mitte sowie an Bug und Heck wurden Kampfplattformen errichtet, von wo aus mit Bögen oder Katapulten auf die feindlichen Schiffe geschossen werden konnte. Diese durch Ruderkraft angetriebenen, nicht hochseetauglichen Galeeren blieben bis über das Ende des Mittelalters hinaus die meistgenutzten Kriegsschiffe im Mittelmeer, da es hier nur ganz selten heftige Stürme gab.

Nach dem Niedergang des Weströmischen Reiches entstanden aus den ehemaligen römischen Besitzungen und Ruinen neue Kulturen. Auch die Piraterie lebte wieder auf, weil Byzanz dieser Entwicklung lange Zeit viel zu

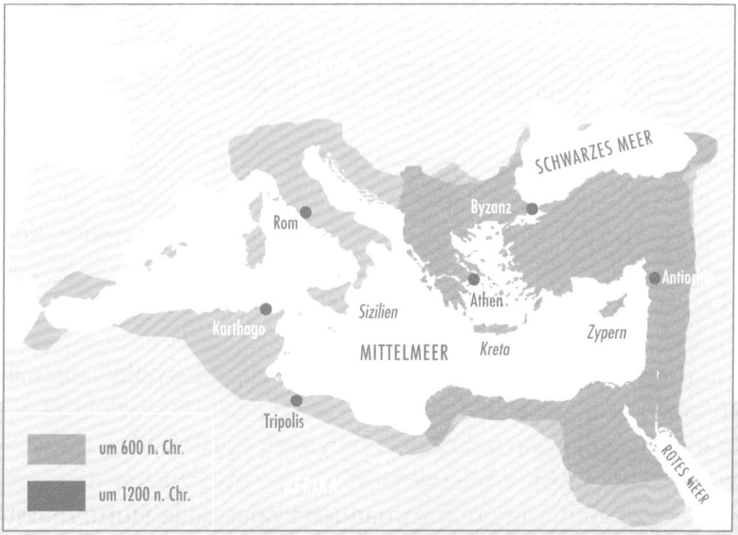

Ausdehnung des Oströmischen Reiches mit seiner Hauptstadt Byzanz im Zeitverlauf

wenig Beachtung geschenkt hatte. Zunehmend wurden nun also wieder Kriegsschiffe gebraucht, um sich gegen die Eindringlinge zu verteidigen und um alle wichtigen Handelsrouten wirksam zu schützen. Einmal mehr zeigte sich, dass eine schlagkräftige Flotte für das Reich gleichbedeutend mit dem Überleben ihrer Stadt und dem Schutz ihrer Besitzungen war. Konstantinopel verfügte jedoch über starke Schutzmauern und eine ausgezeichnete Landverteidigung. Und so glaubten die Verantwortlichen, ein direkter Angriff von der Landseite wäre ausgeschlossen – die Stadt musste nur dafür sorgen, dass die Seeseite für die lebenswichtige Versorgung offen blieb, um einer eventuellen Belagerung entgegenzutreten. Dazu genügten einige wenige Schiffe. Der sogenannte »Pax Justinianum« – ein mit den Persern im Jahr 532 geschlossener »ewiger Friede« – bestätigte die Byzantiner in ihrer Annahme, nie mehr einen Gegner zur See bekämpfen zu müssen. Deshalb konzentrierten sich die Herrschenden weniger auf den Schutz der Stadt und die Stärkung der Flotte als vielmehr auf die Eroberung neuer Gebiete im Westen. Im Jahr 533 gelang Kaiser Justinian ein spektakuläres und erfolgreiches Landungsunternehmen kaiserlicher Truppen in Nordafrika, das zum Ende der bedrohlich gewordenen Vandalen in der gesamten nordafrikanischen Region von Karthago bis Marokko führte. Diese Eroberungen im Westen sowie der zähe Abwehrkampf gegen die eingedrungenen Goten in Norditalien schwächten jedoch das Reich sowie auch die eroberten Gebiete. Auch die sträfliche Vernachlässigung der östlichen Grenzen rächte sich jetzt. Noch zu Lebzeiten Justinians gelang es den Muslimen, die oströmische Stellung im Nahen Osten nachhaltig zu stören. Besonders fatal war die Zerstörung von Antiochia im Jahre 540, dem stärksten westlichen Bollwerk im damals christlichen Syrien.

Bis etwa 550 n. Chr. beherrschten byzantinische Schiffe weiterhin das Mittelmeer, und im Jahr 626 spielten sie bei der Verteidigung Konstantinopels gegen die Perser eine wichtige Rolle. Innerhalb kurzer Zeit entstand dann aber in schnellen Schritten eine arabische Seemacht von beachtlicher Größe. Bereits um 650 n. Chr. besaßen die Araber eine den Byzantinern ebenbürtige Flotte, weil Byzanz seine Seepolitik einmal mehr vernachlässigt hatte. Die Folgen ließen nicht lange auf sich warten, denn kurz darauf ging die Seeherrschaft von Byzanz in der Schlacht von Phoinix (655) – wenn auch nur vorübergehend – selbst im östlichen Mittelmeer an die Araber verloren. Die noch vorhandene kaiserliche Flotte musste sich vollständig auf den Schutz der Hauptstadt konzentrieren. Den arabischen Wüstenvölkern war es gelungen, zur See Einfluss auf den Handel zu nehmen und im Kampf gegen Byzantiner und andere christliche Völker die Vorherrschaft im Mittelmeerraum zu bestehen. Das stärkte ihre Moral und Zuversicht erheblich. Natürlich hatten sie weiterhin das Ziel, die Hauptstadt Konstantinopel anzugreifen und zu erobern, denn das Oströmische Reich war längst zum Vorposten der Christenheit gegen den beängstigend vordringenden Islam geworden und den Herrschern im persischen Großreich ein Dorn im Auge. Deshalb gingen die Araber unter Kalif Omar, dem Nachfolger des Propheten Mohammed, jetzt auch auf dem Landweg gegen die Byzantiner vor und nahmen 634 n. Chr. zunächst Palästina ein. Im Jahr 635 besiegten sie bei Pella das byzantinische Heer und eroberten drei Jahre später sogar Jerusalem. Selbst Alexandria, damals das bedeutendste Wirtschaftszentrum von Byzanz im südlichen Mittelmeerraum, musste den Arabern kampflos überlassen werden. Die größte Schwächung des Reiches gelang schließlich durch die beiden arabischen Belagerungen Konstantinopels (674 bis 678, 717 bis 718) durch den Klan der Kalifen von Damaskus, den Umayyaden. Schon zu Beginn der ersten islamischen Expansion gen Westen wurde das Byzantinische Reich innerhalb weniger Jahre all seiner östlichen Provinzen beraubt: Ägypten, Palästina, Syrien, Mesopotamien (Irak) und Armenien in der Osttürkei.

Doch das Blatt schien sich noch einmal zu wenden. Bereits während der ersten Belagerung Konstantinopels im 8. Jahrhundert entwickelte die Seemacht Byzanz eine wirkungsvolle Geheimwaffe. Es war die erste chemische Waffe im modernen Sinne: eine Art Flammenwerfer, das sogenannte »Griechische Feuer«, das auf Holzschiffe eine verheerende Wirkung hatte. Dabei handelte es sich wohl um eine Mischung von Chemikalien, die sich bei Luftkontakt entzündeten und selbst auf der Wasseroberfläche brannten. Von den Dromonen konnte es mit Hilfe einer Wurfvorrichtung auf die feindlichen Schiffe geschleudert werden. Mit dieser todbringenden Waffe gelang es, den größten Teil der arabischen Flotte zu vernichten und sich aus der Belagerungssituation wieder zu befreien. Auch in den folgenden Jahrhunderten wurde dieses wirksame Mittel von den Byzantinern mit großem Erfolg eingesetzt. Das Geheimnis des »Griechischen Feuers« war damals so bedeutend und so wohlgehütet, dass das Wissen darum letztendlich verloren ging. Bis heute ist die genaue Zusammensetzung, die auf Erdöl und Phosphor basiert, nicht vollständig bekannt. Jedenfalls gelang es den Byzantinern durch den Aufbau einer schlagkräftigen Flotte und dieser universell einsetzbaren Geheimwaffe, die Araber aus dem Mittelmeer zurückzudrängen und die Kontrolle zu übernehmen.

Ab dem 9. Jahrhundert entstanden mit den italienischen Stadtstaaten Venedig und Genua neue Handelskonkurrenten, was nicht zuletzt durch deren zunehmenden Handel mit der Levanteküste – dem sogenannten »Morgenland« – bedingt war. Damit setzte sich der anhaltende Überlebenskampf für Byzanz nun auch im Westen fort. Zeitgleich hatte es im unbedeutenden, »barbarisch« gewordenen Westeuropa neue Entwicklungen gegeben, die das bisherige Macht- und Kräfteverhältnis im Mittelmeerraum erneut verändern sollten. Im Jahr 800 wurde der Frankenkönig Karl der Große von Papst Leo III. in Aachen zum Kaiser gekrönt. Damit gab es erneut eine »Zwei-Kaiser-Situation« innerhalb Europas mit zwei christlichen Kirchen – wobei sowohl die weltlichen als auch die kirchlichen Herrscher jeweils um die Vorherrschaft rangen. In Byzanz wurde Karl als ungebildeter Barbarenfürst angesehen und seine Krönung als »Schlag ins Gesicht« empfunden. Zudem waren die Patriarchen von Byzanz vom Kaisertum abhängig. Bisher war es üblich, dass der Kaiser auch den obersten Hirten der Gläubigen ernannte. Karl der Große und Papst Leo III. hatten mit ihrem Krönungszeremoniell das traditionelle Verhältnis von Kirche und Staat vollkommen auf den Kopf gestellt. Als dann der Kalif Harun al-Raschid, der Anführer der größten Dynastie der islamischen Welt, Gesandten von Karl dem Großen im Jahr 802 symbolisch die Verfügungsgewalt über das Grab Christi übergab – das wichtigste christliche Pilgerziel im Heiligen Land –, steigerte diese inoffizielle Anerkennung des fränkischen Kaisers die Spannung zwischen Rom und Byzanz noch zusätzlich. Ein Konflikt war vorprogrammiert, und er entlud sich in handfesten militärischen Aktionen. Formaler Streitpunkt waren zwar die See- und Handelsrechte an der Adriaküste, doch im Grunde ging es um die Gleichberechtigung der beiden christlichen Kaiser. Byzanz konnte sich dank seiner starken Flotte behaupten. Doch da sich beide Seiten einen längeren Krieg nicht erlauben konnten, wurde schließlich eine Gleichrangigkeit zwischen Abendland und Morgenland vereinbart. Damit war diese Streitigkeit beigelegt – doch der eigentliche Konflikt, der zu einem dramatischen Verfall der wirtschaftlichen Bedeutung Byzanz führen sollte, gärte weiter. Immer stärker verdrängten die inzwischen vor allem durch den Fernhandel mit Indien und China mächtig gewordenen Kaufleute aus Venedig, Genua, Pisa und Florenz ihre Wettbewerber aus Konstantinopel vom Handelsgeschäft innerhalb des Mittelmeeres. Venedig, das im Jahr 812 noch zum Oströmischen Reich gehörte, übernahm eine Führungsrolle in der Adria und ließ sich von Byzanz die geleistete Hilfe zum Beispiel zur Abwehr der gefürchteten Sarazenen, die um 825 Sizilien bedrohten, mit stattlichen Handelsprivilegien entlohnen. Byzanz ging damit zunehmend die wirtschaftliche Vorrangstellung verloren – und die folgenden Kreuzzüge verschärften die Situation noch zusätzlich, denn die um 1099 neu errichteten Kreuzfahrerstaaten – das Königreich Jerusalem und die Fürstentümer Antiochia, Edessa und Tripolis – entstanden in einem Gebiet, das direkt im Einflussbereich von Byzanz lag. Auf Wunsch des Papstes sicherten Soldaten der italienischen Stadtstaaten die Pilgerreisen sowie Waffen- und Lebensmitteltranporte ins östliche Mittelmeer. Mit den Pilgern und späteren Kreuzfahrern kamen auch Händler in den Osten und suchten den direkten Zugang zu muslimischen Handelspartnern – ganz offiziell und direkt an Byzanz vorbei.

Im späten 11. Jahrhundert kam es dann in Westeuropa zu einem Machtkampf zwischen Kirche und Staat. Der Papst war nicht mehr bereit, sich vom Kaiser des Heiligen Römischen Reiches (Deutscher Nation) bevormunden zu lassen. Seit März 1088 war der in Frankreich geborene Urban II.

Lage der christlichen Fürstentümer der Levante (12. Jahrhundert n. Chr.)

Papst in Rom. Er wollte die römisch-katholische Kirche reformieren, um sie zu stärken. Zugleich wollte er vor allem aber seinen Anspruch, einziger »Stellvertreter Gottes auf Erden« zu sein, gegenüber den weltlichen Würdenträgern und auch dem Patriarchen von Byzanz festigen. Als ihn der byzantinische Kaiser Alexios I. um Hilfe gegen die islamischen Seldschuken bat, war das für ihn die Gelegenheit, auf die er lange gewartet hatte. Schon sein Vorgänger, Gregor VII., hatte Byzanz im Kampf gegen die türkischen Eindringlinge unterstützen wollen.

Im Jahre 1074 hatte dieser an der Spitze eines Kriegszuges die Eroberung von Jerusalem angestrebt, das etwa 350 Jahre zuvor an die Muslime gefallen war. Streitigkeiten unter den beteiligten Machthabern verhinderten jedoch die Umsetzung dieses Vorhabens. Die aktuellen militärischen Erfolge der westlichen Christenheit gegen den Islam vor allem in Spanien und Süditalien bestärkten Papst Urban II. in seinem Wunsch, die Seldschuken wieder von den heiligen Stätten Palästinas zu vertreiben. Und so nutzte er das im November 1095 im französischen Clermont einberufene Konzil, das sich mit kirchlichen Reformen beschäftigen sollte, um sein Ziel umzusetzen. Die Notwendigkeit, die heiligen Stätten Jerusalems und Palästinas zu befreien, wurden mit dem Aufruf »Deus lo vult« (Gott will es) begründet. Adhemar, der Bischof von Le Puy, nahm als Erster das Kreuz und ging voran. Tausende folgten ihm und hefteten sich Tücher in Gestalt eines Kreuzes an die Schulter. Urban II. ernannte Adhemar zu seinem Stellvertreter und machte ihn zum Führer des Kreuzzuges, an dessen Spitze immer ein Geistlicher stehen sollte. Im Frühjahr 1096 brach eine unorganisierte Volksmasse aus Mitteleuropa in Richtung Palästina auf. Dieser »Volkskreuzzug« bestand fast ausschließlich aus Bauern und ihren Familien. Nur ganz wenige Adelige oder ausgebildete Ritter befanden sich unter den Kreuzfahrern. Im Oktober 1096 traf dieses unorganisierte Heer »ziviler« Kreuzfahrer bei Nicäa auf die Seldschuken, die den militärisch ungeschulten Haufen förmlich überrannten. Die wenigen Überlebenden retteten sich nach Byzanz, um dort auf die Hilfe der nachfolgenden Kreuzfahrer zu warten.

Erst jetzt stellten die europäischen Fürsten gut bewaffnete Ritterheere auf, die sich in Byzanz jeweils zum Gegenschlag versammelten. Die Größe des Heeres soll etwa 50.000 bis 60.000 Kämpfer betragen haben, darunter rund 7.000 Ritter und Adelige sowie ein 22.000 Mann starkes Fußvolk. 1098 wurde nach monatelanger Belagerung zunächst Antiochia eingenommen. Ein türkisches Heer belagerte daraufhin die Stadt, doch die

Kreuzritter konnten die Belagerung durchbrechen und sich den Weg nach Jerusalem freikämpfen. Nach vierwöchiger Belagerung wurde die Heilige Stadt am 13. Juli 1099 eingenommen, wobei die Kreuzritter ein entsetzliches Blutbad anrichteten. Noch im selben Jahr wurde das Königreich Jerusalem gegründet. Die anhaltende Bedrohung Jerusalems und der drei christlichen Kreuzfahrerstaaten durch die islamischen Nachbarn machten aus Sicht der westlichen Edelleute weitere Kreuzzüge notwendig. Zur Legitimation etablierte sich dadurch die christliche Sichtweise des »gerechten Krieges«, der von der Kirche unterstützt und verkündet werden konnte. So entwickelten sich die Kreuzzüge zu einer gesamteuropäischen Mission.

Doch weder der zweite »deutsche« Kreuzzug (1147 bis 1149) unter Kaiser Friedrich I. Barbarossa, bei dem Jerusalem wieder an die Muslime verloren ging, noch der anschließende dritte Kreuzzug der Franzosen und Engländer (1189 bis 1192) konnte die Lage vor Ort verbessern. Im Gegenteil: Die Ziele, etwa die Rückeroberung Jerusalems, wurden nicht erreicht. Mehr denn je waren sich die westeuropäischen Herrscher uneinig über ihr gemeinsames Vorgehen. Und der Konflikt mit Byzanz hatte erneut an Schärfe gewonnen, nachdem der byzantinische Kaiser Isaak II. Angelos 1189 dem Heer des deutschen Kaisers die bereits zugesagte Passage über die Durchreise durch die Meerenge der Dardanellen am Bosporus verweigert hatte.

Der vierte Kreuzzug, der von Papst Innozenz III. als Kreuzzug der Franzosen und der Republik Venedig ins Leben gerufen wurde, gipfelte schließlich in einem unglaublichen Vernichtungsfeldzug von Christen gegen Christen – natürlich gegen den Willen des Papstes in Rom. Doch das weitere Geschehen hatte der alte venezianische Doge Enrico Dandolo mit einem geschickten Schachzug schon längst von langer Hand eingefädelt: Prinz Alexios (IV.) Angelos, der Sohn des gestürzten byzantinischen Kaisers Isaak II., war ausgetrickst worden und wollte seinen verlorenen Thronanspruch militärisch erzwingen. Natürlich verbündeten sich die meisten der jungen, einflussreichen Adeligen unter den Kreuzfahrern mit dem so ungerecht Behandelten – zumal er sich als der rechtmäßige Erbe der Krone von Byzanz sah und den Rittern reiche Belohnung versprach. Damit gelang es dem Dogen Enrico Dandolo, der schon die Überfahrt der Kreuzritter organisiert hatte, im Jahr 1204 so ganz nebenbei, die Seemacht Byzanz als Hauptkonkurrenten Venedigs weitgehend auszuschalten. Bis zu seinem endgültigen Fall existierte Byzanz nur noch als machtloser Kleinstaat weiter. Mitte des 14. Jahrhunderts drangen die Osmanen in Ost- und Mitteleuropa in die byzantinische Besitzungen im Donauraum ein. Die zur Abwehr vereinigten Balkanfürsten wurden 1389 auf dem Amselfeld besiegt und Serbien unterjocht. Auch Bulgarien und Teile Griechenlands kamen unter türkischen Besitz. Sultan Mehmed II. eroberte nach zweimonatiger Belagerung im Jahr 1453 schließlich Konstantinopel. Das Osmanenreich umfasste zu diesem Zeitpunkt fast den gesamten Balkan, den Nahen Osten und Nordafrika sowie den Besitz der heiligen Städte Mekka und Medina. Damit ging der letzte Teil des römischen Imperiums zugrunde und besiegelte zugleich das Ende des Byzantinischen Reichs.

Von der Besiedelung des größten Meeres der Welt

Die Polynesier

Irgendwann Ende der 1980er Jahre stellte irgendein Moderator im Rahmen irgendeiner Quizsendung im damals noch jungen deutschen Privatfernsehen – bitte fragen Sie nicht, wann genau das war, in welchem Sender die Show lief und wie der Moderator hieß – dem Kandidaten die Frage: »Wie heißt der größte Ozean der Erde?« und erhielt die Antwort »Stiller Ozean«. Daraufhin blickte der Moderator auf seinen Zettel mit den Antworten und sagte: »Das ist leider falsch. Es ist der Pazifik.« Autsch! Warum der Kandidat, dem dadurch sein Preisgeld entging, nicht umgehend Einspruch erhob, ist nicht bekannt. Vermutlich war er einfach zu verblüfft, um in dem Augenblick zu reagieren. Fakt ist, dass sich damals weder einer der Studiogäste noch ein Mitglied des Fernsehteams bemerkbar machte, um auf diesen Fehler hinzuweisen. Aber vielleicht hat ja damals auch einfach niemand diesen peinlichen Irrtum bemerkt …

Fakt ist jedenfalls auch, dass es für das über ein Drittel der gesamten Erdoberfläche einnehmende größte Meer unseres Planeten mehrere Bezeichnungen gibt. Der Name »Großer Ozean« erklärt sich von selbst, wird aber in unserem Sprachraum eher selten verwendet. Der Begriff »Südsee« dagegen stammt von dem Spanier Vasco Nuñez de Balboa, der im Jahr 1513 als erster Europäer den Pazifik erblickte, nachdem er auf dem Landweg Panama durchquert hatte. Da die Küste Panamas nicht vertikal in nordsüdlicher, sondern horizontal in ostwestlicher Richtung verläuft und sich das von ihm entdeckte Meer südlich des Küstenverlaufs befindet, nannte er es »Mar del Sud«. Doch »Südmeer« oder gängiger »Südsee« wird nur der Südpazifik genannt, zu dem streng genommen ausschließlich die südlich des Breitengrades von Panama liegenden Bereiche dieses Meeres gehören. Der Begriff »Pazifik« wiederum geht auf den Portugiesen Fernando Magellan zurück, der die erste Weltumseglung leitete und 1520 als erster Europäer auf einem Schiff in dieses Weltmeer vorstieß. Aufgrund der dort während seiner Expedition vorherrschenden ruhigen Windverhältnisse nannte er den Ozean »Mar Pacifico«, also »Friedliches Meer«. Daraus leiten sich die Bezeichnungen »Pazifik« und »Pazifischer Ozean« ebenso wie die deutschsprachige Entsprechung »Stiller Ozean« ab. Friedlich indes ist der Pazifik nicht immer, ist er doch für seine tropischen Wirbelstürme, für das in mehr oder weniger regelmäßigen Abständen wiederkehrende Wetterphänomen »El Niño« ebenso wie für seine bisweilen gefährliche Tsunamis auslösenden Seebeben bekannt. In der Sprache der Ureinwohner heißt der Pazifik übrigens »Te Moana Nui a Kiva«. Der erste Teil (Te = der; Moana = Ozean; Nui = groß) heißt übersetzt schlicht »Der große Ozean«, und eine Bedeutung des Zusatzes »Kiva« ist »Milchstraße«. Folglich lautet eine mögliche Übersetzung »Der große Ozean der Milchstraße«. An

Der Spanier Vasco Nuñez de Balboa nimmt 1513 das »Südmeer« für die spanische Krone in Besitz (Lithografie, ca. 1893).

den Sternbildern der Milchstraße orientierte sich laut der hawaiianischen Mythologie einst der heute als Gottheit verehrte legendäre Seefahrer Kanaloa, und nach diesen Sternbildern navigierten die Polynesier letztlich selbst, als sie den Pazifischen Ozean besiedelten.

Die schier unvorstellbare Größe des Pazifiks lässt sich anhand der folgenden Zahlen und Beispiele vergegenwärtigen: Alle Kontinente der Erde fänden in seiner Fläche von mehr als 180 Millionen Quadratkilometern Platz – und es bliebe ausreichend Raum, um nochmals die Hälfte Afrikas darin unterzubringen. Dagegen beträgt die gesamte Landfläche aller Inseln in diesem Weltmeer mit einer maximalen Ausdehnung von bis zu 18.000 Kilometern in Ostwest- sowie bis zu 15.000 Kilometern in Nordsüdrichtung gerade einmal 1,3 Millionen Quadratkilometer. Das entspricht in etwa der Fläche von Frankreich, Portugal und Spanien zusammen. Werden davon die Ausmaße Neuguineas und Neuseelands als die beiden größten zusammenhängenden Landmassen im Pazifik abgezogen, bleiben nur noch ca. 120.000 Quadratkilometer und damit weitaus weniger als 0,1 Prozent der 180 Millionen Quadratkilometer für all die etwa 10.000 sonstigen Inseln und Archipele übrig, von denen manche einige Tausend Kilometer von dem nächsten Eiland entfernt liegen.

Als die großen europäischen Seefahrer und Entdecker Louis Antoine de Bougainville, James Cook und Jean Françoise de La Pérouse in der zweiten Hälfte des 18. Jahrhunderts weite Gebiete des – jedenfalls in der Alten Welt – bis dahin weitgehend unerforschten Pazifischen Ozeans erkundeten und kartografierten, mögen ihnen vielleicht die gewaltigen Ausmaße dieses größten Ozeans der Erde mehr oder weniger bewusst geworden sein. Doch ob sie geahnt haben, dass die Urahnen der Bewohner jener tropischen Inseln und Inselgruppen mit so exotisch klingenden Namen wie Tetiaroa, Vanuatu, Tafahi, Nukunonu, Raiatea, Upolu oder Niuatoputapu vermutlich schon etwa eintausend Jahre zuvor eine der größten seefahrerischen Leistungen der Menschheitsgeschichte vollendet hatten? Es mag bei oberflächlicher Betrachtung zwar der Anschein entstehen, als hätten jene Seefahrer bei der Erforschung des Pazifiks vorrangig wirtschaftliche oder politische Interessen derjenigen Staaten verfolgt, in deren Diensten sie standen, und sich wenig um die Herkunft der dort lebenden Menschen Gedanken gemacht. Doch zumindest was James Cook angeht, liegt die Vermutung nahe, dass er eine frühe Besiedlung der pazifischen Inselwelt durch die Ureinwohner in Betracht gezogen hatte. Insbesondere seine Begegnung mit dem Tahitianer Tupaia im Jahr 1769, der den Engländer auf

Der große britische Seefahrer und Entdecker James Cook (1728 bis 1779) war der erste Europäer, der das enorme seefahrerische Potenzial der Polynesier zumindest als möglich ansah (Gemälde von William Hodges, ca. 1775).

dessen erster Südsee-Expedition über ein Jahr lang als Navigator begleitete und ihn bis zum 4.000 Kilometer entfernten Neuseeland führte, ließ in Cook die Überzeugung reifen, dass zumindest die Tahitianer in der Lage gewesen sein müssen, mit ihren Kanus mehrere Hundert Seemeilen auf dem offenen Meer zurückzulegen. Außerdem war er der Erste, der von einer »Polynesischen Nation« berichtete. Dennoch überwog noch bis in die Mitte des 20. Jahrhunderts hinein selbst bei vielen Wissenschaftlern die Vorstellung, die Besiedelung des Pazifiks wäre auf Zufälle wie zum Beispiel vom Wind abgetriebene Fischerboote zurückzuführen. Sie bezweifelten ein zielgerichtetes Vorgehen der Polynesier, zumal denen weder nautisch noch navigatorisch auch nur annähernd jene Hilfsmittel zur Verfügung standen, auf die Cook und all die anderen Entdecker zurückgreifen konnten, die sich im 18. und 19. Jahrhundert der Erkundung des Stillen Ozeans verschrieben hatten.

Vor diesem Hintergrund mag es nur schwer vorstellbar erscheinen, dass die Besiedelung des Pazifiks mittels hochseetüchtiger Segelboote bereits vor etwa 3.500 Jahren begann – immerhin acht Jahrhunderte vor der Gründung Roms und ein Jahrtausend vor dem Aufstieg Athens zur Seemacht im Mittelmeer. Circa 2.000 bis 2.500 Jahre sollte es dauern, bis die Besiedelung der pazifischen Inselwelt im 5. Jahrhundert n. Chr. mit dem Erreichen der Osterinsel als östlichster oder erst im 10. Jahrhundert mit dem Erreichen Neuseelands als südlichster Insel Polynesiens endete. Das würde aber auch bedeuten, dass dieser Prozess bereits etwa zehn bzw. fünf Jahrhunderte vor der »Entdeckung« Amerikas durch Christoph Kolumbus abgeschlossen war.

Alle im Absatz zuvor genannten Jahreszahlen basieren auf einer von mehreren plausiblen Theorien zur Besiedelungsgeschichte des Pazifiks. Sie unterscheiden sich im Wesentlichen in zwei Punkten: erstens in den Zeitangaben, wann bestimmte Inseln und Inselgruppen erreicht wurden, und zweitens in den Ausgangspunkten sowie den Routen, die befahren wurden. So begann die Besiedlung Polynesiens nach manchen Quellen schon vor 4.000 oder erst 2.500 Jahren und endete nicht im 5. oder 10. Jahrhundert, sondern erst gegen 1500 nach Beginn unserer Zeitrechnung. Eines aber haben alle diese Theorien gemein: Die Besiedelung erfolgte von Asien aus in östlicher Richtung und nicht umgekehrt von Amerika aus gen Westen. Zwar gelang dem norwegischen Völkerkundler Thor Heyerdahl 1947 mit dem nach uralter südamerikanischer Tradition gebauten Holzfloß »Kon-Tiki« der spektakuläre Nachweis, dass es möglich ist, von Peru aus mit einem einfachen Floß 7.000 Kilometer auf dem offenen Meer im Pazifik in westlicher Richtung zurückzulegen und – getrieben durch die von West nach Ost wehenden Winde und den Humboldtstrom – das zum Tuamotu-Archipel gehörende Raroia-Atoll nordöstlich von Tahiti zu erreichen. Doch trotz dieses erfolgreich verlaufenen Experiments lässt sich inzwischen aufgrund archäologischer Funde, genetischer Tests und sprachwissenschaftlicher Vergleiche mit größter Gewissheit sagen, dass die Besiedlung Polynesiens von Asien aus stattgefunden hat. Damit sind auch so abstrus erscheinende Denkansätze widerlegt, denen zufolge die Polynesier Nachfahren von Libyern sein könnten, die sich im zweiten vorchristlichen Jahrtausend in Diensten Ägyptens auf dem Weg nach Sumatra zu dortigen Goldminen verirrten und dabei zufällig Teile der pazifischen Inselwelt entdeckten und sie besiedelten.

Schon lange vor der Besiedelung Polynesiens gelangten die ersten Menschen auf dem Seeweg von Südostasien nach Australien sowie nach Neuguinea im Nordosten und Tasmanien im Südosten des Kontinents. Diese Bewegung begann vor mindestens 40.000 Jahren, als der Meeresspiegel während der letzten Eiszeit 100 bis 130 Meter unter dem heutigen Niveau lag und Australien, Neuguinea sowie Tasmanien eine zusammenhängende Landmasse namens Sahul bildeten. Da diese Landmasse vom asiatischen Festland durch eine 50 bis 100 Kilometer breite Wasserstraße getrennt war, müssen die Menschen bereits über seetüchtige Boote verfügt haben, da sie nicht nur diese Wasserstraße überwanden, sondern auch die nordöstlich von Neuguinea gelegenen melanesischen Admiralitäts- und Salomon-Inseln erreichten. Mit dem Ende der Eiszeit stieg der Meeresspiegel vor etwa 10.000 Jahren wieder an. Dadurch kam es zur Unterbrechung der Landverbindung zwischen Australien und Neuguinea und gleichzeitig zum Ende der kulturellen Beziehung der jeweiligen Bewohner. Während sich auf der einen Seite die australischen Aborigines entwickelten, waren es auf der anderen die melanesischen Papua.

Einer der Ursprünge der späteren Polynesier entwickelte sich nach der letzten Eiszeit mit den Papua auf Neuguinea nördlich von Australien.

Einige Jahrtausende später, vermutlich zwischen 3.000 und 2.000 v. Chr., begann eine weitere Wanderungsbewegung, als sich Menschen der austronesischen Sprachfamilie, die sogenannten »Austronesier«, von Taiwan und dem Südosten Chinas aus in Bewegung setzten. Im Laufe von Jahrhunderten gelangten sie über den Malaiischen Archipel – das Gebiet der zahlreichen zwischen Südostasien und Australien liegenden größeren und kleineren Inseln mit den Molukken, den Philippinen, Indonesien und anderen – bis nach Neuguinea. Von dort zogen sie ostwärts zu den zum Bismarck-Archipel gehörenden Admiralitäts-Inseln, die sie gegen 1500 v. Chr. erreichten, und weiter zu den Salomon-Inseln.

Auf seinem langen Weg hatte dieses Volk, das ursprünglich vom Festland stammte, gelernt, hochseetüchtige Boote zu bauen und sich auf dem offenen Meer fortzubewegen. Aus dem einstigen Landvolk war ein Seefahrervolk geworden. Im Lauf der Zeit verschmolzen die Austronesier mit den während der Eiszeit hierher gelangten Papua zur sogenannten »Lapita-Kultur«. Benannt wurde sie nach der Grabungsstelle »Lapita 13« auf der neukaledonischen Hauptinsel »Grande Terre« im Süden von Melanesien. Anhand von hier 1952 gefundenen Tonscherben bzw. Keramikteilen mit charakteristischen geometrischen Mustern nahm die Erforschung der vereinzelt schon Ackerbau treibenden »Lapita-Kultur«, aus der nach der vorherrschenden Auffassung die Polynesier hervorgingen, ihren Anfang. Die Fundorte dieser Keramikstücke und ihre Altersbestimmungen erlauben jedenfalls eine recht plausible Antwort auf die Frage nach dem Ablauf der Besiedlung Polynesiens.

Demnach begann die eigentliche »Eroberung« des polynesischen Inselreichs von Neuguinea, dem Bismarck-Archipel und den Salomon-Inseln aus. Nach der auf den frühen Auslegerkanus der Austronesier basierenden Entwicklung hochseetüchtiger Zweirumpfboote wurden zunächst die Inseln Melanesiens in südöstlicher Richtung bis zu den Fidschi-Inseln und Neukaledonien und anschließend gegen 1000 v. Chr. die Tonga- und die Samoa-Inseln besiedelt. Von Tonga aus erreichten die Polynesier in nordöstlicher Richtung über die Cook-Inseln die Archipele der Gesellschafts-Inseln und der Marquesas. Diese zentralpolynesischen Inselgruppen wurden schließlich die Ausgangspunkte für noch fernere und gewagtere Seefahrten, denn von hier aus ging es weiter nach Osten bis zu der etwa 4.000 Kilometer entfernt liegenden Osterinsel, nach Norden zum ebenfalls gut 4.000 Kilometer entfernt liegenden Hawaii und nach Süden zum ungefähr ebenso weit entfernten Neuseeland. Diese drei Inseln bzw. Inselgruppen bilden die Eckpunkte des sogenannten polynesischen Dreiecks, das eine Fläche von einem Drittel des Pazifiks umfasst: ca. 60 Millionen Quadratkilometer.

Doch nicht nur die weiten Seewege machten die Polynesier zu einem großen Seefahrervolk. Noch bewundernswerter ist es, dass ihnen diese Entdeckungen mit Schiffen gelangen, die mit einfachsten Mitteln gebaut waren. Sie fertigten sie mit Werkzeugen aus Steinen und scharfkantigen Muscheln. Die einzelnen Teile verbanden sie mit Kokospalmenschnüren. Kleinere Boote zum Fischen oder für die Fahrten innerhalb einer Inselgruppe stellten die polynesischen Schiffbauer aus Einbäumen her, die als Kenterschutz einen Ausleger hatten. Zum Transport größerer Lasten und für längere Seereisen bauten sie Doppelrumpfboote. Diese bestanden meist aus zwei ausgehöhlten Baumstämmen, die durch Leisten miteinander verbunden waren. Über die Leisten wurden feste Matten oder Holzbretter gelegt, auf denen die Güter gelagert werden konnten. Zwischen den beiden Rümpfen befanden sich ein oder zwei bewegliche Masten, deren Segel aus geflochtenen Palmenblattstreifen bestanden.

Diese Doppelrumpfboote waren erstaunlich wendig, konnten hart am Wind segeln und durch Kreuzen praktisch jeden Kurs fahren. Für längere Windflauten war jedes Schiff außerdem mit Paddeln bestückt. Der vermutlich größte Schiffstyp dieser Bauart im Pazifik war die Ndrua von den Fid-

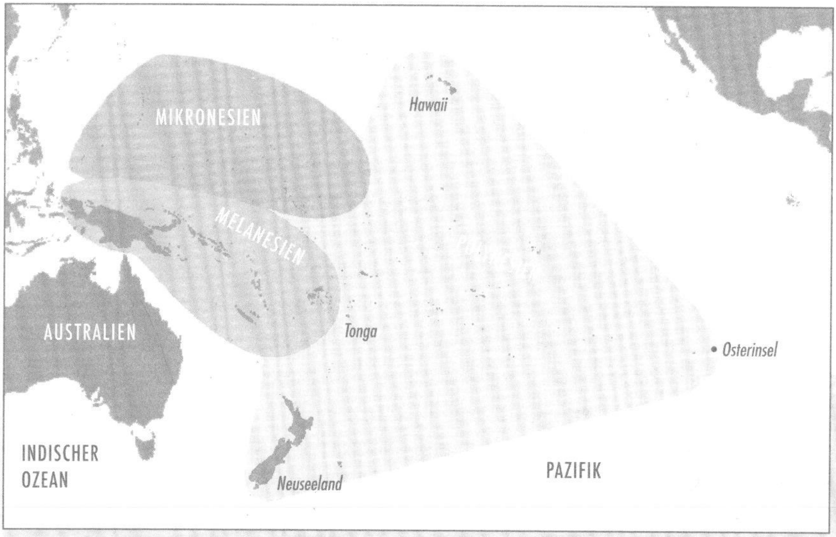

Der Begriff »Polynesien« (aus dem Griechischen für »viele Inseln«) wurde erstmals 1756 von dem Franzosen Charles de Brosses verwendet, der damit allerdings die gesamte Inselwelt im Südpazifik bezeichnete. Sein Landsmann, der Seefahrer und Entdecker Jules Dumont d'Urville, unterschied die Inseln später aufgrund eigener Beobachtungen nach kulturellen und sprachlichen Merkmalen in Polynesien sowie Mikro- (kleine) und Melanesien (schwarze Inseln).

schi-Inseln. Sie war knapp 30 Meter lang, konnte bis zu 15 Knoten schnell werden und bot Platz für etwa 200 Personen. Allerdings handelt es sich hierbei um eine verhältnismäßig junge Entwicklung, was auch erklärt, dass die letzte Ndrua noch aus dem Jahr 1930 stammt. Dennoch ist zu vermuten, dass die Bauweise der modernen Ndruas nicht stark von den Doppelrumpfbooten aus der Zeit der Besiedelung Polynesiens abweicht.

Derartig große Schiffe wurden einst für Kriegszwecke gebaut oder um Auswanderer auf neu entdeckte Inseln zu bringen, denn die Polynesier fuhren nicht einfach mit einem großen Schiff voller Menschen ins Ungewisse. Zunächst suchten leichte und schnelle Boote mit einer jungen Mannschaft nach bewohnbaren Inseln. Dabei ließen sie sich oft von Naturzeichen leiten. Die Flüge der Zugvögel, bestimmte Wolkenbilder und Wellenformationen verrieten ihnen, wo sie suchen mussten. Hatten sie eine neue Insel gefunden, wurde die Route sorgfältig bestimmt und notfalls mehrmals befahren. Erst dann wurde die Auswanderung organisiert. Die neuen Siedler brachten ihre Haustiere wie Hunde, Hühner und Schweine paarweise mit an Bord. Ebenso nahmen sie Samen und Setzlinge ihrer gewohnten Nutzpflanzen mit. Diese Pflanzen stammten bis auf zwei alle noch aus der ursprünglichen Heimat dieses Volkes, vom asiatischen Festland. Nur die Süßkartoffel und eine Baumwollart kamen neu hinzu.

Wenn die Siedlerschiffe fertig beladen waren, warteten alle auf ein günstiges Zeichen der Götter für den Start. Dann fuhren sie in der Nacht los. Für den Kurs waren allein die Steuerleute zuständig. Sie kannten keine Koordinaten, keine Maße außer den Körpermaßen und keine Aufzeichnungen. Und dennoch fanden die polynesischen Navigatoren immer sicher ihren Kurs, denn sie orientierten sich an den Sternen. Sie suchten den nächsten aufgehenden Stern in ihrer Zielrichtung und beobachteten gleichzeitig einen untergehenden Stern ihrer Abfahrtsposition. Mit dieser sogenannten Doppelleitstern-Methode konnten sie ihren Fahrtkurs exakt bestimmen. Ging der vordere Leitstern unter, folgten sie dem nächsten. So geleitete ein Sternenpfad sie schließlich zu jeder Insel ihres weiten Reiches im Pazifik.

Folgende Anekdote von dem Kapitän eines Schoners, der Anfang des 20. Jahrhunderts vorwiegend Kopra, also das getrocknete Fleisch der Kokosnuss, zwischen den polynesischen Inseln transportierte, vermittelt vielleicht einen kleinen Eindruck vom Selbstverständnis der Polynesier hinsichtlich ihrer Kunst des Navigierens. So soll der Kapitän den Erzählungen von deren navigatorischen Fähigkeiten nicht ganz geglaubt haben. Daher gaukelte er seiner polynesischen Crew eines Tages bei stürmischer See und bedecktem Himmel vor, der Kompass sei defekt. Da er selbst ohne Kompass aufgeschmissen sei und nun nicht weiter wisse, fragte er seine Mannschaft, ob sie ihm weiterhelfen könne. Und tatsächlich: Einige Tage später erreichten sie auf direktem Weg und ohne jeden Zeitverlust ihre Zielinsel. Daraufhin fragte der Kapitän, woher sie gewusst hätten, dass diese Insel genau hier liege, worauf ihm der Vormann ein wenig irritiert antwortete: »Wieso? Die Insel war doch immer hier.«

Die große Zeit der »Nordmänner« zur See

Die Wikinger

Als die Polynesier auf der anderen Seite des Erdballs ihre etwa 60 Millionen Quadratkilometer umfassende Inselwelt im Pazifischen Ozean gegen Ende des 8. Jahrhunderts n. Chr. vermutlich schon vollständig besiedelt hatten, begann im Norden Europas eine überwiegend auf germanischen Wurzeln basierende Volksgruppe gerade damit, ihre besonderen Fähigkeiten im Bootsbau und in der Schifffahrt auf eine gänzlich andere, aber ebenso einzigartige Weise zu nutzen. Bei dieser Gruppe handelte es sich um Skandinavier aus verschiedenen Gegenden Norwegens, Schwedens und Dänemarks, die je nach ihrer Herkunft oder ihren fern der Heimat liegenden Aktionsgebieten unter verschiedenen Sammelbezeichnungen wie Wikinger, Normannen, Waräger und andere für gehöriges Aufsehen sorgten. Fast 300 Jahre dauerte die große Zeit der »Nordmänner«, die ihre Spuren nicht nur in weiten Teilen Europas hinterließen, sondern auch – und das knapp 500 Jahre vor Kolumbus – nachweislich den amerikanischen Kontinent erreichten.

Der Begriff »Volksgruppe« ist allerdings nicht ganz korrekt, bezeichnet er doch streng genommen nationale Minderheiten oder ethnische Gruppierungen innerhalb eines Staatswesens oder eines Landes wie die Aborigines in Australien, die Inuit in Nordamerika, die Basken im Norden Spaniens und im Süden Frankreichs oder die Bayern in Deutschland. Allerdings müssen es nicht zwingend Minderheiten sein, und es genügen auch gemeinsame kulturelle Traditionen wie Sprache, Kleidung, Religion oder weitere Gemeinsamkeiten, um die Voraussetzungen zu erfüllen, als Volksgruppe zu gelten. Den Wikingern – einigen wir uns der Einfachheit halber auf diese vielleicht gebräuchlichste von allen möglichen Bezeichnungen – wird der Status einer Volksgruppe aus zwei Gründen verwehrt: Erstens handelte es sich um Angehörige nicht eines, sondern verschiedener Völker, und zweitens bildeten sie ihre Gemeinschaften nur zu bestimmten Anlässen wie Handels- und Entdeckungsreisen oder Raubzügen. Ein weiterer Aspekt ist die verhältnismäßig kurze Dauer ihres Auftretens auf der Bühne des Weltgeschehens, denn so plötzlich sie diese Bühne im ausklingenden 8. Jahrhundert betraten, so schnell verschwanden sie knapp drei Jahrhunderte später wieder von ihr.

Den Beginn der sogenannten »Wikingerzeit« markiert der 8. Juni des Jahres 793. An jenem Tag überfielen Wikinger den meisten Quellen nach erstmals eine menschliche Ansiedlung außerhalb Skandinaviens. Zwar gibt es durchaus Hinweise darauf, dass bereits kurz vor diesem Ereignis die markanten Langboote der Nordmänner in britischen Küstengewässern gesichtet worden sein sollen, doch existieren nur Vermutungen, aber keine hinreichenden Belege dafür, dass schon vorher vergleichbare Überfälle stattgefunden haben. Darüber hinaus handelte es sich beim Ziel des ersten überlieferten Wikingerangriffs nicht um irgendeine belanglose britische Ortschaft, sondern um einen bedeutenden Wallfahrtsort, der in England als »Wiege des Christentums« galt. Von hier an der Grenze zu Schottland aus betrieben die Mönche des gut 250 Jahre zuvor gegründeten Klosters Lindisfarne auf der gleichnamigen Insel, die auch als »Holy Island« (Heilige Insel) bezeichnet wurde, die Christianisierung von England. Da dieser Ort als eine Stätte des Glaubens, der Kunst und der Gelehrsamkeit zu den berühmtesten christlichen Heiligtümern der damaligen Zeit gehörte, breitete sich die Kunde von dem brutalen Wikingerüberfall schnell und auch über den Ärmelkanal zum europäischen Festland aus.

Vor allem die Art und Weise dieser blitzartig ausgeführten Attacke sorgte für Aufsehen und trug mit dazu bei, dass die Nachricht über das Ereignis sogar am Hof Karls des Großen in Aachen als etwas Besonderes zur Kenntnis genommen wurde. Zwar erregte es in Kreisen des damaligen Herrschers über das mächtige Frankenreich, aus dem das spätere Frankreich hervorging, noch keine größere Besorgnis. Doch die Bewohner der Küstenbereiche im Norden der Britischen Inseln waren durchaus besorgt und hofften, dass es sich bei dem Überfall auf Lindisfarne um einen Einzelfall handeln möge.

Schnell, präzise, überraschend, zielorientiert und erfolgreich – so ließe sich das Vorgehen der Wikinger nüchtern und fast ein wenig heroisierend beschreiben, wären sie nicht mit großer und für die Opfer bisher nicht gekannter Brutalität vorgegangen. Das jedenfalls berichteten die zeitgenössischen Chronisten wie der angelsächsische Gelehrte Alkuin, der den ersten Wikingerüberfall wie folgt kommentierte: *»Nie zuvor ist ein solcher Schrecken über Britannien hereingebrochen, wie wir ihn nun … erleiden mussten … das Gotteshaus … ist besudelt mit dem Blute der Priester des Herrn …«* In der Morgendämmerung waren die Angreifer mit ihren flachen Booten, mit Streitäxten, Speeren und Schwertern bewaffnet, rasend schnell an Land gegangen, hatten sich unaufhaltsam ihren Weg gebahnt und dabei jeden, der sich ihnen entgegenstellte, erschlagen, erstochen oder enthauptet. Dann hatten sie das Gotteshaus sowie dazugehörige Gebäude gestürmt, geplündert und gebrandschatzt. Mit ihrer Beute – erlesene Schmuckstücke, reich mit Edelsteinen verzierte Kruzifixe aus kostbarem Gold, edle Gewänder, Lebensmittel, Weinfässer und vermutlich auch einige Gefangene – verschwanden sie ebenso schnell wieder von der »Heiligen Insel« in Richtung ihrer heimatlichen Gefilde, wie sie gekommen waren. Doch die Hoffnung, dass es sich um einen Einzelfall handelte, erfüllte sich nicht, und die Vorgehensweise wurde zum charakteristischen Markenzeichen der Wikingerüberfälle – jedenfalls für die nächsten Jahrzehnte.

Warum auch sollten die Nordmänner diese erfolgreiche Taktik des Blitzangriffs nicht für weitere Beutezüge nutzen? Also setzten sie die Angriffe in den kommenden Jahren in immer kürzeren Abständen fort. Nur ein einziges Mal erlitten sie bei einem der ersten Überfalle, der vermutlich dem etwas südlich von Lindisfarne gelegenen Kloster Jarrow galt, eine schmerzliche Niederlage, bei der ihr Anführer und viele weitere Angreifer ihr Leben lassen mussten. Daher mieden sie für längere Zeit diese nordöstlichste Region Englands und wandten sich zunächst den Küsten Schottlands und Nordirlands zu. In der Folgezeit dehnten die Wikinger ihre Angriffe auf die Küstengebiete von fast ganz Irland, Wales, den Süden von England sowie bis nach Friesland in Höhe der heutigen Niederlande und Belgiens aus. Spätestens 799 erfolgte mit dem Überfall auf das Kloster St. Philibert an der Loire-Mündung die erste Attacke auf ein Ziel im Herrschaftsbereich Karls des Großen, der daraufhin umgehend Maßnahmen zur Sicherung der Küsten veranlasste. Daher griffen sie hier nur noch sporadisch an, bis der legendäre »Ahnherr Europas« im Jahr 814 verstarb und

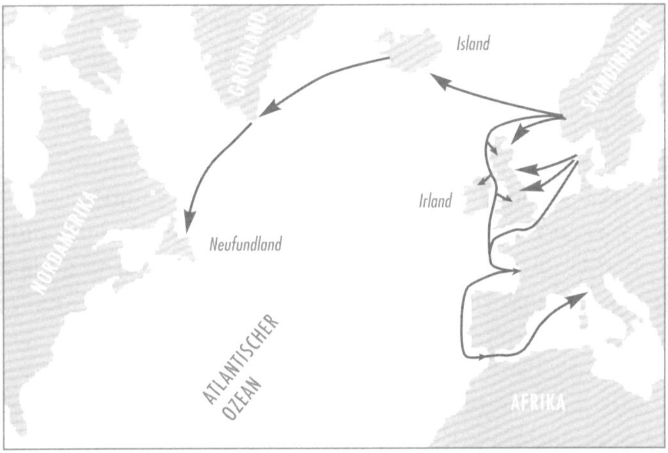

das Frankenreich unter seinen Nachfolgern zusehends schwächer wurde. Dann nahmen auch hier die Angriffe zu.

Im Fokus der heidnischen Nordmänner standen vorwiegend Klöster und Kirchen, jedoch nicht aus religiösen Gründen, sondern weil sie meistens schlecht gesichert waren. Auch wenn den Wikingern bis heute der Ruf furchtloser und rücksichtsloser Draufgänger anhaftet, waren sie sehr darauf bedacht, keine allzu großen Risiken einzugehen. Und bei Gotteshäusern lockten natürlich die dort reichlich vorhandenen Kirchenschätze ebenso wie die Aussicht auf Lösegelder für entführte Geistliche oder Einnahmen aus dem Verkauf gefangener Mönche und Nonnen auf Sklavenmärkten.

Ab Mitte des 9. Jahrhunderts kamen die Wikinger auf die Idee, den geringen Tiefgang und die ausgezeichnete Manövrierfähigkeit ihrer Langschiffe auch dazu zu nutzen, über die größeren Flüsse wie die Themse, die Elbe, den Rhein, die Seine und andere relativ weit ins Landesinnere bis zu den reichen Großstädten ihrer Zeit vorzudringen. Auf diese Weise gelangten sie unter anderem bis nach London, Hamburg, Köln und Paris, die sie überfielen, belagerten, ausraubten, brandschatzten oder gegen die Zahlung von Schutzgeldern verschonten. Fast gleichzeitig änderten sie ihre Strategie noch in anderer Hinsicht: Sie gingen jetzt vermehrt dazu über, Zwischenlager vor allem an den Küsten Englands und des Frankenreichs einzurichten, um von dort aus neue, noch weiter entfernte Ziele zu erreichen. So tasteten sie sich an der Atlantikküste immer weiter entlang Richtung Süden bis zur Iberischen Halbinsel und befuhren den Guadalquivir in Andalusien bis nach Sevilla hinauf. Dann drangen sie durch die Straße von Gibraltar bis weit ins westliche Mittelmeer vor, erreichten die Balearen und um das Jahr 860 herum sogar Pisa im Nordwesten des italienischen Stiefels.

In der zweiten Hälfte des 9. Jahrhunderts unternahmen die Wikinger vermehrt Anstrengungen, England nicht nur zu plündern, sondern – zumindest teilweise – zu erobern. Im Jahr 865 fielen sie mit vielleicht zwei- bis dreitausend Kriegern im oberhalb der Themsemündung gelegenen Ostanglien ein, wo sie überwinterten. Sie statteten sich mit Pferden aus und wandten sich nun, gewandelt zu einer Landstreitmacht, in nördlicher Richtung Nordumbrien zu, dessen Hauptstadt Jorvik (das spätere York) sie eroberten. Hier an der Nordküste Nordumbriens, das ebenso wie Ostanglien, Wessex, Essex, Sussex, Mercia und Kent zu den sieben englischen Kleinkönigreichen der damaligen Zeit gehörte, hatte im Jahr 793 mit dem Überfall auf Lindisfarne die »Erfolgsgeschichte« der Wikinger begonnen.

Wie in dieser Region im Nordosten Englands erwuchsen auch anderswo aus den ursprünglichen Zwischenlagern nicht selten feste Siedlungen. Die Wikinger ließen sich nieder, betrieben Ackerbau und Viehzucht und passten sich den Gebräuchen sowie der Sprache ihrer neuen Umgebungen an. Ein hervorragendes Beispiel für diese Anpassung ist die französische Normandie, deren Bezeichnung sich von den Normannen ableitet. Im Jahr 911 wurde dem Wikingerführer Rollo vom Frankenkönig Karl III. vertraglich das Recht zugebilligt, sich mit seinen Gefolgsleuten hier am Unterlauf der Seine dauerhaft anzusiedeln. Auch andernorts bildeten sich eigenständige Wikingerreiche wie in Irland um Dublin herum sowie mit dem sogenannten »Danelag«, was in etwa »dänisches Recht« bedeutet, in England. Später drangen sogar Nachfahren der ersten in der Normandie siedelnden Wikinger von dort aus bis nach Süditalien und Sizilien vor, wo sie Anfang des 11. Jahrhunderts ein normannisches Reich errichteten, das fast 200 Jahre Bestand haben sollte.

Gegen Ende des 9. Jahrhunderts gingen von Skandinavien noch zwei weitere und geografisch gegensätzliche Wanderungsbewegungen aus. Die erste richtete sich von dänisch-norwegischem Gebiet ausgehend in Richtung Westen. Über die Färöer erreichten die Wikinger Island, das sie vermutlich erstmals 874 besiedelten. Etwas mehr als 100 Jahre später war es Erik der Rote, der die ersten Wikinger nach Grönland führte, und um das Jahr 1000 gelangte dessen Sohn Leif Eriksson mit einigen Männern von dort aus nach Nordamerika und die vorgelagerte Insel Neufundland – und war damit der erste Europäer, der seinen Fuß nachweislich auf amerikanischen Boden setzte. Die zweite Bewegung vollzog sich von Schweden aus gen Osten, und die Nordmänner, die diese Richtung einschlugen, wurden als »Waräger« oder als »Rus« bezeichnet. Vieles spricht dafür, dass sich der Ländername »Russland« sowie der Begriff »Russe« von dieser Bezeichnung ableiten.

Schon seit dem 7. Jahrhundert hatten die schwedischen Nordmänner Kontakte zu verschiedenen Anrainern der südlichen und südöstlichen Ostsee, doch nun begannen sie über die weit verzweigten Flusssysteme Osteuropas viel weiter in Richtung Süden und Osten vorzudringen. Dabei hatten sie erheblichen Anteil am Aufblühen der Handelsstädte Nowgorod

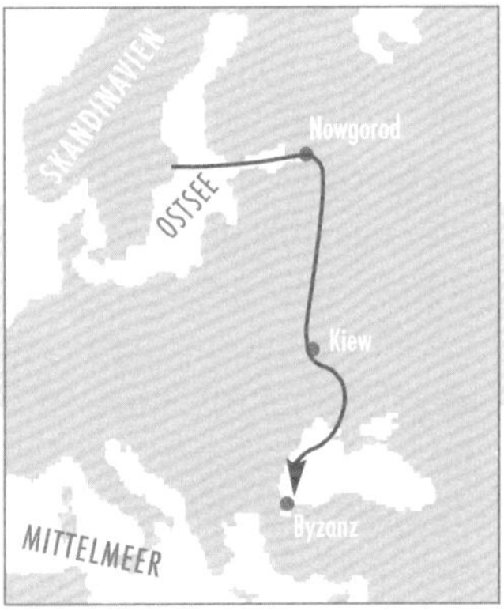

und Kiew. Über die Wolga gelangten sie nach Bulgar, dem Zentrum des Steppenvolkes der Wolgabulgaren und ein bedeutender Knotenpunkt im Osthandel zwischen der christlichen und der islamischen Welt, und weiter bis zum Kaspischen Meer. Auf der anderen Route über Nowgorod und Kiew erreichten sie dem Dnjepr folgend das Schwarze Meer und schließlich Konstantinopel, die Hauptstadt des Byzantinischen Kaiserreichs. Dass die Berichte über das Vordringen der »Waräger« im Osten Europas nicht annähernd so grausam wie über das der »Wikinger« in West- und Südeuropa ausfielen, hat einen plausiblen Grund. Das Ziel der Waräger bestand in erster Linie darin, Handel zu treiben und sich gegebenenfalls sogar anzusiedeln. Auch hier ging es den Nordmännern um die Minimierung des Risikos. Angesichts der in diesen Breiten traditionell ansässigen Slawen und anderen Volksgruppen schien es nicht gerade ratsam, sich auf kriegerische Auseinandersetzungen einzulassen. Gleichwohl galten die Waräger durchaus als wehrhafte und mutige Leute, die sich ihrer Haut, wenn es nötig war, zu erwehren wussten. Das sprach sich auch bis zum Hof der byzantinischen Kaiser herum. Ab dem 10. Jahrhundert wurden vermehrt skandinavische Söldner angeworben, die an Feldzügen auf Kreta, Sizilien und Zypern sowie bis nach Dalmatien und Syrien beteiligt waren. Berühmt und berüchtigt war die schlagkräftige Elitetruppe der byzantinischen Herrscher, die kaiserliche Leibgarde. Auch in dieser Truppe verrichteten immer mehr Nordmänner ihren Dienst, bis es unter dem von 976 bis 1025 regierenden Kaiser Basileios II. zur Bildung der ausschließlich aus Skandinaviern bestehenden legendären Warägergarde gekommen sein soll, die allerhöchstes Ansehen genoss.

Wird der Beginn der Wikingerzeit mit einem konkreten Ereignis und einem bestimmten Datum verbunden – wir erinnern uns an den Überfall auf das Kloster Lindisfarne am 8. Juni des Jahres 793 –, so wird als deren Ende ebenfalls ein konkreter Vorfall genannt: die Eroberung Englands am 14. Oktober 1066 durch das französische Normannenheer unter Wilhelm dem Bastard, Herzog der Normandie. Als Folge dieses Sieges wurde ihm, dem direkten Nachfahren des Wikingerführers Rollo, später der Beiname »der Eroberer« verliehen. An jenem Tag besiegte er mit seinem Heer in der Schlacht bei Hastings die Truppen des angelsächsischen Königs Harald II., der im Lauf der Kampfhandlungen getötet wurde. Mit seiner Krönung am Weihnachtstag des Jahres 1066 zum neuen König Wilhelm I. begründete er eine fast neun Jahrzehnte währende normannische Herrschaft über England. Unmittelbar vor dieser Schlacht war der norwegische König Harald der Harte, von 1034 bis 1041 Oberbefehlshaber der Warägergarde des byzantinischen Kaisers, mit seinem Versuch der Machtübernahme in England gescheitert.

Mittelalterliche Darstellung der Warägergarde, der Leibgarde der byzantinischen Kaiser aus der so genannten »Chronik des Joannis Scylitza«, eines zeitgenössischen Geschichtsschreibers (12. Jahrhundert)

Doch warum markiert nach vorherrschender Ansicht gerade die Schlacht bei Hastings das Ende der Wikingerzeit und nicht ein anderes Ereignis oder Datum? Vielleicht deshalb, weil es ein historischer Wendepunkt war, der im Gegensatz zu dem piratenähnlichen Überfall auf Lindisfarne eine militärische Operation darstellte – mit dem Ziel, eine historisch bedeutende politische Veränderung herbeizuführen. Auf jeden Fall hatten schon vor dieser Schlacht die kriegerischen Angriffe der Wikinger sowohl an Zahl als auch an Heftigkeit spürbar abgenommen, ja waren im Grunde sogar ganz zum Erliegen gekommen. Als einer der Gründe dafür wird vermutet, dass die zunehmende Christianisierung der Wikinger in Verbindung mit der Entwicklung von Dänemark, Norwegen und Schweden zu großen nationalen Königreichen dazu beigetragen hat, aus den einstigen Kriegern sesshaftere und friedlichere Zeitgenossen werden zu lassen. Als ein weiterer Aspekt gilt der Verlust ihrer Überlegenheit im Schiffbau.

Darstellung eines Schiffs der normannischen Flotte von Wilhelm dem Eroberer (Detail des sogenannten »Teppichs von Bayeux«, einer auch als »Bildteppich der Königin Mathilda« bezeichneten Stickarbeit aus der zweiten Hälfte des 11. Jahrhunderts)

Außerdem waren die Nordmänner in Frankreich, England, Russland und anderen europäischen Gebieten, die sie in den knapp drei Jahrhunderten aufgesucht hatten, überwiegend mit der einheimischen Bevölkerung verschmolzen oder hatten sich derart stark angepasst, dass – von genetischen Spuren einmal abgesehen – von ihren ursprünglichen Wurzeln so gut wie nichts mehr übrig war. Oder sie waren einfach wieder von dort verschwunden. Lediglich auf den Färöern und auf Island sind, abgesehen von ihren Ursprungsländern, die direkten Nachfahren der alten Wikinger noch heute anzutreffen.

Die Stadtrepubliken – Italiens »Leuchttürme« bis ins 19. Jahrhundert

Venedig und Genua

Seit mehr als 2.000 Jahren ist Italien ein bedeutendes europäisches Zentrum mit einer enorm langen Kulturgeschichte. Der Begriff »Italia« beschrieb dabei ursprünglich nur eine kleine Region an der Südspitze des Landes. Trotz seiner ausgedehnten Küsten war das Römische Reich in der Antike lange Zeit eine reine Landmacht ohne Ambitionen auf dem Meer. Doch auch wenn es dem Betrachter nicht gleich in den Sinn kommt: Italien und die »modernen Römer« von heute haben nicht nur eine große Seetradition, sondern sie nehmen unter den Seefahrernationen auch eine wirklich bemerkenswerte Position ein. Bemerkenswert schon allein deshalb, weil etwa der Kontinent Amerika nach dem Italiener Amerigo Vespucci aus Florenz benannt wurde. Ein weiterer bekannter Italiener, der Venezianer Marco Polo, reiste sogar bis zum Kaiser von China, um später in Europa Unglaubliches und auch viel Neues über seine Erlebnisse zu berichten. Und auch Christoph Kolumbus war ein Italiener. Er stammte aus Genua.

Vergleichsweise spät, erst im dritten Jahrhundert v. Chr., wagten sich die Römer, die als Landmacht gefürchtet waren, auch auf das Wasser – angetrieben durch den anhaltenden Konflikt mit der jungen Seemacht Karthago. Dadurch waren sie mehr oder weniger gezwungen, die Seefahrt zu erlernen, um ihre eigenen Interessen im Mittelmeer durchsetzen zu können. Zunächst bestanden zu Karthago sogar recht gute Beziehungen, jedenfalls solange die Griechen der gemeinsame Gegner waren. Der Niedergang der griechischen Seeschifffahrt – eingeleitet durch die permanenten Konflikte der griechischen Stadtstaaten untereinander – endete mit der völligen Unterwerfung durch die Römer und der Vertreibung der Griechen aus dem Süden Italiens im zweiten Jahrhundert v. Chr. Um die vorgelagerte Insel Sizilien, die damals von Seefahrern aus Karthago beherrscht wurde, entbrannte dann jedoch ein Streit der beiden Mächte: der Landmacht Rom und der Seemacht Karthago. Die Römer begannen mit dem Bau einer Kriegsflotte und bauten in kürzester Zeit über 100 Schiffe nach dem Vorbild der Karthager. Doch die Erfolge in den folgenden Seegefechten blieben zunächst aus, denn es fehlte den Römern an Erfahrung in der Seekriegführung. Erst mit den Erfindungen der Enterbrücke sowie der sehr wendigen Liburne als erstem selbst entwickelten römischen Kriegsschiff gelang die Wende. Im Jahr 260 v. Chr. erlebten die Karthager zu Beginn der Punischen Kriege nach langer Dominanz ihre erste Niederlage zur See. Die Auseinandersetzung um die Seeherrschaft endete 146 v. Chr. mit der totalen Zerstörung Karthagos und der alleinigen Vorherrschaft der Römer im Mittelmeer. Sie dauerte über 500 Jahre, bevor das römische Imperium in zwei Teile zerfiel: in ein Weströmisches Reich, das im Jahr 476 n. Chr. unterging – und in ein Oströmisches Reich mit Namen Byzanz, das noch bis ins 15. Jahrhundert hinein fortbestand. Der Niedergang des Weströmischen Reiches bedeutete daher nicht das Ende der römischen Seefahrtgeschichte, denn mit Byzanz am Ostrand des Mittelmeeres war zugleich ein neues Schifffahrtszentrum entstanden. Westrom verlor durch diese Verlagerung seine Vorherrschaft zur See. Die Hafenanlagen im Westen verkamen und der Schiffbau verkümmerte.

Nach dem Untergang des römischen Imperiums in Mitteleuropa und dem sich anschließenden Einfall der Germanen nahm die turbulente Geschichte Italiens ihren Lauf. Auf die expandierenden Germanen folgten die Ostgoten unter Theoderich und errichteten ihr eigenes Reich in Italien – bis sie wiederum von den Langobarden besiegt wurden, die von der Unterelbe stammten und vor allem in Norditalien sesshaft wurden. In Venetien, der Toskana und der Lombardei entstanden ihre wichtigsten Kerngebiete. Während also die germanischen Langobarden den Norden für sich beanspruchten und im Süden Araber, Byzantiner und Normannen aus Frankreich um die Vorherrschaft kämpften, begann sich ab etwa 500 n. Chr. in Mittelitalien ein christlicher Kirchenstaat zu formen. Trotz der frühen Christianisierung der Langobarden wurde der Kirchenstaat schnell zu einem ihrer größten Gegner. Der wichtigste Grundstein für die päpstlichen Besitzungen wurde im achten Jahrhundert n. Chr. mit Hilfe der Franken unter Pippin III. gelegt, dessen Armee die Langobarden zu Gebietsabtretungen an den Papst zwang (die sogenannten Pippinischen Schenkungen). Damit entstand der weltliche Herrschaftsbereich des Papsttums. Diese als Vermögen des Petrus (»Patrimonium Petri«) bezeichneten Gebietsschenkungen machten den Bischof von Rom nach und nach zu einem der größten Grundbesitzer Italiens. Als Dank für die Waffenhilfe krönte der aus Griechenland

Lage der vier wichtigsten Seerepubliken und des Kirchenstaates im späteren Italien

stammende Papst Zacharias den Franken Pippin zum König von Gottes Gnaden: zum Rex Francorum im Frankenreich und dessen Sohn Karl den Großen später zum Kaiser des neu errichteten Heiligen Römischen Reiches. Mit dem Ende der Frankenherrschaft im 10. Jahrhundert stürzte Norditalien dann erneut ins Chaos. Italienische und auch fränkische Adelige kämpften um die Königswürde der Langobarden. Der deutsche König Otto I. musste auf Bitten des Papstes in zwei Feldzügen für Ruhe und Ordnung sorgen und wurde danach zum Kaiser gekrönt. Italien fiel damit formal an das neu benannte Römisch-Deutsche Reich. Schon bald nach diesem bedeutenden

Ereignis verschlechterten sich allerdings die Beziehungen zwischen Papst und Kaiser, und ein lang anhaltender Streit begann, der das Machtgefüge in Italien nach dem Tod Kaiser Friedrichs II. Barbarossa im Jahr 1250 einmal mehr grundlegend ändern sollte.

Da viele dieser Ereignisse und Umbrüche auf dem Land stattfanden, blieb das Seewesen Italiens lange Zeit unbeachtet. Als gesichert gilt heute die Erkenntnis, dass die Seemacht Italiens über Jahrhunderte hinweg international unterschätzt wurde. Dabei war Italien im Mittelmeer schon immer eine Macht, die zu beachten war – seit dem Beginn der ersten Schritte des römischen Imperiums in der Seefahrt um etwa 300 v. Chr. Doch anders als die meisten bedeutenden Nationen Europas hat Italien außerhalb des Mittelmeeres nie ernsthafte Interessen entwickelt. Statt aggressiver militärischer Besetzung, Unterwerfung und Kolonialisierung fremder Landstriche wurde mehr Wert auf funktionierende Handelsbeziehungen gelegt. Im Grunde spielte ein Gesamtstaat Italien, wie wir ihn heute kennen, bei der Entwicklung des Landes überhaupt keine Rolle. Denn bis ins 19. Jahrhundert hinein befand sich das Land unter der Kontrolle übermächtiger Stadtstaaten.

Während der Süden Italiens und auch der Kirchenstaat von Anfang an zentralistisch, das heißt von einem einzigen starken Zentrum aus, regiert wurden, erstarkten im Norden einzelne Städte immer mehr – exemplarisch dargestellt am Beispiel von Venedig, der späteren »Königin der Adria«. Bereits Ende des 7. Jahrhunderts wurde dort der erste Doge ernannt, noch bevor die Stadt im Jahr 812 zur byzantinischen Provinz wurde. Unter dem Schutz des Oströmischen Reiches konnte sich Venedig dann in aller Ruhe entwickeln. 828 entführten venezianische Kaufleute die Gebeine des Evangelisten Markus aus Alexandria, den sie zu ihrem Schutzheiligen machten. Sein Symbol, der geflügelte Löwe, wurde zum Wahrzeichen Venedigs. Dank der Protektion durch Byzanz öffneten sich den Venezianern alle Häfen im Mittelmeer. Und so wurde aus der Lagunenstadt schnell eine Handelsmacht von enormem Wohlstand.

Auch einige andere große Hafenstädte Norditaliens gingen ihren eigenen Weg. Aufgrund ihres schnellen Reichtums genossen sie bereits im 10. Jahrhundert eine Sonderstellung und waren immer weniger bereit, dem jeweiligen deutschen Kaiser oder dem Papst noch Gefolgschaft zu leisten. Das neu entstandene Bürgertum unterstützte diese Bestrebungen tatkräftig und förderte die zunehmende Eigenständigkeit seiner Städte. Papst und Kaiser dagegen waren in dieser Zeit nur mit sich selbst und ihren

Das Wahrzeichen Venedigs: der Löwe des Heiligen St. Markus; Gemälde von Vittore Carpaccio 1516

Streitereien um Macht und Ansehen beschäftigt und unterstützten sogar noch die Autonomiebestrebungen der einflussreichen Stadtstaaten, indem sie sich wechselseitig um deren Gunst bemühten. Längst strebten die Päpste nicht mehr nur nach kirchlicher, sondern dank ihres Landbesitzes und des Kirchenstaates auch nach weltlicher Macht. Eine Schutzabhängigkeit vom deutschen Kaiser wollten sie daher nicht länger dulden. Unterstützung bekamen beide Parteien von den reichen Städten im Norden aber nur als Gegenleistung für Zugeständnisse, die deren Einfluss noch zusätzlich stärkte. So entwickelten sich in den Hafenstädten schon bald eigene Regierungsformen. Reiche Händler und bedeutende Familien wie die Medici in Florenz oder die Visconti in Mailand erhielten jetzt große Macht. Sie übernahmen nicht selten sogar die Kontrolle der jeweiligen Stadtregierung. Die meist im Norden liegenden Stadtstaaten, darunter auch Florenz, Genua, Mailand und Venedig, lösten sich ab dem 10. Jahrhundert faktisch vom Römisch-Deutschen Reich und erklärten sich zu unabhängigen Republiken.

Besondere Bedeutung bekamen im Mittelalter vor allem die vier großen Seerepubliken Venedig, Genua, Pisa und Amalfi. Daneben gab es auch einige kleinere und weniger bekannte Seestädte an der italienischen Küste, etwa die Republiken Gaeta, Ancona, Trani, Noli und in Dalmatien, dem heutigen Kroatien, die Republiken Ragusa und Zara. Stellvertretend für den Glanz einer ganzen Epoche kann dabei der Aufstieg von Venedig angesehen werden – wohl auch, weil sich Venedig schon viel früher als die meisten anderen Seestädte eine gewichtige Position im Mittelmeer geschaffen hatte und so mit fast 4.000 Schiffen und 15.000 Seeleuten zur größten See- und Handelsmacht Europas aufsteigen konnte. Durch ausgedehnten Fernhandel über die Alpen, vor allem aber durch den Handel mit Byzanz und dem gesamten Nahen Osten, wurde Venedig jahrhundertelang ein politischer Machtfaktor – selbst später, als andere Stadtrepubliken schon längst unbedeutend geworden waren. Bis Ende des 11. Jahrhunderts hatten die Seerepubliken, die zum größten Teil aus Besitzungen des Byzantinischen Reiches entstanden waren, jedenfalls starke eigene Flotten aufgebaut, die eine herausragende Rolle im Mittelmeerhandel spielten, ihnen aber auch zum eigenen Schutz dienten. Trotz der vorhandenen Konkurrenz untereinander waren sie in ihrer Gesamtheit für viele Jahrhunderte der entscheidende Machtfaktor in Südeuropa.

Mit dem Beginn der Kreuzzüge zwischen 1096 bis 1270 ergaben sich weitere Machtverschiebungen im Mittelmeer, die die vier wichtigsten Seerepubliken Italiens zu ihren Gunsten nutzen konnten. Dank ihrer großen Transportflotten hatten Venedig, Pisa und andere Stadtstaaten zunehmend machtstrategische Bedeutung. Als entscheidendes Bindeglied zu den Arabern auf der einen und den späteren Hansestädten an Nord- und Ostsee auf der anderen Seite nahmen sie schnell eine Schlüsselstellung ein. Während die deutschen Kreuzfahrer traditionell auf dem Landweg gen Byzanz und Jerusalem zogen, nutzten die Engländer und Franzosen fast ausschließlich den Seeweg. Dadurch entwickelten sich die italienischen See- und Handelsstädte prächtig: erst durch die normalen Pilgerfahrten ins Heilige Land, später besonders durch die regelmäßigen Hin- und Rücktransporte der zahllosen Kreuzritterheere. Als erfreulicher Nebeneffekt konnte – dank der Kreuzfahrer und der damit verbundenen permanenten Präsenz italienischer Schiffe im Mittelmeer – die arabische und die byzantinische Seemacht gleichermaßen zurückgedrängt werden. In der Epoche der Kreuzzüge gelang es den Seerepubliken Italiens, im Mittelmeer eine Art von Seeherrschaft zu errichten, die die Griechen schon früh mit dem Begriff »Thalassokratie« umschrieben haben. Nur wenigen maritim ausgerichteten Staaten oder staatsähnlichen Gebilden ist es in der gesamten Seegeschichte gelungen, eine derart vollkommene, auf einer Flotte aufgebaute Seeherrschaft zu errichten wie den italienischen Handelsrepubliken Genua, Pisa und Venedig im Mittelalter. Neben einer zentralen Steuerung, die etwa durch den Dogen von Venedig erfolgte, beruhte ihre Überlegenheit zur See auf einer leistungsfähigen Wirtschaft, einer enormen Handelsflotte sowie der Existenz überlegener Seekriegsschiffe zur Sicherung des Handelsmonopols. Eine vergleichbare Seemacht war bis Mitte des 15. Jahrhunderts nur den deutschen Hansestädten in ihrer Blütezeit gelungen sowie im 16. Jahrhundert den Portugiesen unter König Manuel I., nachdem Vasco da Gama den Seeweg nach Indien entdeckt hatte und in der Folge das portugiesische Kolonialreich entstand. In der Neuzeit gelang eine vergleichbare Seeherrschaft nur noch dem britischen Empire im 19. Jahrhundert und aktuell den Vereinigten Staaten von Amerika (USA).

Der jahrhundertelange intensive Handels- und Schiffsverkehr mit Byzanz führte dazu, dass die Stadtrepubliken auf ihren Seewegen immer neue Handelsstationen eröffneten und Stützpunkte oder Zwischenlager errichteten. Diese Überseestützpunkte befanden sich im gesamten Mittelmeerraum, auf den großen Inseln Sardinien, Korsika, Kreta, Zypern sowie im Schwarzen Meer, im Nahen Osten und in Nordafrika. Im 13. Jahrhundert gehörte neben weiten Teilen Norditaliens auch fast der ganze dalmatini-

Das offizielle Wappen der modernen italienischen Marine zeigt noch heute in vier Feldern die Symbole der Seerepubliken Venedig, Genua, Pisa und Amalfi.

sche Raum des heutigen Kroatiens unter der Bezeichnung »Terra Ferma« zu Venedig – ebenso wie die Inseln Korfu, Kreta, Euböa und noch eine ganze Reihe weiterer kleiner Inseln in der Ägäis und im Ionischen Meer. Neben Venedig zählte auch Pisa zu den reichsten und mächtigsten Seerepubliken Italiens. Korsika und Sardinien waren längere Zeit Kolonien Pisas, bis sie in der zweiten Hälfte des 13. Jahrhunderts von Genua übernommen wurden. Die Republik Genua wiederum wurde durch ihre Besitzungen, die bis ins Schwarze Meer reichten (die Südküste der Krim mit dem Hafen Kaffa als Zentrum war genuesisch, außerdem noch einige Hafenstädte in der heutigen Ukraine), zum schärfsten Konkurrenten Venedigs.

Nach dem entscheidenden Sieg über Genua im Jahr 1380 stieg Venedig, die »Serenissima Repubblica di San Marco« oder die Republik des Heiligen Markus, zum wichtigsten Zentrum der damaligen Welt auf und wurde in seiner Vormachtstellung erst Jahrhunderte später durch den Vorstoß der Türken ins Mittelmeer gefährdet. Persönlichkeiten wie Marco Polo symbolisieren den Unternehmergeist Venedigs des 14. Jahrhunderts. Die italienischen Stadtstaaten, die durch den Handel zwischen Europa und Byzanz reich und mächtig geworden waren, übernahmen schließlich bis in das frühe 17. Jahrhundert auch die kulturelle Führung Europas. Humanismus und Renaissance öffneten die Augen für eine neue Sicht auf die Antike. Künstler mit universaler Begabung wie Leonardo da Vinci revolutionierten Techniken und die Formenwelt der Baukunst, der Bildhauerei und der Malerei. In der Epoche der Entdeckungen Ende des 15. Jahrhunderts waren die Flotten der Seerepubliken weitaus größer und stärker als die der Spanier und Portugiesen. Doch im Unterschied zu den beiden späteren Entdeckernationen und Weltmächten konzentrierten sich die Italiener »nur« auf den östlichen Mittelmeerraum und ihre regelmäßigen Schwierigkeiten mit den Türken. Der Handel machte sie zwar reich und die Auseinandersetzungen mit den Türken militärisch stark, doch sie sahen damals keine Veranlassung, das Mittelmeer in Richtung Westen zu erkunden. Während also die ansonsten so mächtigen italienischen Seerepubliken beschwerlich über den Landweg mit Indien und Südostasien Handel trieben, suchten die Spanier und Portugiesen auf dem Seeweg nach neuen Handelspartnern – finanziert jeweils vom spanischen bzw. portugiesischen Königshaus. Fast 100 Jahre lang suchten die Portugiesen dabei allein einen Weg nach Südostasien. Die Idee zur Kolonialisierung ergab sich für sie erst viel später und war ungeplant, brachte dann aber immensen Reichtum.

Während Spanien und Portugal im 15. Jahrhundert noch arme Länder waren, blühte in der Zeit der Renaissance und des Humanismus in Italien die Glas- und Tuchindustrie. Familien wie die Dorias und Grimaldis in Genua oder die Medici in Florenz bestimmten den Handel und bauten das Finanzwesen auf, und Männer wie Michelangelo und Paganini wirkten in der Region. In Mailand wurden Seiden, Wollstoffe und Rüstungen hergestellt. Und Venedig, das von einem Dogen als gewähltem Adelsvertreter regiert wurde, erhielt in dieser Zeit den Ehrentitel »Königin der Adria« – zumal sich ihr Territorium inzwischen bis weit ins Festland hinein erstreckte und Städte wie Vicenza, Verona, Padova sowie die gesamte nordöstliche Region Friaul mit einschloss. Nachdem die Osmanen im 15. Jahrhundert die venezianische Kolonie Konstantinopel eingenommen hatten und später auch Kreta und Zypern eroberten, begann Venedigs Vormachtstellung allerdings zu bröckeln. Mit der Entdeckung der Neuen Welt Ende des

15. Jahrhunderts verloren die norditalienischen Städte schließlich auch wirtschaftlich ihre Schlüsselstellung. Mit dem Einfall Karls VIII. von Frankreich in Italien und seinem Anspruch auf die Krone von Neapel 1494 und damit auf den gesamten Süden Italiens begann der Kampf von Frankreich, Spanien und den deutschen Habsburgern, der 1559 zur überraschenden Vorherrschaft Spaniens in Italien führte. Dennoch war es Frankreich, das sich zu einer der neuen politischen und kulturellen Führungsmächte Europas entwickeln sollte – mit ganz eigenen handels- und sicherheitspolitischen Interessen, vor allem im Mittelmeer. Mit dem Niedergang seiner Macht wurde Venedig mehr und mehr zum Spielball der Politik. Nachdem es 1797 zunächst an Österreich fiel, wurde es nur wenige Jahre später von Frankreich unter Kaiser Napoleon I. erobert, der hier von 1805 bis 1814 auch selbst regierte. Napoleons Marine missachtete dabei einfach die Neutralität des Hafens von Venedig, besetzte die Stadt und übernahm am Ende auch noch einen Großteil der dort vorhandenen Schiffe. 1866 wurde Venedig dann zusammen mit der Region Venetien zum Bestandteil des fünf Jahre zuvor gegründeten Königreichs Italien.

Die Wurzeln der modernen Marine Italiens begannen im Jahr 1861 mit der Einigung der damals eigenständigen Fürstentümer und Teilgebiete Italiens auf die Errichtung eines gemeinsamen Nationalstaates Italien in Form eines Königreiches. Entscheidend war dabei die Fusion der Marinen der Königreiche von Neapel im Süden und von Sardinien-Piemont im Nordwesten zur neuen »Regia Marina«, der königlichen Marine. Der Admiral und spätere Marineminister Benedetto Brin führte in den 1870er Jahren erstmals eine systematische Flottenplanung durch, schuf ein Flottenbauprogramm und ordnete die Marine in allen Bereichen neu. Als gelernter Schiffbauingenieur entwarf er sogar selbst zahlreiche Kriegsschiffe für sein Land. Brin gilt auch als Begründer der 1881 neu errichteten Marineakademie »Academia Navale« in Livorno, die sich schnell zur besten Offiziersschule Italiens entwickelte. Durch das traditionelle Festhalten am Operationsgebiet Mittelmeer blieb die »Regia Marina« jedoch im Ersten Weltkrieg wie auch Jahrzehnte später im Zweiten Weltkrieg trotz ihrer ansehnlichen Größe als viertgrößte Marine der Welt ohne Durchschlagskraft. Bemerkenswert waren eher Einzelaktionen, etwa durch Kampftaucher, Sprengboote und Kleinkampfmittel, auf die sich die Italiener schon früh spezialisiert hatten. Dennoch bewies die italienische Marine mehrfach, insbesondere während der Mittelmeergefechte in der Seeschlacht bei Punta Stilo Mitte 1940 gegen die Briten sowie im Juni 1942 beim Angriff auf einen Nachschubkonvoi für die belagerte Insel Malta, dass sie sich auch gegen die »Royal Navy« durchaus behaupten konnte. Für den Ausgang des Krieges blieb sie jedoch ohne Bedeutung – zumal sich der politische Seitenwechsel im Jahr 1943 nach der Absetzung von Mussolini nicht günstig auf den Einsatzwillen der Soldaten auswirkte. Die meisten Schiffe blieben interniert oder waren bis Kriegsende ohne Auftrag.

Nach der Abschaffung der Monarchie im Jahr 1946 nahm die italienische Marine ihren noch heute üblichen Namen »Marina Militare« (Kriegsmarine) an. Italien war ein verwüstetes Land und seine Marine durch die Kriegsereignisse in desolatem Zustand. Deshalb folgte ein tiefgreifender Umbauprozess, bei dem das Land auf eine kleinere, aber technisch hochwertige Flotte setzte. Gerade während des Ost-West-Konflikts wurden die Seegebiete um Italien herum durch die Konzentration des Westens auf die Sowjetunion und das Mittelmeer zu den wichtigsten Regionen der Konfrontation zwischen den beiden Supermächten. Das führte dank der einzigartigen strategisch-geografischen Lage Italiens zu einer erheblichen Aufwertung der italienischen Marine innerhalb der NATO, die heute in etwa mit den Seekräften Spaniens, Frankreichs und Deutschlands vergleichbar ist.

Die beiden ersten großen Seemächte der Neuzeit

Portugal und Spanien

Gut 180 Kilometer nordwestlich von Madrid und nur 30 Kilometer südwestlich von Valladolid, der Hauptstadt der gleichnamigen, in der Region Kastilien-León gelegenen Provinz, liegt das weniger als 10.000 Einwohner zählende Tordesillas. In dieser spanischen Ortschaft wurde vor etwas mehr als fünf Jahrhunderten ein nicht ganz unbedeutendes Kapitel der Weltgeschichte geschrieben. Hier kam es am 7. Juni 1494 mit der Unterzeichnung des Vertrages von Tordesillas zur Teilung der Welt: in eine spanische und eine portugiesische Hälfte.

Nun gut, genau genommen betraf die Teilung nicht die gesamte Erde. Doch die in jenem Vertrag vom Nord- zum Südpol gezogene Trennlinie, die den Atlantischen Ozean gewissermaßen in eine östliche und eine westliche Seite unterteilte und alle jeweils rechts bzw. links davon liegenden entdeckten oder noch zu entdeckenden Inseln sowie Festlandsgebiete Spanien oder Portugal zusprach, kam zur damaligen Zeit einer Zweiteilung der Erde schon recht nah. Allerdings galt zum Zeitpunkt der Vertragsschließung die Existenz des amerikanischen Kontinentes weder als bewiesen noch als bekannt, da keine zwei Jahre nach der »Entdeckung« der bisherigen Gegenden der Neuen Welt durch Kolumbus davon ausgegangen wurde, es handele sich um zu Asien gehörende Ländereien. Ferner hätte es für eine echte Teilung in zwei Hälften einer rund um den Globus gezogenen Trennlinie bedurft, da ohne diese schließlich nicht eindeutig feststand, wo genau auf seiner rückwärtigen Seite die westliche und die östliche Hälfte sich wieder begegneten und ihre Grenzlinie verlief – ein Aspekt, der letztlich auch bei der Frage eine wesentliche Rolle spielte, wem die als Gewürzinseln bezeichneten Molukken zustanden. Darüber hinaus beinhaltete der Vertrag eine Reihe von Ausnahmen bezüglich einiger vorhergehender Regelungen wie zum Beispiel für die Kanarischen Inseln, die weiterhin bei Spanien blieben, obwohl sie nach der neuen Vereinbarung zu Portugal gehörten.

Seite aus dem Vertrag von Tordesillas; das Original befindet sich im Nationalmuseum von Lissabon.

Der Vertrag von Tordesillas war keineswegs die erste Vereinbarung zur Klärung von Gebietszugehörigkeiten zwischen Spanien und Portugal außerhalb der Iberischen Halbinsel. Bereits 1479 hatten sich beide Länder darauf geeinigt, dass die Kanaren spanische und die Kapverden, die Azoren sowie Madeira portugiesische Besitzungen bleiben würden. Die damalige Festschreibung der Zugehörigkeit dieser atlantischen Inseln bzw. Inselgruppen hat ja bekanntermaßen bis heute Bestand. In diesem 15 Jahre vor Tordesillas unterzeichneten Vertrag von Alcáçovas wurde zudem das schon in vorangegangenen Abmachungen der portugiesischen Krone zugebilligte Recht auf ausschließlichen Landbesitz und Tauschhandel südlich von Kap Bojador entlang der afrikanischen Atlantikküste sowie darüber hinaus in südlicher und östlicher Richtung bekräftigt. Vorher wie nachher gab es zwar immer wieder Detailkorrekturen, doch die grundsätzliche Aufteilung blieb zunächst unverändert. Vor allem begünstigte sie die

Zielsetzung Portugals, den Seeweg nach Indien um Afrika herum in östlicher Richtung zu finden. Natürlich versuchten die Spanier immer wieder, die Erkenntnisse des Nachbarlandes auszuspionieren, um nicht gänzlich ins Hintertreffen zu geraten, doch meist vergeblich. Die Festschreibung ihrer Vorrechte im Hinblick auf Afrika und darüber hinaus bescherte den Portugiesen einen beachtlichen Vorsprung.

Dann aber konnte ein gewisser Christoph Kolumbus die spanische Krone davon überzeugen, seine Vision vom Erreichen Indiens auf dem Seeweg in westlicher Richtung quer über den Atlantik zu unterstützen. Als er 1493 von seiner ersten Entdeckungsreise zurückkehrte, landete er aufgrund widriger Winde zunächst nicht wie geplant in Spanien, sondern in Portugal. Als der dortige König João II. von Kolumbus' vermeintlicher Entdeckung der »Indischen Inseln« erfuhr, berief er sich auf den Vertrag von Alcáçovas und eine 1481 erlassene päpstliche Bulle, die Portugals Vorrecht über den Besitz von und den Handel mit Indien einschlossen. Dass der berühmte Seefahrer nun die »falsche« Richtung eingeschlagen hatte, änderte daran ja grundsätzlich nichts. Das jedenfalls war die Auffassung der Portugiesen. Außerdem hatte der Papst in der Bulle festgelegt, dass alle Gebiete südlich der Kanaren auf Höhe einer horizontalen Linie, die durch das westafrikanische Kap Bojador verlief, Portugal zustanden. Da diese Linie oberhalb der von Kolumbus entdeckten Inseln verlief, wären auch die größten Teile der Karibik und Mittelamerikas sowie ganz Südamerika portugiesisch geworden.

Die Spanier beurteilten die Sachlage natürlich komplett anders. Das Herrscherpaar Ferdinand II. von Aragón und Isabella I. von Kastilien wand-

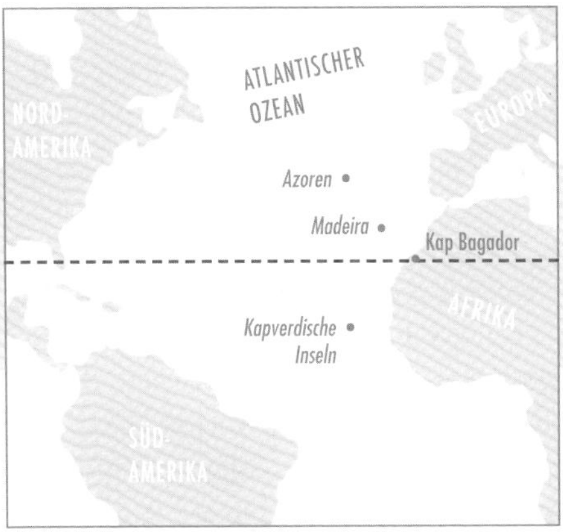

te sich an Papst Alexander VI., der mit bürgerlichem Namen Rodrigo Borgia hieß und ihr Landsmann war. Der sah sich genötigt, noch am 3. Mai 1493 eine Bulle zu erlassen, in der er nunmehr Spanien die volle Souveränität und uneingeschränkte Macht über alle von Kolumbus oder anderen in spanischen Diensten stehende Seefahrer entdeckten und künftig zu entdeckenden Ländereien der Neuen Welt einräumte. Das wiederum stieß auf das Missfallen von König João II. Als schließlich drei weitere päpstliche Erlasse keine befriedigenden Ergebnisse brachten, entschlossen sich beide Seiten zu einer gemeinsamen vertraglichen Regelung. Diese wurde am 7. Juni 1494 von Bevollmächtigten der beiden Königshäuser in eben jenem Tordesillas unterzeichnet. Die vertikale Trennlinie von Pol zu Pol verlief ca. 1.770 Kilometer westlich der Kapverdischen Inseln – fast 900 Kilometer weiter westlich als die ein Jahr zuvor durch päpstlichen Erlass festgelegte erste von Pol zu Pol verlaufende Trennlinie, gegen die João II. Einspruch erhoben hatte. Dass die Portugiesen zu jener Zeit bereits Kenntnis vom Verlauf der südamerikanischen Atlantikküste hatten und deshalb auf einer deutlichen Verschiebung der Trennlinie beharrten, ist allerdings bis heute nicht belegt. Fakt ist jedenfalls, dass diese Veränderung wesentlichen Anteil daran hatte, dass Brasilien später portugiesisch und nicht spanisch wurde.

Wie aber konnte es überhaupt dazu kommen, dass ausgerechnet diese beiden iberischen Reiche derartig mächtig wurden, dass die neu entdeckten Gebiete der Erde ausschließlich zwischen ihnen aufgeteilt wurden und andere große Nationen wie Großbritannien, Frankreich oder Russland –

die den Vertrag von Tordesillas im Übrigen nie anerkannten – leer ausgingen? Einer der Gründe war zweifellos die Überlegenheit zur See, die auf der Kunst des Schiffbaus sowie der Navigation basiert und in der sich die Portugiesen zunächst einen zeitlichen Vorsprung von einigen Jahrzehnten verschaffen konnten. Ein anderer beruht auf der speziellen Geschichte der Iberischen Halbinsel mit ihrer frühen islamischen Besetzung durch Araber, der mehr als sieben Jahrhunderte währenden Rückeroberung (»Reconquista«), der Entstehung der beiden Nationalstaaten Portugal und Spanien sowie deren unmittelbar danach einsetzender überseeischer Expansionspolitik.

Alles begann im Jahr 711, als ein mehrere Tausend Mann starkes Heer aus Afrika kommend nach Spanien gelangte, in Andalusien die seit ca. 200 Jahren hier ansässigen Westgoten schlug, binnen weniger Jahre fast die gesamte Iberische Halbinsel eroberte und hier das Maurenreich »Al-Andalus« gründeten. Doch schon kurz darauf formierte sich im Norden der erste Widerstand gegen die Eindringlinge, und mit dem Sieg in der Schlacht von Covadonga gelang den Christen im Jahr 722 ein erster Erfolg. Er läutete die »Reconquista« ein, die erst 1492 – also nach exakt 770 Jahren – mit der endgültigen Vertreibung der letzten Muslime aus dem Südwesten Europas endete. In dieser Zeit entstanden, vom Norden ausgehend, diverse christliche Königreiche und Grafschaften, die sich nach und nach miteinander vereinigten, voneinander lösten oder ineinander aufgingen. So wurde aus dem frühen Königreich Asturien schon 866 das Königreich León. 1035 teilte sich das Königreich Navarra in das Königreich Aragón und die Grafschaft Kastilien auf, die fünf Jahre später ebenfalls zum Königreich aufstieg. Fast einhundert Jahre später verleibte sich das Königreich Aragón durch Heirat die Grafschaft Katalonien im Nordosten ein, und 1139 löste sich die Grafschaft Portugal von der Oberhoheit des Königreichs León ab und erhob sich selber zum Königreich.

Während sich die Mauren nach der vernichtenden Niederlage in der Schlacht von Las Navas de Tolosa im Jahr 1212 – der größten Schlacht des Mittelalters – fortan auf das Emirat von Granada im äußersten Süden zurückzogen, kristallisierten sich auf der Halbinsel vor allem die drei großen Königreiche Portugal im Westen, Kastilien im Zentrum und Aragón im Osten als die bedeutendsten Herrschaftsgebiete heraus. Als die Thronfolger Kastiliens und Aragóns, Kronprinzessin Isabella und Kronprinz Ferdinand, 1469 heirateten, war der Grundstein für das spätere Königreich Spanien gelegt. Nach der Thronbesteigung Isabellas im Jahr 1474 und der Ferdi-

nands fünf Jahre später herrschten beide gemeinsam über das Großreich. Doch obwohl von 1479 an fast nur noch von Spanien die Rede war, blieben die Königreiche Kastilien und Aragón formal noch bis Anfang des 19. Jahrhunderts getrennt. Erst 1812 wurde die erste spanische Verfassung unterzeichnet. Zu jener Zeit aber befand sich das vormals mächtige Weltreich schon längst auf dem langen Weg seines Niedergangs.

Dazwischen lagen die Aufstiege Portugals und Spaniens zu den größten Handels- und Seemächten der Welt. Den Anfang machte die ehemalige römische Kolonie »Lusitania«. Mit der Eroberung der Algarve und der Vertreibung der Mauren aus dem Süden war die »Reconquista« in Portugal bereits um 1250 abgeschlossen. Nachdem Ende des 14. Jahrhunderts kastilische Ansprüche abgewehrt werden konnten, stieg das Reich unter den ab 1385 herrschenden Königen des Geschlechts der Avis zu einer Weltmacht auf. Maßgeblichen Anteil daran hatte Prinz Heinrich der Seefahrer (1396 bis 1460), der viertgeborene Sohn von König João I. Unter seiner Leitung eroberten die Portugiesen 1415 das nordafrikanische, im Küstenbereich der Straße von Gibraltar gelegene Ceuta von den Arabern. Die Einnahme dieser strategisch bedeutenden Stadt und Festung markiert nicht nur den Beginn der portugiesischen, sondern der europäischen Entdeckungsgeschichte.

Infante Dom Henrique de Avis, so die portugiesische Bezeichnung des Prinzen, widmete sein Leben der Seefahrt, allerdings nicht als Seefahrer und Entdecker, sondern als Gönner und Förderer des Schiffbaus und der Navigation. Seine Triebfeder war das ehrgeizige Ziel, den Seeweg nach Indien um Afrika herum in östlicher Richtung zu finden, da der Landweg von den Arabern blockiert wurde, die von dem Zwischenhandel mit den

Waren aus Asien erheblich profitierten. Darüber hinaus versprach er sich, auf dem Weg dorthin lukrative Importgüter wie Gold und Elfenbein aus Afrika mitbringen und dort außerdem den christlichen Glauben verbreiten sowie den Islam zurückdrängen zu können. Dafür ließ er eigens einen neuen Schiffstyp entwickeln: die Karavelle. Sie sollte den speziellen Anforderungen genügen, längere Strecken mit ausreichend Proviant zurückzulegen, sich dabei auch von der Küste zu entfernen und das offene Meer ebenso wie flache Flussläufe und Küstengewässer zu befahren. Die Entwicklung der Karavelle trug dabei ebenso wie die nun gezielt gesammel-

Der portugiesische Prinz Heinrich der Seefahrer schuf im 15. Jahrhundert die Grundlagen für Portugals Aufstieg zur führenden See- und Handelsmacht.

ten Kenntnisse in der Navigation und der Kartografie dazu bei, das große Ziel zu erreichen. Das erlebte der Prinz zwar nicht mehr, doch als Vasco da Gama im Rahmen der ersten Königlich-Portugiesischen Indien-Expedition 38 Jahre nach dessen Tod – und vier Jahre nach dem Vertrag von Tordesillas – am 20. Mai 1498 in der westindischen Hafenstadt Calicut landete, war der entscheidende Durchbruch auf dem Weg zu Portugals Stellung als führende See- und Kolonialmacht geschafft. Neben den zahlreichen Kolonien in Afrika kamen nun noch weitere in Asien wie beispielsweise Portugiesisch-Indien, Malakka, Ceylon, Macão sowie in Südamerika Brasilien hinzu. Portugal entwickelte sich innerhalb kürzester Zeit zu einer der reichsten Nationen Europas und erlebte auch kulturell eine Blüte bisher nicht gekannten Ausmaßes.

Spanien hatte sich – abgesehen von der ab 1402 von Kastilien betriebenen Eroberung der Kanarischen Inseln – erst deutlich später als sein westliches Nachbarland ernsthaft mit Entdeckungsfahrten zur See befasst. Doch als im Januar 1492 mit der Aufgabe Granadas durch Emir Boabdil die »Reconquista« auch in Spanien zu Ende ging, war das Herrscherpaar bereit, sich anderen Aufgabe zu widmen – und hatte das unglaubliche Glück, dass der bereits erwähnte Seefahrer aus Genua namens Kolumbus bei seinem Versuch, Indien auf dem Seeweg gen Westen zu erreichen, scheiterte. Denn da er ja, wie wir nicht erst seit heute wissen, in Amerika und nicht in Asien landete, bescherte er seinen Auftraggebern eine Einnahmequelle von weit größeren Ausmaßen. Allein die schier unermesslichen Gold- und Silbervorkommen in der Neuen Welt – von allen anderen Ressourcen einmal abgesehen – sorgten dafür, dass Spanien innerhalb weniger Jahrzehnte neben Portugal zur bedeutendsten Handels-, See und Kolonialmacht der Welt aufstieg. Als schließlich im Jahr 1580 auch noch Portugal durch Erbfolge – die Herrscherdynastie der Avis war ausgestorben – an die spanische Krone ging, erhielt Spanien unter dem damaligen König Philipp II. nun auch die portugiesischen Kolonien in Asien, Afrika und Südamerika hinzu.

Das riesige spanische Weltreich befand sich auf dem Höhepunkt seiner Macht. Bei oberflächlicher Betrachtung seiner Größe, seiner Einkünfte und seines militärischen Potenzials hätte jetzt eigentlich eine regelrechte Blütezeit einsetzen müssen. Doch schon längst hatte die Fassade einige Risse erhalten, die langsam, aber sicher bedrohliche Formen annahmen. Dazu gehörten nicht nur zunehmende Attacken von Piraten und Freibeutern auf die spanischen Schatzschiffe, sondern auch Widerstände von anderen Nationen, die sich durch den Vertrag von Tordesillas übergangen fühlten, sowie das Aufbegehren in besetzten Gebieten wie den »Spanischen Niederlanden«. Bereits acht Jahre nach der Übernahme Portugals wurde der Niedergang der Weltmacht Spanien eingeläutet – mit der bitteren Niederlage der für unschlagbar gehaltenen Armada gegen die Briten und ihrem verheerenden Rückzug. Es sollten zwar noch mehr als drei Jahrhunderte bis zum finalen Ende des spanischen Weltreiches vergehen. Doch der Beginn dieses Niedergangs folgte zeitlich unmittelbar auf das Erreichen des Höhepunktes der Macht. Am Ende verlor Spanien im Spanisch-Amerikanischen Krieg des Jahres 1898 mit Kuba, Puerto Rico und den Philippinen seine letzten großen Kolonien.

Unruheherd um die Vorherrschaft im Mittelmeer

Das Osmanische Reich

Der Begriff »Osmanisches Reich« bezeichnet das Herrschaftsgebiet der Dynastie der Osmanen – ein Geschlecht der asiatischen Volksgruppe der Turk, das auf Osman I. (1258 bis 1326) zurückgeht und etwa 700 Jahre, bis zum Anfang des 20. Jahrhunderts, zahlreiche Gebiete im Südosten Europas, im Vorderen Orient und in Mittelasien beherrschte. In Europa wurde das Reich, dessen Keimzelle an der Nahtstelle zwischen Europa und Asien lag, schon früh auch als »Türkei« oder »Türkisches Reich« bezeichnet. Dieser Name stammt von Geschichtsschreibern, die die Region im heutigen Anatolien schon im 12. Jahrhundert als »Turchia« bezeichneten.

Nach der Gründung ihres Reiches setzten die Osmanen eine Tradition fort, die bereits lange zuvor, ab 1200 v. Chr., von den Phöniziern und fast zwei Jahrtausende später von den Arabern (ab 700 n. Chr.) mit großem Erfolg umgesetzt werden konnte: der Versuch der Besetzung, Kolonialisierung und Eroberung des gesamten Mittelmeerraumes von Osten her. Im Verlauf von fast 600 Jahren hatten zunächst die Dynastie der Umayyaden und später der Stamm der Abbasiden ein islamisches Reich geschaffen, das von Spanien und Marokko im Westen über das heutige Ägypten und Saudi-Arabien bis nach Afghanistan reichte. Erst im 13. Jahrhundert gewannen allmählich die Osmanen die Oberhand. Alle drei Gruppierungen – die Umayyaden, die Abbasiden und die Osmanen – gehörten zum Volksstamm der Sunniten, einer von mehreren Glaubensrichtungen des Islam.

Sie hatten ihren gemeinsamen Ursprung in Mohammed als Religionsstifter und Prophet, der zugleich auch als Begründer des ersten Kalifats, einer Kombination von weltlicher und religiöser Macht, gilt. Diese gemeinsame religiöse Grundlage war wohl auch einer der Schlüssel dafür, dass die Übernahme der Macht jeweils vergleichsweise moderat ablief – und sich so über Jahrhunderte vor allem für die reichen westlichen Länder zu einem anhaltenden Bedrohungsszenario entwickelte: die Gefahr der aggressiven Islamisierung ganz Europas. Seit dem siebten Jahrhundert n. Chr. waren die Muslime in Richtung Westen vorgedrungen und hatten dabei Angst und Schrecken verbreitet – vor allem durch die kriegerischen Sarazenen, deren Bezeichnung ein angstprägender Sammelbegriff für die Gesamtheit aller muslimischen Völker wurde, die damals weit in den christlichen Mittelmeerraum eindrangen. Hatten die arabischen Umayyaden und Abbasiden bei ihren Eroberungen in Nordafrika noch überwiegend den Landweg genutzt, so erhielten die Vorstöße der »Osmanischen Türken« eine völlig neue Qualität – durch die zusätzliche intensive Nutzung der Wasserwege mit Hilfe einer immer stärker werdenden Flotte. Erst dadurch wurde die zweimalige Belagerung Wiens durch muslimische Heerscharen möglich und ein Untergangsalbtraum des christlichen Abendlandes wäre fast Realität geworden: »Die Türken kommen! Rette sich, wer kann!«

Alles begann etwa im 10. Jahrhundert n. Chr. mit der allmählichen Islamisierung der Turkvölker in Zentralasien. Im Gebiet zwischen Afghanistan und dem Osten des alten Persiens wurde ein erstes islamisch-türkisches Reich gegründet. Zur Zeit der arabischen Abbasiden-Herrschaft wurden Türken noch überwiegend als Söldner in den Nahen Osten geholt. Diese türkischen Söldner, die in der Regel an den Höfen arabischer Kalifen dienten, rissen nach dem Niedergang des arabischen Kalifats die Herrschaft an sich und wurden zu unabhängigen Militärbefehlshabern und Statthaltern. Später errichteten sie erste eigene Herrschaftsgebiete: in Ägypten, in Kleinasien und im nordindischen Pandschab. Im 11. Jahrhundert begannen mehrere türkische Stämme, über Buchara (im heutigen Usbekistan nördlich von Afghanistan) in den vorderasiatischen Raum einzudringen, nachdem sie zum Islam übergetreten waren. Unter ihnen waren auch türkische Seldschuken, die zu diesem Zeitpunkt bereits den ganzen Vorderen Orient beherrschten. Nach siegreichem Kampf gegen das Byzantinische Reich im Jahr 1071 besiedelten sie bald auch Kleinasien und dehnten ihr Reich allmählich vom Aralsee bis nach Syrien aus. Als Ergebnis dieser Expansion entstand das Kernland des späteren Osmanischen Türkenreiches, das sich erstmals bis zum Mittelmeer erstreckte. Zum anderen gab es durch die enge Berührung der Macht- und Kulturkreise von Morgenland und Abendland auch neues Konfliktpotenzial – mit der Folge anhaltender, politisch-religiöser Fehden und Kriege.

Die erste große Auseinandersetzung zwischen den Christen und den verschiedenen Türkenstämmen begann mit dem 1. Kreuzzug von 1096 bis 1099. Auslöser war die türkische Eroberung Jerusalems, die bereits 638 n. Chr. erfolgt war. Die beherrschenden Seldschuken verloren dabei neben Jerusalem auch große Teile Kleinasiens, Syriens und Palästinas an die abendländischen Ritterheere, die daraufhin hier eigene Staaten gründeten. Später zerfiel ihr Großreich durch innere und äußere Konflikte vollends in einzelne Fürstentümer. Die mongolischen Reiter Dschingis Khans vernichteten Anfang des 13. Jahrhunderts auch die Reste des ehemals mächtigen Seldschuken-Reiches – bis auf das kleine Sultanat der türkischen Rum-Seldschuken, das im Kampf gegen Byzanz fast ganz Anatolien erobern konnte. Trotz des Niedergangs ihrer Macht durch den Zerfall in kleine Fürstentümer wurde der Glaubenskampf gegen das schwächer werdende Byzantinische Reich weitergeführt. Eines dieser Fürstentümer im nordwestlichen Anatolien wurde dann zur Wiege eines neuen türkischen Großstaates, nachdem sich das Turkvolk der Ogusen die Unabhängigkeit von den Mongolen und eine Vormachtstellung in Anatolien erkämpft hatte. Ihr türkischer Anführer Fürst Osman wurde 1298 zum ersten Sultan (König) des nach ihm benannten Reiches, das jetzt die Führung in Kleinasien übernahm. Sein Sohn Orhan führte die Politik des Vaters fort. Er

Historisches Bildnis des 1258 in Anatolien geborenen Sultan Osman I., dem Begründer des nach ihm benannten Osmanischen Reiches

eroberte Bursa, die erste Hauptstadt des Osmanischen Reichs südöstlich von Konstantinopel (Byzanz), organisierte die Verwaltung des Staates neu und entwickelte aus christlichen Sklaven die später berühmt-berüchtigte Janitscharen-Armee.

Eines der wichtigsten Ziele der Osmanen war der Grenz- und Glaubenskrieg mit Byzanz, der ohne Unterbrechung weitergeführt wurde. Dazu vereinten sie die türkischen Fürstentümer Anatoliens unter osmanischer Führung und drangen immer wieder in die byzantinischen Besitzungen Kleinasiens und auf dem Balkan vor. 1354 gelang ihnen mit der Eroberung von Gallipoli der erste Stützpunkt auf dem türkischen Teil des europäischen Festlands, dem dann 1361 die Eroberung von Adrianopel auf griechischer Seite folgte. Das bedeutete einen ganz wichtigen strategischen Schritt, denn jetzt war erstmals die Einkreisung von Byzanz und die Unterbrechung der Landverbindung zum christlichen Abendland möglich. Es dauerte aber noch weitere 100 Jahre, bevor Byzanz tatsächlich erobert wurde. Anfang des 15. Jahrhunderts war es den Osmanen zwischenzeitlich gelungen, ein Reich zu schaffen, das von der Donau und Albanien bis nach Armenien reichte. Die Sultane des Reiches bauten die gewonnenen Besitzungen weiter aus, und die endgültige Eroberung der Stadt Konstantinopel durch Sultan Mehmet II. im Jahr 1453 bedeutete zusätzlich einen immensen Prestigegewinn. Byzanz wurde unter dem Namen »Istanbul« zur neuen Hauptstadt des Osmanischen Reiches. Die orthodoxen Christen von Byzanz flüchteten überwiegend nach Moskau, das sich von nun an als »Drittes Rom« zum Rechtsnachfolger und Beschützer der orthodoxen Christen berufen sah und damit zum Gegner der Osmanen wurde. Doch das hatte zunächst keine Auswirkungen. Als 1459 dann auch Serbien und Bosnien türkisch wurden, Syrien und Palästina an die Osmanen fielen und 1517 auch ganz Ägypten in türkische Hand geriet, umfasste das Osmanenreich schließlich fast den gesamten Balkan, den Nahen Osten und weite Teile Nordafrikas. Der Besitz der heiligen Städte Mekka und Medina verschaffte dem türkischen Sultan schließlich noch ein entscheidendes prestigeträchtiges Amt: das des Kalifen. Tatsächlich übernahm das Osmanische Reich 1517 anstelle der ägyptischen Mamelukken, die ebenfalls türkische Wurzeln hatten, das Kalifat über den gesamten Islam – also dessen religiöse Führerschaft und damit auch eine Art Schutzherrschaft über alle Muslime.

Obwohl die eigentliche Stärke und der Stolz der muslimischen Staaten rund um das Mittelmeer traditionell in ihren berittenen Landstreitkräften lag, hatte das Marinewesen, das sich zu Beginn der Neuzeit entwickelte, erhebliche Bedeutung für die weitere Machtentfaltung des Osmanischen Reiches. Die Entwicklung ist dabei durchaus mit der des Römischen Reiches in der Spätantike vergleichbar. Ähnlich wie die Römer etwa 1.500 Jahre zuvor setzte sich nach und nach die Erkenntnis durch, dass nicht der Landhandel allein zu Reichtum und politischer Macht führt, sondern in erster Linie die Beherrschung der zentralen Seerouten und der Handelszentren. Das hatten die Römer damals schmerzhaft von den Phöniziern aus Karthago lernen müssen. Die Nutzung gesicherter Seerouten und eigener Handelszentren wurde später zum Kern des wirtschaftlichen Rückhalts des römischen Imperiums. Mit dem Untergang von Westrom im fünften Jahrhundert n. Chr. begann eine Zersplitterung der Mittelmeerwelt. Dennoch gelang es einigen Staaten, davon zu profitieren und einen eigenen Seehandel aufzubauen, insbesondere den italienischen Seerepubliken Venedig und Genua. Andere Staaten oder Gebiete bereicherten sich durch Seeräuberei, sogar die führenden Seemächte. Aus diesem zwielichtigen Piratentum entstammte auch der Kern der osmanischen Flotte, weil es für reguläre türkische Stammeskrieger undenkbar war, auf See zu kämpfen. Insbesondere die tolerante politische Haltung der Sultane im 15. Jahrhundert, die ein ausgeprägtes Gespür für effektive Entwicklungen gerade im Bereich der Waffentechnik hatten, führte dazu, dass alle Ideen geprüft und Spezialisten auch aus eroberten Gebieten zusammengeführt wurden, wenn Aussicht auf Erfolg bestand. So auch die Idee der Zusammenarbeit mit Seeräubern, um maritime Macht zu entfalten.

Ausgangspunkt dafür war die Belagerung Konstantinopels im Jahr 1453, als es Mehmed II. von Land her nicht gelang, die Stadt von der Seeversorgung abzuschneiden. Erst durch den Einsatz von Schiffen kam er zum erhofften Erfolg. Dennoch war das noch keine echte maritime, sondern eine Landstrategie, die die Belagerten schlicht zur Verlängerung und damit zur Ausdünnung ihrer Frontlinie zwang. Mehmed II. setzte die Flotte zudem eher als Transportmittel und nicht als selbstständige Teilstreitkraft ein. Erst sein Enkel Selim I. erkannte die Notwendigkeit einer eigenständigen Flottenführung und löste die Taktik der Flotte aus den bisherigen türkischen Heeresstrukturen heraus. Erstmals übernahmen ausgebildete Seeleute anstelle von Heereskommandanten das Kommando. Die osmanische Marine blühte auf. Mit der friedlichen Unterwerfung der Barbareskenstaaten Algier, Tunis und Tripolis begann im frühen 16. Jahrhundert dann die türkische Seeherrschaft – vorangetrieben vor allem durch die seefahrenden Berberpiraten unter Führung der beiden Brüder Arudsch und Chaireddin Barbarossa. In der Regierungszeit von Sultan Süleyman dem Prächtigen (1522 bis 1566) nahmen die Türken innerhalb weniger Jahrzehnte im Mittelmeerraum eine beherrschende Vormachtstellung ein. Unter seiner Führung fiel zunächst Bagdad, bevor 1522 die Insel Rhodos dem Johanniterorden abgenommen, danach Mesopotamien (heute in etwa der Großraum des Irak) erobert und 1526 Ungarn besiegt werden konnten. 1529 wagten es die Osmanen zum ersten Mal, Wien zu belagern – doch vergeblich. So eroberten sie ersatzweise Moldawien, die Krim und auch weite Teile der Ukraine. Das Osmanische Reich war jetzt auf dem Höhepunkt seiner Macht.

Natürlich hatten viele andere Großmächte jener Zeit – allen voran die Seerepublik Venedig, das Römisch-Deutsche Reich unter den österreichischen Habsburgern, die Spanier, das aufstrebende Russland sowie der Papst und seine katholische Kirche – die schnelle Entwicklung und Ausbreitung des Osmanischen Reiches argwöhnisch beobachtet. Sie alle fühlten sich durch die türkischen Eroberungen bedroht und in ihren bisherigen Interessengebieten im östlichen Mittelmeer beschnitten. Der zeitgleich mitschwingende »Glaubenskonflikt« zwischen dem christlichen Abendland und dem muslimischen Morgenland führte zu einer weiteren Zuspitzung der Lage. Sie wurden durch die westlichen Erfahrungen bei den Kreuzzügen mit vielfältigen Erzählungen über gnadenlos mordende Sarazenen, insbesondere aber durch den Verlust des christlich-orthodoxen Byzanz im Jahr 1453 an die Türken, noch verstärkt. Dem Treiben musste aus westlicher Sicht dringend Einhalt geboten werden. Und so kam, was kommen musste: Mitte 1537 begann einer von mehreren Kriegen zwischen der im Mittelmeer vorherrschenden Seerepublik Venedig und dem Osmanischen Reich. Venedig hatte ein Bündnis mit Malta, dem Papst und Kaiser Karl V. geschlossen und eine gemeinsame Flotte zusammengestellt. Weit über 300 Kriegsschiffe wurden nahe der Insel Korfu zusammengezogen. Auf osmanischer Seite hatte Chaireddin Barbarossa inzwischen Teile der regulären türkischen Flotte mit seiner Piratenflotte vereint, die aus allen Arten von erbeuteten Schiffen bestand. Als Stützpunkt wählte er das etwa 50 Kilometer von Korfu entfernte Prevesa an der westgriechischen Küste. Erste Schiffe der »Heiligen Liga« ruderten am 27. September von Korfu gen Süden und stießen schon bald auf den Gegner. Die osmanische Hauptstreitmacht ging daher sofort am 28. September im Ionischen Meer in Position. Vor Prevesa stellten sich die christlichen Galeeren unter Führung des genuesischen Admirals Andrea Doria in einer Reihe auf und begannen den Angriff. Die zahlenmäßig deutlich unterlegene osmanische Flotte durchbrach mit ihren etwa 140 Schiffen diese dünne Schiffslinie, trennte die wahllos zusammengestellten Einheiten der christlichen Allianz voneinander, versenkte 36 Kriegsschiffe des Gegners und kaperte ein weiteres Dutzend. Aus Angst vor zusätzlichen Schiffsverlusten zog sich Admiral Andrea Doria zurück und ließ seine Bundesgenossen im Stich.

Damit stand der Sieg der türkischen Flotte unter Chaireddin Barbarossa fest. Am 2. Oktober 1540 wurde ein Friedensvertrag zwischen Venedig und dem Osmanischen Reich geschlossen – mit schmachvollen Konsequenzen für den Kriegsgegner. Venedig musste den Türken darin die Kontrolle über zahlreiche venezianische Besitzungen und Inseln im gesamten Mittelmeerraum abtreten und zudem noch 300.000 Dukaten in Gold an die Türken zahlen. Mit diesem Sieg, der für viele als der größte Erfolg in der türkischen Marinegeschichte gilt, stieg die osmanische Flotte für mehrere Jahrzehnte zur führenden Seemacht des Mittelmeers auf und legte den Grundstein für ihr Image, unbesiegbar zu sein. Erst die Seeschlacht von Lepanto am 7. Oktober 1571 gegen die christlichen Großmächte Spanien und Venedig konnte die Expansion der Osmanen beenden. Unter der Führung von Don Juan d´Austria, dem Sohn Kaiser Karls V., gelang es den christlichen Seefahrern, in der letzten Galeerenschlacht der Seekriegsgeschichte ihren ersten größeren Sieg zu erzielen, wobei die osmanische Flotte fast vollständig zerstört wurde. Ein unscheinbares Denkmal

Karte von Prevesa und Korfu an der griechischen Küste; 1537

in Regensburg, im Süden Deutschlands, erinnert an diese seemännische Großtat. Die Vormachtstellung der Türken im Mittelmeer konnte dadurch zwar nicht gebrochen, doch merklich zurückgedrängt werden. Die Osmanen beschränkten sich von da an auf ihre Vormachtstellung im östlichen Teil, zum Beispiel mit der kampflosen Besetzung Zyperns im Jahr 1571. Knapp 100 Jahre später wurde auch noch die zu Venedig gehörende Insel Kreta eingenommen. Die spanische, maltesische und italienische Flotte teilte unterdessen das westliche Mittelmeer unter sich auf. Der Sieg der »Heiligen Liga« war ohne Zweifel überwältigend, auch wenn über 7.000 Tote und zwölf gesunkene Schiffe zu beklagen waren. Weil die Verbündeten sich aber nicht einig waren und es versäumten, die letzten Reste der osmanischen Flotte zu vernichten, begann sich das Blatt am Ende doch noch zugunsten der Osmanen zu wenden. Der Grund? Die politischen Auswirkungen der Seeschlacht blieben gering, da die christliche Allianz zwischen dem Papst, Venedig, Spanien, Genua und einigen weiteren verbündeten Herzogtümern schon kurz darauf wieder auseinanderbrach. So konnten die Osmanen innerhalb eines Jahres ihre Flotte fast vollständig wieder aufbauen. Nach dem Verlust der Insel Zypern, den Venedig 1573 sogar schriftlich akzeptierte, verlor das mächtige Spanien ein Jahr später durch die Landung der neuen osmanischen Flotte in Tunesien auch die Stadt Tunis.

Die Auseinandersetzung vor Lepanto führte zwar zu einer Bereinigung der Einflusssphären im Mittelmeer, doch im Grunde hatten die Sieger von Lepanto den Krieg am Ende verloren. Und das wussten die Türken ganz genau. Als Beispiel für das Selbstbewusstsein der »besiegten« Osmanen gegenüber ihren Besiegern soll ein kurzes Zitat dienen, das vom Großwesir Mehmed Pascha stammt und die osmanische Sicht über die verloren gegangene Seeschlacht bei Verhandlungen mit venezianischen Gesandten im Jahr 1573 klarstellte:

»Indem wir Euch das Königreich Zypern entrissen haben, haben wir Euch einen Arm abgetrennt. Indem Ihr unsere Flotte besiegt habt, habt Ihr uns nur den Bart abrasiert. Der Arm wächst nicht wieder nach, aber der Bart wächst nun umso dichter ...«

Trotz großer Worte zogen sich die Türken tatsächlich in den östlichen Teil des Mittelmeers zurück und erinnerten sich in der Folgezeit alter Tugenden, etwa die der traditionsreichen Landmacht. Im Norden Europas, in England und in den Niederlanden entstanden in dieser Zeit neue, modernere Schiffstypen und auch die neue Seemacht Großbritannien, während im Mittelmeer vor allem Frankreich an Bedeutung gewann. Noch einmal holten die Osmanen, die ihre Gier nach Landbesitz seit der Übernahme des Kalifats – also die Führung der Muslime zum Schutz des islamischen Glaubens – immer wieder als großen Glaubenskrieg gegen die Christen missbaucht hatten, zum großen Schlag gegen das Abendland aus, indem sie ihr 1529 bereits einmal fehlgeschlagenes Ziel, die Eroberung Wiens, wieder aufnahmen. In der Auseinandersetzung mit den Habsburgern, die nach dem Untergang von Byzanz zum Hauptgegner des Osmanischen Reiches geworden waren, hatten die Osmanen zuvor mehrere Niederlagen hinnehmen müssen und dabei mehrere Besitzungen, etwa die Stadt Belgrad, verloren. Unter dem Großwesir und Befehlshaber Kara Mustafa Pascha sollten die osmanischen Truppen Ende des 17. Jahrhunderts Wien jetzt erneut belagern und auch die verlorenen Gebiete zurückerobern.

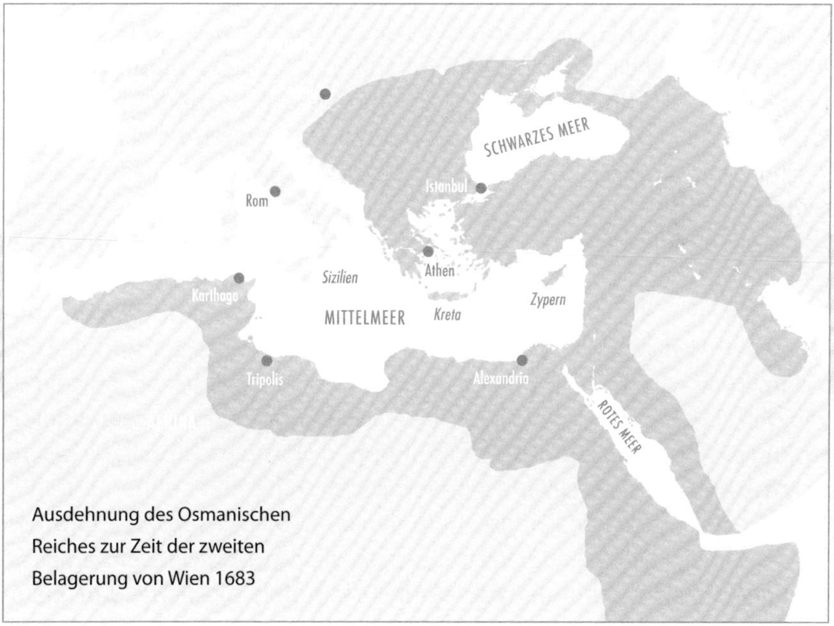

Ausdehnung des Osmanischen Reiches zur Zeit der zweiten Belagerung von Wien 1683

Jahrhundertelang galt die osmanische Flotte als unbesiegbar und die Heerscharen des Halbmondes in Europa als »Schrecken der Welt«. Im Jahr 1683 standen die Türken nun ein zweites Mal vor Wien und ließen das christliche Abendland erschaudern. Doch auch dieses Mal gelang es über

120.000 Soldaten nicht, das Zentrum des christlichen Weltreichs der Habsburger zu erobern. Dem türkischen Expansionskurs wurde mit diesem Scheitern ein Ende bereitet. Dennoch blieben Algier, Tunis und Tripolis als Teile der von den Brüdern Barbarossa gegründeten »Barbareskenstaaten« formal osmanische Provinzen. Sie wurden Anfang des 18. Jahrhunderts faktisch unabhängig und trieben mit ihrer Piraterie weiter ihr Unwesen. Die Berberkorsaren waren eine recht locker organisierte Gruppe von Seebanditen, die dank allgemeiner Duldung lange Zeit mit ihrer Seeräuberei gutes Geld verdienten. Dabei hatten sie selbst die großen Seemächte Großbritannien, Spanien und Frankreich in der Hand, denn die zahlten im Mittelmeer kleinlaut ihren Obolus an die Piraten, um die eigenen Handelsrouten offenzuhalten.

Dieser allgemein akzeptierte Zustand – quasi als ein »Gentlemen's Agreement« – hätte womöglich noch lange Zeit Bestand gehabt, wären die Seeräuber nicht auch noch mit den jungen Vereinigten Staaten von Amerika aneinandergeraten. Denn etwa seit der Gründung der USA im Jahr 1776 liefen jährlich mehr als 80 amerikanische Handelsschiffe mit Kurs auf Europa aus. Die Mittelmeerländer kauften rund 25 Prozent des amerikanischen Exports von Trocken- und Salzfisch sowie erhebliche Mengen an Weizen, Mehl und Reis. Die Berberkorsaren wiederum kaperten Ende des 18. Jahrhunderts immer mehr amerikanische Schiffe im Mittelmeer, deren Waren dadurch verloren gingen. Die Mannschaften wurden nur gegen hohe Lösegelder freigelassen oder gnadenlos in die Sklaverei verkauft. Für die Piraten war das ein lohnendes Geschäft, denn der Mittelmeerhandel der Neuen Welt blühte. Deshalb schickten die Amerikaner nun erstmals Kriegsschiffe, die mit offiziellem Auftrag der US-Marine im Mittelmeer kreuzten. 1797 gab es nach einer Reihe von militärischen Auseinandersetzungen einen Friedensvertrag zwischen den USA und Tripolis, einem der wichtigsten Seehäfen der Mittelmeerpiraten. Allerdings ohne große Wirkung. Deshalb nahmen Kriegsschiffe der US-Marine im Jahr 1804 Tripolis unter Beschuss. Doch weder Verträge noch die dauernde Präsenz eines US-amerikanischen Mittelmeergeschwaders konnten die Piraterie vollends beseitigen. Das gelang Mitte des 19. Jahrhunderts erst den Franzosen, und zwar mit einem enormen Aufwand. 1830 erschien eine französische Armada von 400 Kriegs- und Transportschiffen vor Algier. Fast 40.000 Soldaten wurden an Land gebracht. Nach 17-jährigem Kampf gelang ihnen die Eroberung Algeriens, was der Seeräuberei von Algier aus, aber auch der von Tunis und Tripolis, ein abruptes Ende bereitete. Die »Barbareskenstaaten«

mussten kapitulieren. Den Widerstand der Berber im Landesinnern konnten die Franzosen hingegen erst 1871 vollends brechen. Tunis wechselte 1881 von der osmanischen in französische Obhut, während Tripolis 1912 an Italien fiel. Marokko dagegen wurde im selben Jahr in ein spanisches und ein französisches Protektorat aufgeteilt. Ab Mitte des 19. Jahrhunderts begann dann auch der allmähliche Niedergang des Osmanischen Reiches im Osten – hin- und hergerissen durch die vielfältigen Probleme eines feudalen Vielvölkerstaates und dem ewigen Pendeln zwischen religiösen Zielen und weltlicher Macht. Die Ausrufung der Türkischen Republik im Jahr 1923 bedeutete das Ende des osmanischen Imperiums.

Mustafa Kemal gilt als Begründer der modernen Türkei. Ab 1934 verlieh ihm die Nationalversammlung den Beinamen Atatürk (Vater der Türken).

Die moderne Türkei von heute steht mit Blick auf diesen historischen Hintergrund vor einem schweren Erbe. Die stolze Tradition einer glorreichen Marine hat sie natürlich übernommen – ebenso wie die Hypothek, letztlich aus der Piraterie entsprungen zu sein. Auch die von den Osmanen während ihres Kalifats begonnenen »Glaubenskriege« gegen den Westen, die heute unter dem Namen »Djihad« ihre unrühmliche Fortsetzung finden, tragen nicht dazu bei, die tief verwurzelten Vorbehalte gegen die Türkei vollends auszuräumen. Andererseits lag die Türkei während des Ost-West-Konflikts (1945 bis 1990) an einer empfindlichen Nahtstelle der Konfliktparteien und war mehr als 40 Jahre in der Lage, die sowjetischen Schiffsbewegungen der starken Schwarzmeerflotte zu kontrollieren. An den jahrtausendealten Verbindungswegen zwischen Europa, Asien und

Afrika findet sich die Türkei auch heute in einer weltweit vielleicht einmaligen geostrategischen Lage – aber zwischen dem Balkan, dem Kaukasus und dem Nahen Osten immer auch im Zentrum permanenter Krisenherde. Die beherrschende Lage am östlichen Mittelmeer und die Kontrolle der Zugänge aus und in das Schwarze Meer geben dem Land eine bedeutende maritime Position, die noch immer von Bedeutung ist: als traditionsreiche mediterrane Seemacht.

Die dominierende Seemacht des 17. Jahrhunderts

Die Niederlande

Im Grunde ist es noch heute kaum zu glauben: Die Niederlande, ein Staat, nur etwa halb so groß wie Irland und auf einer Weltkarte kaum zu erkennen, machte sich vor etwa 400 Jahren auf, zur bestimmenden Seemacht der Welt zu werden. Und das gegen die bis dahin alles dominierenden Weltmächte Spanien und Portugal. Doch wie kam es dazu? Was waren die Gründe, die diese Entwicklung für das kleine Volk braver holländischer Seefahrer und Händler erst möglich machte? Und was lief später schief, als es darum ging, die schon gewonnene Seemacht zu erhalten und sich gegen die Engländer zu behaupten? Die Erfolgsgeschichte »Hollands« – oder besser gesagt des nordwestlichen Teils der heutigen Niederlande, dessen wirtschaftliche Stärke auch auf alle anderen Provinzen des späteren Staates prägenden Einfluss haben sollte – begann im Grunde erst mit der Neuzeit und ruhte auf mehreren annähernd zeitgleich verlaufenden Entwicklungen: in der Religion, in der Gesellschaft, im Schiffbau und bei den nautischen Erfahrungen. Davor waren große Teile der heutigen Niederlande und des heutigen Belgiens unter dem Herrscherhaus Burgund vereinigt. Zu dessen Besitzungen gehörten das französische Stammland der Burgunder, dazu die Herrschaftsgebiete Flandern, Brabant und Luxemburg sowie die so genannten »Niederen Lande«. Sie gaben dem Staat später ihren Namen.

Der freie Handel hatte in Holland, der wirtschaftlich wichtigsten Provinz der gesamten Niederlande, und weit darüber hinaus schon seit Jahrhunderten überragende Bedeutung und eine lange Tradition. Bereits im Mittelalter wurden viele niederländische Städte von Kaufleuten regiert und waren dadurch zu Wohlstand gelangt. Mitte des 16. Jahrhunderts fielen die ehemals »Burgundischen Niederlande« und damit die heutigen Gebiete der Niederlande, Belgiens und Luxemburgs durch Erbschaft an das spanische Königshaus und bildeten fortan die »Spanischen Niederlande«. Parallel dazu entwickelten sich Grafschaften wie Holland, Utrecht, Seeland und andere zu einer Handelsgemeinschaft mit einem weit verzweigten gemeinsamen Verbindungs- und Handelsnetz im nördlichen Europa. Vor allem der Ostseehandel, bei dem sie ihre Konkurrenz aus anderen Teilen Europas schnell hinter sich lassen konnten, wurde zur Grundlage für das spätere niederländische »Wirtschaftswunder«.

Die Schiffe der neuen Handelsgesellschaft reisten enorm weit und transportierten Getreide aus dem Baltikum, frischen Fisch aus England, Schottland und Grönland sowie Wein, Silber und Salz aus Spanien und Frankreich. In der Heimat gab es dagegen anhaltende Unruhen – insbesondere durch die eingeleitete Reformationsbewegung der Protestanten, die von Martin Luther in Deutschland ausging und Mitte des 16. Jahrhunderts vor allem die nördlichen Teile der heutigen Niederlande erfasste. Der zwangsläufig wachsende Widerstand gegen die ungewünschte spanische Herrschaft – sie war zudem auch noch katholisch – gipfelte 1568 in einem von Wilhelm von Oranien-Nassau geführten Aufstand gegen König Philipp II. von Spanien und seine Statthalter in den einzelnen Besitzungen. Fürst Wilhelm wurde im Verlaufe des anhaltenden Glaubenskonfliktes, der in den achtzigjährigen Krieg (1568 bis 1648) mündete, als Feldherr zum bedeutendsten Anführer des Widerstands. Heute wird er als »Vater des Vaterlandes« verehrt. Trotz aller Unruhen zu Hause begannen die Niederländer, ihren Überseehandel weiter auszudehnen. Sie gründeten dabei auch vereinzelt Kolonien, darunter in Südafrika und in der Karibik, in Brasilien sowie in Nordamerika (Nieuw Nederland). Auch die heutige Weltstadt New York ist niederländischen Ursprungs. Für 60 Gulden von den Einheimischen gekauft, wurde die Halbinsel »manna hatta« (das heutige Manhattan) um 1626 als erste kleine Siedlung von Händlern ursprünglich als »Nieuw Amsterdam« gegründet. Sie waren im Auftrag der Niederländischen Westindien-Companie (WIC) unterwegs. 1664 wurde die inzwischen zur Stadt gereifte Ansiedlung nach einem kurzen Konflikt ohne Gegenwehr von den Engländern übernommen.

Im Jahr 1581 sagten sich die sieben nördlichen Provinzen der Niederlande von Spanien los, schlossen sich zu den »Vereinigten Provinzen« zusammen und bildeten ab 1648 – nach dem Religionsfrieden von Münster und Osnabrück am Ende des Dreißigjährigen Krieges – die neue protestantische Republik der Niederlande. Diese neue Republik basierte auf einer genossenschaftlichen Basis und war nicht im sonst üblichen Stil eines feudalen Zentralstaats organisiert, in dem nur wenige herrschten und die große Mehrheit ausbeuten und unterdrücken konnten. Anders als in den meisten anderen Teilen der Welt war die Macht in den Niederlanden damit nicht nur auf einige wenige Adelige verteilt. Im Gegenteil: Der lange zuvor

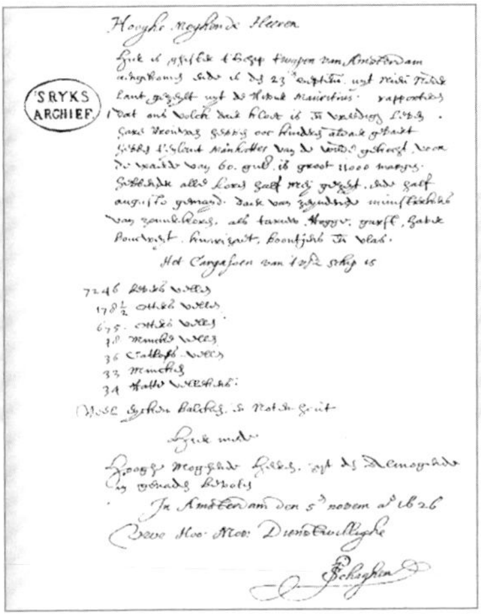
'SRYKS ARCHIEF

Hooghe Mogende Heeren

Hier is gisteren 't schip 't Wapen van Amsterdam aengecomen ende is den 23en septemb. uyt Nieu Nederlandt gezeylt uyt de Riviere Mauritius. rapporteren dat ons volck daer kloeck is ende vreedich leven. Haere vrouwen hebben oock kinderen aldaer gebaert. hebben 't eylandt Manhattes van de wilde gekocht voor de waerde van 60 gul. is groot 11000 morgen. hebben alle koren half mey gezaeyt, ende half augusto gemaeyt. Daer af sijn de monsterkens van zomerkoren, als tarwe, rogge, garst, haver, boeckweyt, knarizaet, boontjes en vlas.

Het cargasoen van 't voorsz. schip is

7246 bevers vellen
178½ otters vellen
675 otters vellen
48 mincke vellen
36 catlosen vellen
33 mincken
34 ratte vellekens

Veele eycken balcken en noten hout.

Hiermede

Hooghe Moghende Heeren, zijt de Almogende in genade bevolen.

In Amsterdam den 5en novem. ao 1626

Uwe Hoo: Moo: Dienstwillighe

P. Schaghen

Kaufvertrag von Manhattan; 1626 erwarb der Peter Schaghen die Insel »Manhattes« für 60 Gulden von den Indianern.

entstandene funktionierende Handelskapitalismus hatte die gesamte Gesellschaft nachhaltig geprägt. So verwundert es nicht, dass sich diese vergleichsweise kleine, aber wirtschaftlich äußerst erfolgreiche Region schon frühzeitig Geldmittel aneignen konnte und es auch im politischen und sozialen Bereich zu bemerkenswert fortschrittlichen Entwicklungen kam. Nicht ohne Neid wurde die neue »Republik der Vereinigten Niederlande« – so eine andere gängige Bezeichnung – von den europäischen Nachbarn als eine Art Zukunftsgesellschaft angesehen. Die Unabhängigkeitserklärung von 1648 war schließlich der entscheidende Schritt auf dem Weg von einem lockeren Bündnis seiner Provinzen zu einer der größten See- und Handelsmächte der Welt. Maßgeblichen Anteil daran hatte die Gründung der Vereinigten Ostindien-Companie (VOC), die fast 50 Jahre zuvor, im März 1602, durch mehrere unabhängige Kaufmannsgesellschaften des Landes erfolgt war. Sie entstand letztlich aus einem schon 1599 gegründeten Bündnis für Fernhandel (Compagnie van Verre) und sollte den einst führenden Handels- und Kolonialmächten Spanien und Portugal schnell ihre Führungsrollen im internationalen Seehandel streitig machen. Noch in ihrem Gründungsjahr schickte die Niederländische Ostindien-Companie vier Schiffe nach Asien, die bis an die Küsten Chinas fuhren. Auf den Inseln Java, Sumatra und den Molukken, den sogenannten »Gewürzinseln«, richteten die Seefahrer für ihre Gesellschaft feste Handelsstationen ein. Rasch konnten sie sich beim Handel mit Muskatnüssen ein Monopol aufbauen und konkurrierten mit den Portugiesen im Zimthandel aus Ceylon, dem heutigen Sri Lanka. Auch vor der Küste Japans und in Kanton auf dem chinesischen Festland errichteten die Niederländer eigene Außenposten. Nach wenigen Jahrzehnten hatten sie die Portugiesen von vielen Küstenregionen der ostindischen Inselwelt vollständig verdrängt, nachdem es ihnen im Jahr 1637 gelungen war, Portugals Zentrum im Ostindienhandel, das zu seiner Blütezeit auch als »Rom des Orients« bezeichnet wurde, in ihre Gewalt zu bringen: die Insel Goa an der Westküste Indiens.

Zu diesem Zeitpunkt kontrollierten die Kolonien und Handelsposten der Niederländer neben Teilen Südindiens und Ceylons auch das Kap der Guten Hoffnung an der Südspitze Afrikas, Teile von Persien, Siam sowie die Inselgruppe von Malakka (Malaysia). Durch konsequentes, zielstrebiges Handeln wurde die Ostindien-Companie zu einem der bedeutendsten Wirtschaftsunternehmen der Welt und kontrollierte über viele Jahrzehnte den gesamten Handel im Fernen Osten. Die 1609 nach dem Vorbild der Ostindien-Companie gegründete Niederländische Westindien-Companie (WIC) sollte den realen Erfolg der Niederländer gegen Portugal nun auch in den von Spanien beanspruchten Gebieten wiederholen – im Atlantik und besonders im Pazifik, den die Spanier selbst den »Spanischen Ozean« nannten, um dort die Handelsvormacht der Spanier zu brechen. Doch ein vergleichbarer Erfolg blieb aus.

Einer der wichtigsten Ausgangspunkte für den unausweichlichen Konflikt des frühen 17. Jahrhunderts um die Vorherrschaft zur See in vielen Teilen der Welt war ein aus niederländischer und aus der Sicht anderer aufstrebender Seenationen unerhörter Vorgang. Im Vertrag von Tordesillas, der damals bereits weit über 100 Jahre alt war, hatte Papst Alexander VI. 1494 die Welt wegen anhaltender Streitigkeiten zwischen den beiden führenden See- und Weltmächten jener Zeit einfach in zwei Einflussbereiche geteilt: in einen spanischen Teil westlich einer vertikalen Linie auf dem Erdglobus, der Gesamtnord- und fast das komplette Südamerika sowie den pazifischen Raum umfasste und Spanien zugeschlagen wurde, und einen portugiesischen Teil, der sich vom heutigen Brasilien über Afrika bis Ostasien erstreckte. Damit wollte der Papst einen Krieg zwischen den katholischen Bruderstaaten verhindern. Ähnlich wie die inzwischen anglikanisch gewordenen Engländer dachten auch die protestantischen Niederländer aber gar nicht daran, sich für alle Zeiten an die Vereinbarungen dieses Vertrages zu halten. Was anfangs zur eigenen Expansion jedoch noch fehlte, waren genaue Kenntnisse der Gegebenheiten vor Ort und exakte Seekarten. Neben den frühen vereinzelten Vorstößen der Niederländer in diese vom Papst schon längst verteilten Gebiete der Welt taten sich deshalb

Symbol der niederländischen Kaufmanns-Organisation V.O.C. (Vereenigde Oost-Indische Compagnie) mit Sitz in Amsterdam. Sie war im 17. und 18. Jahrhundert eine der bedeutendsten Handelsorganisation der Welt.

Ende des 16. Jahrhunderts Männer wie Lucas Janszoon Waghenaer und später der Theologe Petrus Plancius aus Flandern hervor, die als Seemänner, Lotsen und Navigatoren wussten, wie wichtig genaue Seekarten mit hilfreichen Details, Gezeitenangaben und Segelhinweisen waren. Dieses exakte Kartenmaterial wurde zu einer der zentralen Grundlagen für die schnelle Weiterentwicklung der niederländischen Seemacht weit über Europa hinaus – auch in den asiatischen Raum hinein. Waghenaer schuf 1584/85 einen ersten Atlas für Seefahrer in Nord- und Westeuropa bis hin zum Mittelmeer – ein Novum für die damalige Zeit. Plancius hatte hingegen Mathematik, Astronomie und Geografie studiert und musste 1576 als Mitglied der reformierten Kirche aus Südholland flüchten, das zum katholischen Spanien gehörte. Er ging nach Amsterdam und wurde dort nach der Gründung der Niederländischen Ostindien-Kompanie deren wichtigster Karthograf und eine anerkannte Autorität.

Um die Jahrhundertwende herum hatten die Handelsfahrten niederländischer Schiffe in Richtung Indien und Ostindien bereits deutlich zugenommen, nachdem zuvor alle Versuche gescheitert waren, über eine Nordostpassage entlang der Nordküsten Europas und Asiens über die

Beringstraße und den Pazifik in den Indischen Ozean zu gelangen. Dazu entwickelten die Niederländer, die in jener Zeit als die besten Schiffsbauer der Welt galten, mit der »Fleute« einen ganz eigenen Schiffstyp, dessen Konstruktion – anders als die damals vorherrschenden Schiffstypen der Karavellen und Galeonen Portugals und Spaniens – rein auf den Warenhandel ausgelegt war. Durch die besonders bauchige Bauart mit starken Rundungen an Bug und Heck sowie deutlich höhergezogenen Seitenwänden ließ sich die Ladekapazität um nahezu 50 Prozent erhöhen. Mit diesen Schiffen wagten es die Niederländer nun, den Spuren der Portugiesen zu folgen, um am lukrativen Gewürzhandel teilzuhaben. Sie segelten auf

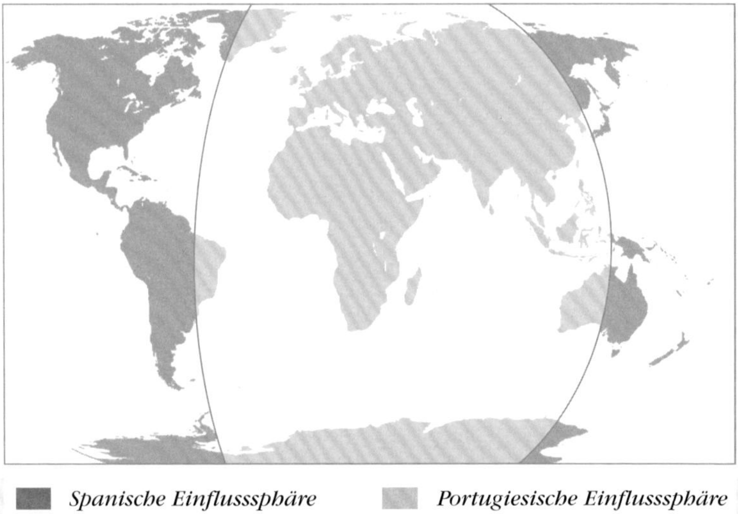

Im »Vertrag von Tordesillas« teilte Papst Alexander VI. die Welt 1494 in zwei Teile, um einen Krieg zwischen den katholischen Seemächten Spanien und Portugal zu verhindern.

gleicher Route südöstlich um das Kap der Guten Hoffnung herum. Dieses Wagnis gelang erstmals 1597, als ein Handelsschiff unbeschadet in die Niederlande zurückkehrte – von einer Reise, bei der auch eine große Portion Glück im Spiel war. Denn um den Weg nach Indien zu meistern, waren genaue Kenntnisse der Route und das Wissen um die Besonderheiten des Seeweges sowie der navigatorischen Besonderheiten, Untiefen, Strudel und ähnlicher Phänomene von entscheidender Bedeutung. Solche Segelanweisungen, die den Seefahrern aus Portugal natürlich schriftlich vorlagen, wurden strengstens unter Verschluss gehalten und waren den Niederländern daher nicht zugänglich. Erst als Jan Huygen van Linschoten 1595 zum Sekretär des Erzbischofs der portugiesischen Kolonie auf Goa geworden war, erhielt er damit auch Zugang zu den geheimen nautischen Karten und dem Wissen der Seefahrer aus Portugal. Die in dieser Form »entwendeten« Geheimnisse mit allen erforderlichen portugiesischen Karten und Anweisungen für die Route nach Indien, China und Japan wurden anschließend für die holländischen Seeleute vervielfältigt. Petrus Plancius gehörte danach zu denjenigen, die alle zukünftigen Fernfahrten planten und die Seefahrer schulten. Neben den genauen Seekarten der fernen Gebiete bekam nun auch eine andere Fähigkeit große Bedeutung: auf offener See nach den Sternen des Südhimmels zu navigieren. Dieses Können war sogar überlebenswichtig geworden. Deshalb errichtete Plancius eine Navigationsschule, an der die holländischen Seeleute systematisch in Nautik, Astronomie und Geografie ausgebildet wurden. Sie lag in Enkhuizen am Ijsselmeer, dem damals wohl bedeutendsten Zentrum der holländischen Heringsfischerei und neben Amsterdam einer der wichtigsten Standorte der Niederländischen Ostindien-Companie.

Ebenso systematisch sammelte und nutzte er das streng geheime nautische Wissen der Seemächte Spanien und Portugal, soweit er es den portugiesischen und spanischen Seefahrern entlocken konnte. Zusätzlich profitierte Plancius zunehmend auch von den Erfahrungen etwa englischer Kapitäne und Navigatoren. Mit Hilfe der Berichte von niederländischen Navigatoren zeichnete Petrus Plancius schließlich völlig neues, enorm hilfreiches Kartenmaterial von der ostindischen Inselwelt. Dank hochseetauglicher Handelsschiffe, bester Seekarten und gut ausgebildeter Seeleute aus der neuen Navigationsschule war die kleine Republik der Niederlande im frühen 17. Jahrhundert mit großen Schritten zu einer ernst zu nehmenden Konkurrenz für die bislang übermächtigen Handelsnationen Spanien und Portugal geworden. Besonders hilfreich war dabei, dass insbesondere die Seemacht Spanien – jene Nation, die Amerika entdeckt hatte und in der Folge Süd- und Mittelamerika systematisch ausbeutete – in dieser Zeit immer weiter in sich zusammensank. Der Import von großen Mengen an Gold nach Europa bereicherte zwar die spanische Oberschicht, doch der fortlaufende Nachschub sorgte auch dafür, dass das Gold immer mehr an Wert verlor.

Durch die immensen Reichtümer aus der Neuen Welt gab es in Spanien zudem lange Zeit offenkundig keinen Bedarf an Veränderungen. Dies stellte sich als ein fataler Irrglaube heraus, denn dadurch nahm Spanien, umgeben vom eigenen symbolischen Reichtum, nicht an den gesellschaftlichen und strukturellen Änderungsprozessen des restlichen Kontinents teil – jenen Änderungen, durch die im 19. Jahrhundert die ersten Industrienationen Europas entstehen sollten. Die Verbindung von Staatsmacht und Wirtschaft, so wie es die Flotten der Niederlande und später die der Briten vormachten, sicherte diesen am Ende auch die Vorherrschaft zur See: durch die enge Kooperation zwischen privatwirtschaftlichen Handelsorganisationen und dem Staat selbst. Wie keiner anderen Nation gelang es den Niederländern, trotz der im Inland nicht vorhandenen Rohstoffe, trotz un-

Admiral Michiel de Ruyter – in den Niederlanden ähnlich legendär wie Horatio Nelson bei den Briten

bedeutender landwirtschaftlicher Produktion und eher begrenzten Geldmitteln, allein durch ihre besondere Fähigkeit als Händler aus dem reinen Warenhandel und dem Finanzverkehr Mehrwerte zu schaffen. Im 17. Jahrhundert begann dadurch in den Niederlanden das sogenannte »Goldene Zeitalter«. Amsterdam stieg zum Welthandelsplatz auf, und ein neuartiges, an Edelmetall gebundenes Währungssystem, das über die Börse gesteuert wurde und international einen weitgehend bargeldlosen Handel möglich machte, bekam zentrale Bedeutung. So entwickelte sich die Börse in Amsterdam rasch auch zum führenden Finanzumschlagsplatz in Europa. Die

Niederlande schützten ihre Macht als seefahrende Handelsnation durch eine Flotte, die ihre Handelsinteressen weltweit absicherte. Die Steuerung wurde jedoch nicht zentral von einer Staatsmacht übernommen, sondern blieb als Initiative in der Hand einzelner Handelsgesellschaften und Städte. Das wiederum sollte ihnen im Konflikt um die Seeherrschaft mit der aufstrebenden Handelsnation England schließlich zum Verhängnis werden.

Nach zahlreichen Konflikten mit den Briten, die anfangs zugunsten der Niederländer ausgingen, und zwei weiteren Seekriegen, in denen sich dann jedoch die Unterlegenheit der niederländischen Flotte gegenüber der englischen deutlich zeigte, begann die Vormachtstellung der Niederlande verloren zu gehen. Zerbrochen ist sie allerdings nicht an einer zu schwachen oder erfolglosen Flotte – insbesondere weil sie in Admiral Michiel de Ruyter einen der besten Anführer jener Zeit zur See auf ihrer Seite hatten, der in den Niederlanden einen ähnlichen Status wie Horatio Nelson für England hatte –, sondern an einem schleichenden Verfall der eigenen Wirtschaft und innenpolitischen Krisen. Vor allem die seit der Unabhängigkeit von 1648 entstandenen »Regentenregierungen«, die sich anstelle der bisher üblichen adeligen Statthalter jetzt durch bürgerliche Eliten in Stadt und Land gebildet hatten, verloren schnell ihr Ansehen und wurden im Volk immer unpopulärer. Anfangs noch als Befreiung von der Unterdrückung als »Wahre Freiheit« gepriesen, ähnelten sie in ihrem Handeln schon bald jenen feudalen Regierungsformen, die von der Bevölkerung zuvor strikt abgelehnt worden waren. Am Ende führten die »Regentenregierungen« des Volkes die Niederlande in die völlige politische Isolation. Amsterdam musste mit Beginn des 18. Jahrhunderts seine Position als Welthandelsplatz an London abgeben, an die Hauptstadt der kommenden Weltmacht Großbritannien. Überhaupt spielte der Außenhandel für die Wirtschaft vieler Staaten Europas eine immer gewichtigere Rolle. Davon konnten neben Hafenstädten wie Liverpool, Hamburg und St. Petersburg auch die großen europäischen Hauptstädte profitieren.

Vorbild für die meisten späteren Seenationen der Welt

Großbritannien

Kein Volk auf der Welt hat jemals so lange, so verbissen und so konstant Expansions- und Kolonialpolitik betrieben wie die Briten. Großbritannien war dabei dank seiner Kolonien lange Zeit das größte Land der Erde. Von der Antike bis zur Gegenwart hat nie ein Weltreich existiert, wie es das britische Imperium über Jahrhunderte auf allen Kontinenten gewesen ist. Dennoch war diese lange Entwicklung für die britische Seele immer auch wie der Kampf ums Überleben.

Die Geschichte Großbritanniens – einem Staatenbund, der aus den Teilreichen England, Schottland, Wales und (Nord-)Irland besteht, ist ebenso lang wie interessant. Besonders uns Mitteleuropäer beeindruckt immer wieder die umfangreiche, komplett lückenlose Ahnenreihe britischer Königinnen und Könige in der Geschichte der Inseln, auf die die Briten selbst natürlich ganz besonders stolz sind. Bis heute sind sie allgegenwärtig und werden bei jeder sich bietenden Gelegenheit hervorgeholt. Vor allem, wenn es darum geht, an die langen historischen Wurzeln des britischen Königreiches zu erinnern. Doch es ist noch gar nicht so lange her, da war das Inselreich ein unbedeutendes Bauern- und Barbarenland. Es war die Zeit von Christoph Kolumbus, Martin Luther und Leonardo da Vinci – da galt England noch als Zufluchtsort für übelste Ganoven, die ihr Heil in der Seeräuberei suchten. Vor diesem historischen Hintergrund stellt sich die berechtigte Frage: Was ist passiert, dass sich aus diesem unbedeutenden

Inselreich am Rande des europäischen Kontinents eine führende Handels- und Kolonialmacht entwickeln konnte? Und eine der größten Seemächte aller Zeiten? Dazu ist es sinnvoll, die Geschichte des britischen Inselreiches mit Blick auf die Entwicklung zu einer führenden Seemacht Revue passieren zu lassen.

Obwohl es nur wenige Berichte über die ersten Einwohner der Britischen Inseln gibt, ist bekannt, dass es bereits lange vor den Kelten fortgeschrittene Kulturen gab – etwa in der alten englischen Grafschaft Wiltshire. Sie sollen vor über 10.000 Jahren die einzigartigen Steinmonumente von Stonehenge und Avebury gebaut haben, die nur 45 Kilometer voneinander entfernt liegen und heute zum Weltkulturerbe der UNESCO gehören. Als Julius Caesar als Anführer des römischen Imperiums um etwa 50 v. Chr. mit der Eroberung der späteren römischen Provinz »Britannia« begann, waren die Inseln von Kelten und vielen einheimischen Stämmen besetzt, die den römischen Legionen erheblichen Widerstand leisteten. Im Grunde gelang es der damaligen Weltmacht Rom nie, die wilden Stämme der Engländer im Süden, der Walliser im Westen und der Schotten im Norden dauerhaft in ihre Gewalt zu bekommen. Und so verließen die Römer im Laufe des 5. Jahrhunderts n. Chr. frustriert Britannien, das inzwischen längst auch von germanischen Stämmen besiedelt wurde: etwa von den Jüten

Atemberaubende Steinformation von Stonehenge
(Foto: Heinz-Josef Lücking)

aus Jütland, den Sachsen von der Elbe und den Angeln aus Schleswig. Letztere verhalfen der ehemaligen römischen Provinz schließlich auch zu ihrem Namen: dem Angelnland (für England). Da die keltisch sprechende Urbevölkerung größtenteils nach Wales oder in die damals keltische Bretagne floh, konnte sich aus den germanischen Dialekten der sogenannten »Angelsachsen«, wie die Eroberer später genannt wurden, nach und nach die altenglische Sprache entwickeln.

Eine erste wirklich bedeutende Figur im Selbstverständnis der Engländer und ihrer Mythologie stellt König Artus in der Pendragonsaga dar, dessen historischer Kern sich zur Zeit der Völkerwanderung des 6. Jahrhunderts abspielte. Sein glorreicher Kampf gegen germanische Eindringlinge, der Abzug römischer Legionen von der Insel und die Flucht der Briten vor den Angelsachsen wurden zur Legende. Tatsächlich wurde Britannien über Jahrhunderte immer wieder von See aus angegriffen: zunächst von den

Legenden der britischen Geschichte: Artus Pendragon, Robin Hood und die »shire-reeves« als offiziell eingesetzte Landverwalter des britischen Adels

Germanen, die sich jedoch zunehmend mit der Bevölkerung vermischten und selber heimisch wurden, ab dem späten 8. Jahrhundert dann von den Wikingern, die neben weiten Teilen Ostenglands auch den bedeutenden Handelsplatz »Londinium« (London) eroberten. Erst Alfred der Große, der König von Wessex, konnte die Angriffe der Nordmänner abwehren und die verlorenen Gebiete für die hier inzwischen sesshaft gewordenen Angelsachsen zurückerobern. Er wurde schließlich in allen von den Wikingern nicht besetzten Gebieten Englands als rechtmäßiger Herrscher anerkannt und machte London neben Winchester zur zweiten Hauptstadt seines Reiches. Sein Sohn Ethelstan kämpfte ähnlich wie sein Vater erfolgreich weiter und wurde zum ersten König von ganz England gewählt (924 bis 939). Jahrzehnte später gelang es den Skandinaviern noch einmal, England zu unterjochen und den Insulanern skandinavische Könige aufzudrängen. Erst der Normanne Wilhelm, der später den Beinamen »der Eroberer« erhielt, befreite die Inselbewohner von dem anhaltenden Durcheinander auf dem Thron. Mit einem normannisch-französischen Heer zog Wilhelm nach England und besiegte seinen Rivalen Harold am 14. Oktober 1066 bei Hastings vernichtend: den letzten angelsächsischen Herrscher mit Wikingerwurzeln. Dieser 14. Oktober 1066 ist als Geschichtsdatum im Bewusstsein der Briten bis heute ohne Vergleich. Denn damit geht eine kaum für möglich gehaltene Wende zum Besseren einher. Zunächst einmal krönte sich Wilhelm der Eroberer selbst zum König und enteignete anschließend den gesamten Grundbesitz des Reiches. Danach vergab er die Ländereien neu und machte die Adeligen zu seinen Verbündeten. Als Gegenleistung mussten sie für den König bei Bedarf als schwer bewaffnete Reiter in den Krieg ziehen. Damit schuf Wilhelm die Grundlage des späteren Rittertums. Natürlich ließ der Protest des Adels nicht lange auf sich warten. Um seine Macht vor allem in den vielen alten Grafschaften, die weitgehend die Endung »shire« im Namen trugen, zu sichern, ließ Wilhelm eine neue Verwaltung mit einem königlichen Verwalter an der Spitze einführen, dem sogenannten »sheriff« – abgeleitet vom altenglischen Wort »shire-reeve« (Grafschaftsverwalter, vergleichbar mit dem Vogt in Mitteleuropa). Diese Stellvertreteraufgabe wurde meistens an Männer einfacher Herkunft vergeben, die später den britischen Landadel bildeten.

Das alles gehört zur recht komplexen Vorgeschichte Britanniens, die selbst nach über 1.000 Jahren realer Entwicklungsgeschichte noch nichts mit der Seefahrt zu tun hatte. Dazu kam es erst viel später, denn der englische Adel war – im Konflikt mit den unbequemen Verwandten aus Frankreich und mit sich selbst – noch weitere 350 Jahre weitgehend mit internen Fragen und Intrigen beschäftigt. Große Namen begleiteten diese Entwicklung wie etwa Richard I. aus dem Haus Plantagenet (bis 1199), der als Anführer des dritten Kreuzzugs wegen seiner Tapferkeit den Beinamen »Löwenherz« erhielt, oder auch Richards jüngerer Bruder Johann, der vom eigenen Vater schon früh den Spitznamen »Ohneland« bekam. Dessen Leben stand insgesamt unter keinem guten Stern, da er unter anderem im Jahr 1202 seine Fehde gegen König Philipp II. von Frankreich verlor und sich später vom aufgebrachten englischen Adel die »Magna Carta« (1215) aufzwingen lassen musste: die »Große Freiheitsurkunde«, die zur Grundlage vieler moderner Rechtsstaaten wurde. Auch Männer wie der legendäre Gesetzesbrecher »Robyn Hode« (Robin Hood) aus der Grafschaft

Nottinghamshire, der für die zahllosen Rechtlosen und Unterdrückten im Lande als Hoffnung und Chance zugleich galt, spielten in dieser Zeit der Mythologie und der Findung eines eigenen Bewusstseins Britanniens eine wichtige Rolle.

Erste echte Veränderungen begannen mit Heinrich VIII. (1509 bis 1547) aus dem Hause Tudor. Er war ein glühender Anhänger der Reformation – und ein Frauenheld, der sich mit den Moralvorschriften der römischen Kirche nicht abfinden konnte. Deshalb trennte er sein Land vom katholischen Rom und machte sich unter Mithilfe des Parlaments zum Oberhaupt der neuen anglikanischen Staatskirche. Zugleich schuf er die Grundlagen für

König Heinrich VIII. gilt als Initiator und Begründer der »Royal Navy«.

die Entstehung der »Royal Navy«, indem er im Gegensatz zu seinen Vorgängern eine viel aktivere Außenpolitik betrieb und wie kein König zuvor in wehrhafte, hochseetaugliche Handelsschiffe investierte. Dabei leistete ihm Sir Edward Howard, der 1. Herzog von Norfolk, als Oberbefehlshaber der Marine große Dienste – wie auch später sein Bruder Thomas. Sie ließen um 1510 in Portsmouth Schiffe wie die MARY ROSE bauen, das erste Kriegsschiff Nordeuropas mit über 90 Kanonen an Bord, und sie gaben mit der gut 40 Meter langen und etwa 1.000 Tonnen wiegenden GREAT HARRY das größte Kriegsschiff ihrer Zeit in Auftrag. Gegen 1540 kauften sie von der »Deutschen Hanse« zur Verstärkung noch weitere Koggen wie etwa die 700 Tonnen schwere JESUS VON LÜBECK. Zwei Jahre zuvor schuf Heinrich VIII. per königlichem Erlass die rechtliche Grundlage für eine englische Flotte und begründete damit Englands späteren Ruf als Seemacht. Seine

Vorarbeiten konnte Heinrichs Tochter Elizabeth I. (1558 bis 1603) später für den Aufstieg des Königreichs zur Weltmacht nutzen. Doch zunächst folgte nach dem Tod König Heinrichs VIII. – die »Royal Navy« besaß zu diesem Zeitpunkt bereits 58 Schiffe – ab 1547 sein Sohn Eduard VI. auf den Thron. Ihm folgte nur sechs Jahre später die Katholikin Maria I. aus Schottland, die ihre protestantische Halbschwester Elizabeth für einige Wochen sogar in den Tower von London werfen ließ. 1558 gab es dann zwei einschneidende Ereignisse: Der alte britische Stützpunkt Calais an der Kanalküste ging für immer an Frankreich verloren und Königin Maria I., die sich durch die grausame Hinrichtung von 300 Protestanten den unrühmlichen Beinamen »Bloody Mary« erworben hatte, verstarb.

Mit der folgenden Thronbesteigung von Elizabeth I. begann nun Britanniens Aufstieg zur Seemacht, unterstützt durch eine zeitgleiche Expansion des Handels. Als die Königin zunächst verdeckt, ab 1585 dann offen den Freiheitskampf der reformierten Niederlande gegen das katholische Spanien unterstützte und ihre Kapitäne mit offiziellen Kaperbriefen der Krone gezielt auf die spanische Silberflotte ansetzte, brach der schwelende Krieg mit dem katholischen Spanien offen aus. Verstärkt wurde dieser Konflikt noch durch die 1587 in Schottland erfolgte Hinrichtung von Elizabeths katholischer Widersacherin Maria Stuart. Sie erfolgte, um deren anhaltende Umsturzaktivitäten in England zu unterbinden. König Philipp II., immerhin der Schwager von Elizabeth I., sandte daraufhin 1588 wutentbrannt die spanische Armada aus – eine bis an die Zähne bewaffnete Flotte von 127 Schiffen, die England bestrafen und eine Invasion der Britischen Inseln durchführen sollte. Doch die englische Flotte war gut vorbereitet und hielt im Ärmelkanal stand. Dadurch zwang sie die Spanier, England und Schottland im großen Bogen zu umsegeln, wobei die Armada in Stürmen weitere erhebliche Verluste erlitt. Diese überraschende Niederlage Spaniens gegen die zahlenmäßig und schiffstechnisch deutlich unterlegenen Engländer bestätigte 1588 den endgültigen Anspruch Englands auf Eigenständigkeit und ungehinderten Handel auf allen Weltmeeren. Diese neue Blickrichtung der englischen Politik – weg von einer nur nationalen Sicht innerhalb Europas hin zu einer Weltsicht Britanniens auf der Grundlage freier Meere – wurde schon im Jahr 1580 von Elizabeth I. gegenüber dem Botschafter Spaniens deutlich gemacht. Wegen der damals drückenden Vorherrschaft der Spanier und den daraus resultierenden inakzeptablen Ansprüchen Spaniens auf uneingeschränkte Vormachtstellung zur See forderte die Königin ohne Umschweife:

»The use of the sea and air is common to all; neither can any title to the ocean belong to any people or private persons, forasmuch as neither nature nor public use and custom permit any possession thereof…«
(Im Sinne von: Die Nutzung des Meeres und der Luft ist frei für alle; sie kann niemandem gehören …)

Um diesen neuen Anspruch Englands glaubhaft zu untermauern, schuf Elizabeth I. Ende des 16. Jahrhunderts eine ständig einsatzbereite Flotte, um aus der Position der Unterlegenheit gegenüber Spanien und anderen Seemächten herauszukommen. Erstmals wurden ein Flottenprogramm aufgelegt und Schiffsneubauten gezielt geplant. Auch die dafür erforderlichen Seehäfen wurden angelegt oder ausgebaut. Es waren richtungweisende Entscheidungen, die sich im dauerhaften Kampf mit dem Hauptrivalen Frankreich im 17. und 18. Jahrhundert um die Vorherrschaft vor allem in Übersee noch auszahlen sollten. Als Elizabeth I. 1603 nach 45 langen Regierungsjahren kinderlos starb, fiel der Thronanspruch an den schottischen König James VI., den Sohn ihrer ärgsten Widersacherin Maria Stuart. Ihm gelang es durch diese Personalunion, als James I. beide Landesteile zu vereinigen. Die mit ihm begonnene Stuart-Dynastie geriet schon bald in Konflikt mit dem englischen Volk und dem Parlament und lähmte das Land. Auch in der Marine tat sich in dieser Zeit nicht viel. Durch die immer wiederkehrenden finanziellen Engpässe führte die Flotte ein Schattendasein und schrumpfte vor sich hin. Als sich dann die Schotten gegen die Unterwerfung unter die englische Staatskirche zur Wehr setzten, kam es zu einer bürgerkriegsähnlichen Revolution, in deren Verlauf Oliver Cromwell an die Macht kam und König Charles I. am 30. Januar 1649

Oliver Cromwell führte England mit eiserner Hand. Er gab dem Land eine erste Verfassung, die ihn 1653 zum »Lord-Protector« auf Lebenszeit machte.

öffentlich hingerichtet wurde – ein unglaublicher, einmaliger Vorgang in der englischen Geschichte. Für kurze Zeit wurde England unter dem Begriff »Commonwealth« zu einer Republik. Doch die religiösen Meinungsverschiedenheiten blieben und ließen keine allgemein akzeptierte Verfassung zustande kommen. So blieb Cromwell nichts anderes übrig, als unter dem Titel »Lord Protector« als eine Art Militärdiktator das Land zu regieren.

Schon 1642, als der Bürgerkrieg ausbrach, setzte das Commonwealth-Regime den gezielten Ausbau der Flotte fort. Zehn Jahre später hatte sich die Anzahl der Schiffe mit 102 Einheiten nahezu verdoppelt. Innerhalb weniger Jahre änderte sich auch die Kampf- und Einsatztaktik zur See grundlegend: Die großen Schiffe kämpften jetzt nicht mehr allein, sondern erstmals gemeinsam in der »line of battle«, also einer Schlachtlinie. Dank der fehlenden Ruder, mit denen die früheren Galeeren noch ausgestattet waren, hatten sich jetzt die Schiffsseiten mit ihren dort aufgereihten Kanonen als neue Kampfrichtung durchgesetzt. Als König Charles II. 1660 die Monarchie nach England zurückbringen konnte, stand ihm eine gewaltige Flotte von über 150 Schiffen zur Verfügung. Der Reichtum, der durch die Ausbeutung der Kolonien nach und nach ins Land strömte, hob England immer weiter über die anderen Mächte Europas empor. Frankreich war die stärkste Landmacht des Kontinents und hatte eindeutige Ambitionen in Übersee gezeigt. Deshalb wurde es als anhaltende Bedrohung Britanniens angesehen und permanent bekämpft. Während Frankreich – anders als die Insel – sowohl Landes- als auch Seegrenzen besaß und seine Kräfte infolgedessen auf Marine und Heer aufteilen musste, konnte Britannien sich ganz auf die Ozeane konzentrieren. Durch geschickte Politik gelang es, Frankreich nach dem Spanischen Erbfolgekrieg (1701 bis 1714) leer ausgehen zu lassen, während die Briten sich neben Kolonialgewinnen in Nordamerika auch die Bestätigung des Besitzes von Gibraltar und damit die englische Präsenz im Mittelmeer sichern konnten. Unter Königin Anna (Stuart) wurden England und Schottland 1707 staatsrechtlich vereinigt und führten seitdem den Namen »Great Britain« (Großbritannien). Nach dem Tod der Königin fiel die Krone von England an das deutsche Herrscherhaus der Welfen in Hannover. Ohne Unterbrechung bauten die Deutschen ab 1714 die britische Vormachtstellung als See- und Kolonialmacht weiter aus. Dabei profitierte das Inselreich unter Georg I. (1714 bis 1727) sowie Georg II. (1727 bis 1760) vor allem von den kriegerischen Auseinandersetzungen der europäischen Rivalen auf dem Kontinent, die sich damit permanent gegenseitig schwächten. Unter Georg III. (1760 bis

1820) errang England nach siegreichen Schlachten gegen die Spanier und Franzosen den größten Teil Nordamerikas – und zusätzlich noch Florida, zahlreiche Antilleninseln und große Gebiete in Afrika. Georg III. gelang schließlich auch die Inbesitznahme des riesigen indischen Teilkontinents. Damit war England unangefochten die größte Kolonial- und auch die führende Seemacht der Welt. Doch noch immer war ihnen eine europäische Macht auf den Fersen: Frankreich.

Die Feindschaft mit den Franzosen, die England mit den verbündeten Staaten Russland, Österreich und Preußen gemeinsam hatte, löste in der zweiten Hälfte des 18. Jahrhunderts einen Jahrzehnte dauernden kontinentalen Konflikt aus, wodurch die Hauptkräfte der Franzosen von Englands europäischen Verbündeten auf dem Lande gebunden werden konnten. Das Königreich Preußen wurde dadurch zur Großmacht, und die Engländer hatten in dieser Zeit freie Hand, sich voll und ganz auf die Bekämpfung Frankreichs zur See zu konzentrieren. Obwohl England 1776 die Freiheit von insgesamt 13 Kolonien in Nordamerika zulassen musste, die ihre Unabhängigkeit erklärten und sich zu den »United States of America« zusammenschlossen, war dies nur ein vorübergehender Rückschlag. Allerdings begann mit den amerikanisch-britischen Kriegen (1776 bis 1814) auch eine neue Seekriegsart, bei der die »Royal Navy« anfangs ordentlich Lehrgeld zahlen musste – und das, obwohl sie zu dieser Zeit gut 900 Schiffe in ihren Diensten hatte. Denn statt mit schwerfälligen Linienschiffen, die seit fast 150 Jahren mit ihrem Kampf in Kiellinie erfolgreich gewesen waren, brach nun das Zeitalter der schnellen und feuerstarken Fregatten an. Ein beeindruckendes Beispiel dafür ist die im Jahr 1797 gebaute US-amerikanische Fregatte CONSTITUTION aus Boston als ältestes noch schwimmfähiges Kriegsschiff der Welt. Überhaupt: Mit der ehemaligen Kolonie in Nordamerika, dem anfänglichen Kriegsgegner und späteren Partner USA, sollten die »Royal Navy«, die britische Admiralität und auch deren Regierungen noch so ihre Probleme bekommen. Doch zunächst noch einmal zurück zum Gegner Frankreich: Die Französische Revolution von 1789 führte auch auf den Britischen Inseln zur Revolte und einem Aufstand der Iren gegen England. Schon wenig später gelang jedoch die politische Verbindung beider Länder unter dem Namen »United States of Great Britain and Ireland«. Mit drei entscheidenden Siegen über Frankreich und Napoleon, von denen zwei auf dem Wasser (Abukir 1799 und Trafalgar 1805) ausgetragen wurden, während die Entscheidung 1815 bei Waterloo auf dem Lande fiel, sicherte sich Großbritannien unter Führung von Horatio

Nelson für ein weiteres Jahrhundert seine einzigartige Stellung als wichtigste Seemacht der Welt. Die »Royal Navy« wurde zum nationalen Symbol und zum Indikator für den Zustand der gesamten Nation – dokumentiert durch den Mythos der Unbesiegbarkeit englischer Seehelden.

Durch das weltweite Netz an Flottenstützpunkten blieb die britische Herrschaft über die Ozeane während des 19. Jahrhunderts gesichert. Viele Kolonien wurden damals auch unter dem Gesichtspunkt der Seeherrschaft erworben. Um die bisherige Position an der Spitze zu halten, gab es von der britischen Admiralität erstmals die Forderung, dass die Zahl der verfügbaren Schiffe der »Navy« größer sein müsse als die der beiden nächstgroßen Flotten aus anderen Ländern zusammen. Unter den Königen Georg IV. (1820 bis 1830) und William IV. (1830 bis 1837) kehrte allerdings zunächst eine kurze Ruhephase ein. Immerhin gelang es in ihrer Regentschaftszeit, die Versklavung farbiger Menschen abzuschaffen und die Rechte der Armen schriftlich zu reformieren – es waren die Vorläufer der ersten allgemein anerkannten Menschenrechte. Auf William IV. folgte seine Nichte Victoria (1837 bis 1901). Ihre Regierung gilt als das »goldene Zeitalter« für Großbritannien und als das legendäre Viktorianische Zeitalter. In ihrer Regierungszeit wuchs das britische Imperium zu einem Weltreich heran, zu dem annähernd 30 Prozent der Weltbevölkerung gehörten. Eine Blütezeit der Wissenschaften, Künste, der Industrie und des Handels begann. Das fast hundertjährige Heraushalten aus allen Konflikten des europäischen Kontinents, unterbrochen nur durch die Verwicklung in den Krimkrieg 1854/56, erlaubte es dem Inselreich, sich neben seiner Bedeutung als führende Seemacht auch den Rang einer »Werkstatt der Welt« zu sichern – dank der industriellen Revolution, die ja bekanntlich in England begann. Britische Dampfschiffe transportierten damals konkurrenzlos britische Waren in alle Welt.

Weil die britische Position für lange Zeit absolut unangefochten war, wurden die ersten nationalen Bestrebungen der Italiener und der Deutschen Mitte des 19. Jahrhunderts in England mit viel Sympathie betrachtet. Denn beide Entwicklungen schienen sich aus britischer Sicht im Sinn eines europäischen Gleichgewichts auszuwirken. Doch diese Sichtweise änderte sich ab 1871 schlagartig mit der Gründung des Deutschen Kaiserreichs. Das zunehmende Misstrauen entstand vor allem durch die wachsende militärische Stärke Deutschlands, seinem aufstrebenden Handels- und Wirtschaftspotenzial und seinem aufkommenden kolonialen Weltmachtstreben mit einer starken Hochseeflotte. Dieses Ziel wurde be-

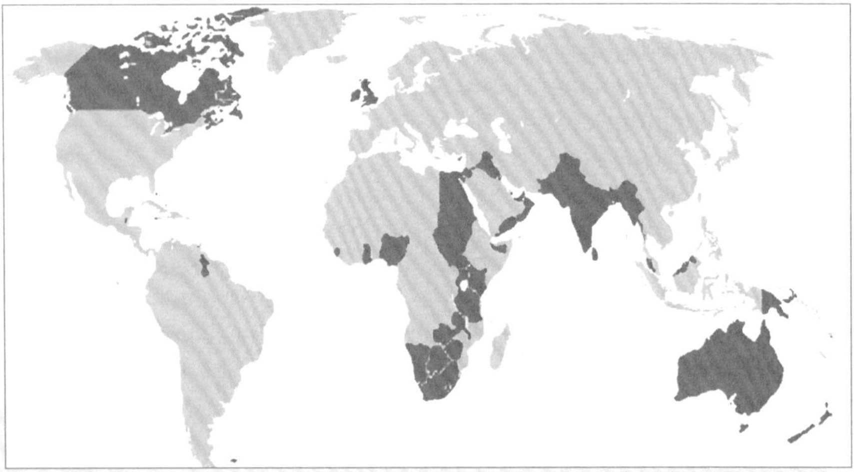

Das britische Weltreich und seine Kolonien im Jahr 1921

sonders durch Kaiser Wilhelm II. repräsentiert, dessen Herz für die Marine schlug. Gleichzeitig verfolgten die britischen Konservativen, die von 1885 bis 1905 mit kurzen Unterbrechungen an der Regierung waren, eine Art Großmachtpolitik, die fast zwangsläufig zu Spannungen mit Frankreich, Russland und Deutschland führen musste. Auch König Eduard VII. (1901 bis 1910) kannte von Anfang an nur das alleinige Ziel, die Vormachtstellung Großbritanniens weltweit aufrechtzuerhalten. Dabei war er aber auch neidisch auf die sich anbahnende Überlegenheit der Verwandten aus Deutschland. Schließlich waren die gerade im Begriff, militärisch gleichzuziehen und England vor allem wirtschaftlich zu überholen. Ein einzigartiges Wettrüsten beider Länder zur See war die Folge, das schließlich in den Ersten Weltkrieg mündete. Wohl auch, weil Georg V., der 1910 an die Macht kam, die Politik seines Vorgängers nahtlos fortsetzte. Die größte und die zweitgrößte Flotte der Welt hatten kräftemäßig längst eine Pattsituation geschaffen, die am 31. Mai 1916 durch die größte Seeschlacht aller Zeiten zwischen beiden Marinen im Skagerrakgebiet der Nordsee bestätigt wurde. Die Deutschen setzten im Kriegsverlauf vermehrt auf U-Boote und hatten die Briten schon am Rande einer Niederlage. Doch der »uneingeschränkte U-Boot-Krieg« Deutschlands führte 1917 schließlich zum Eintritt der USA in die bis dahin rein europäische Auseinandersetzung und ein Jahr später zur Entscheidung zugunsten der Alliierten.

Deutschland war nach Kriegsende mit Österreich-Ungarn auf der Seite der Verlierer, und die Briten hatten mit ihren Verbündeten zwar gewonnen, waren aber vor allem durch die wankelmütige Politik ihrer Regierungen geschwächt. Die britische Forderung einer Internierung der gesamten deutschen Flotte unter britischer Aufsicht gelang im Jahr 1919 zwar noch. Doch wegen der Wirtschaftskrise und der Schulden des Vereinigten Königreichs bei den USA mussten die Briten der einstigen Kolonie im Jahr 1921 das Recht zugestehen, sich eine Flotte zu halten, die genauso groß war wie die der »Royal Navy«. Das war der Beginn eines Prozesses, durch den die Alleinherrschaft Britanniens zur See ernsthaft in Frage gestellt wurde. 400 Jahre Dominanz auf den Weltmeeren gingen allmählich zu Ende. Zur Vermeidung weiterer internationaler Konflikte setzten die Premierminister Baldwin und Chamberlain gegenüber den Nationalsozialisten in Deutschland wohl auch deshalb während der 1930er Jahre auf eine Art »Beschwichtigungspolitik«. Erst mit der deutschen Besetzung der Tschechoslowakei 1939 änderte sich die Stimmung. Chamberlain musste letztlich unter dem Druck der öffentlichen Meinung – entgegen seiner eigenen politischen Auffassung – seine Politik ändern und der Opposition um Winston Churchill größere Mitsprache einräumen. Die Aufrüstung wurde beschleunigt, England verstärkte seine internationale Bündnispolitik und gab Garantieerklärungen für die Kleinstaaten ab, die um Deutschland herum lagen. Der britische Beistandspakt mit Polen vom 25. August 1939 wurde dabei von der Regierung der Nationalsozialisten wohl nicht wirklich ernst genommen. Nach dem deutschen Angriff auf Polen am 1. September 1939 erklärte Großbritannien dem Deutschen Reich aufgrund seiner Garantieerklärung für Polen nur zwei Tage später überraschend den Krieg. Die kriegerischen Auseinandersetzungen verliefen jedoch alles andere als glücklich. Im Frankreichfeldzug 1940 entging das britische Expeditionskorps bei Dünkirchen nur knapp der Vernichtung. Die gefürchtete deutsche Landung in Großbritannien unterblieb zwar, aber das Land hatte sehr unter den deutschen Luftangriffen und einer massiven deutschen Seeblockade zu leiden. Auch die britischen Unternehmungen in Skandinavien und vor allem in Nordafrika scheiterten. Erst 1942, als nach der Sowjetunion auch die USA in den Kampf gegen die »Achsenmächte« Deutschland, Italien, Japan und andere eingriffen, trat eine für Großbritannien günstigere Wendung ein. Allerdings musste Churchill, der seit Mai 1940 an der Spitze der britischen Regierung stand, tatenlos zusehen, wie sich die militärische und politische Führung der Alliierten immer mehr in Richtung USA verlagerte.

Obwohl das britische Königreich auch aus dem Zweiten Weltkrieg am Ende siegreich hervorging, war seine militärische Position erheblich geschwächt und sein einstiges Prestige weitgehend verloren gegangen. Mit der Selbstständigkeit der Kolonien Britisch-Indien, Birma (Myanmar) und Ceylon (Sri Lanka) begann ab 1947 endgültig der langwierige Prozess der Entkolonialisierung und des realen Machtverlustes von Großbritannien. Das 1931, also gut 15 Jahre zuvor gegründete »Commonwealth of Nations« sollte das Autonomiestreben einzelner Staaten wie Kanada und Australien innerhalb des Herrschaftsgebietes der britischen Krone eindämmen. Es wurde im April 1949 als das »New Commonwealth« noch einmal reformiert und gilt seither als freiwillige, unabhängige politische Verbindung ehemaliger britischer Kolonien des einstigen Weltreiches mit seinem Mutterland – und als ein Staatenbund, der die Erinnerung an Großbritanniens einstige Position als führende Weltmacht mit Kolonien auf allen Kontinenten bis heute wach hält. Zu ihm gehören 54 Länder, die symbolisch die Treue zur Krone und die Anerkennung des jeweils amtierenden britischen Monarchen als Oberhaupt eint. Dieses »Commonwealth of Nations« ist aber auch ein sichtbarer Beleg dafür, dass die Briten am liebsten an ihren alten Traditionen und Verbindungen aus dem 19. Jahrhundert festhalten würden. Doch die Realität verlief anders: Als König Georg VI. im Jahr 1952 starb und seine Tochter Elizabeth II. ihm auf den Thron folgte, konnte sie den realen Verfall des alten britischen Kolonialreichs nicht mehr aufhalten. Während ihrer Herrschaft wurde auf der einen Seite zwar das »Commonwealth of Nations« als loser Staatenbund mit Leben gefüllt. Auf der anderen Seite jedoch erlosch spätestens mit der 1956 von den US-Amerikanern erzwungenen Aufgabe der britischen Kontrolle über den Suezkanal, dem wohl wichtigsten sichtbaren Symbol des britischen Weltreichs, endgültig die Rolle Großbritanniens als maritime Weltmacht.

Was ist also geblieben? Das, was vor über 500 Jahren mit einer Horde von Seefahrern und Freibeutern unter Queen Elizabeth I. begann und sich dank so genialer Seefahrer wie Sir Francis Drake, Sir John Hawkins, Sir Walter Raleigh, Lord George Rodney, James Cook, Horatio Nelson, Sir John Fisher, Sir David Beatty und vielen anderen hervorragenden Seeleuten zur bedeutendsten Marine der Welt entwickelt hatte, ist nach wie vor imposant. Die »Royal Navy« beschäftigt heute immer noch viele Tausend Menschen und ist mit ihren über 150 Kriegs- und Versorgungsschiffen nach wie vor eine der größten Marinen der Welt. Der Einfluss der »Royal Navy« auf die Entwicklung und Historie des Landes sowie dessen Identität – auch

Moderner Flugzeugträger der »Royal Navy« als Symbol britischer Seemacht

oder vielleicht gerade in der ganz normalen britischen Bevölkerung – ist für das Selbstverständnis des Inselvolkes noch immer von großer Bedeutung. Einige sehen sich zum Teil heute noch etwas verklärt als »leading nation of the world«. Zu dieser Sichtweise trägt auch das »Commonwealth of Nations« bei, das zwar ähnlich den Vereinten Nationen eine internationale Organisation ist, aber im Gegensatz dazu keine Weltpolitik betreibt. Die heutigen Aufgaben und Stärken dieses freiwilligen Staatenbundes liegen eher im kulturellen und entwicklungspolitischen Bereich. Das »Commonwealth« vermittelt Größe und »schmeichelt« der britischen Volksseele. Dabei dient es in der Realität vor allem dazu, die englische Sprache und das britische Bildungswesen in Übersee aufrechtzuerhalten. Dennoch hat sich Großbritannien auch etwas von seiner Weltmachtstellung bewahrt. In Deutschland und auch bei vielen anderen Staaten in Kontinentaleuropa hat sich das Image einer »Royal Navy« erhalten, die sich aufgrund ihrer weltweiten Verbindungen und Verpflichtungen immer irgendwo auf der Welt im Einsatz befindet. Deshalb werden zum Beispiel die neuesten und modernsten deutschen Marineeinheiten gerne auch für einige Zeit zur Erprobung in Richtung Britische Inseln geschickt, damit dort unter möglichst realen (Kriegs-)Bedingungen mit Einheiten der »Royal Navy« geprobt werden kann. Das hat sich tatsächlich bewährt.

Handels- und Wirtschaftsriese ohne militärische Kontinuität

Deutschland

Deutschland eine Seemacht? Es gibt Menschen, die ernsthaft behaupten würden, so etwas hätte es nie gegeben – und wird es auch nie geben. Doch bei Licht betrachtet, gab es in der langen deutschen Geschichte durch die Jahrhunderte hindurch neben zahllosen Kriegen mit oft wechselndem Ausgang, die zu erheblichen Verwerfungen in der Gesellschaft führten, auch immer Momente relativer Ruhe, in der Deutschland sich weiterentwickeln konnte. In der Vergangenheit gab es sogar mehrere Phasen deutscher Seemachtsbestrebungen, die die Weltgeschichte nicht unerheblich beeinflusst haben. Die erste war die Jahrhunderte dauernde Seemacht der Hanse – eine Verbindung mittelalterlicher Kaufleute und küstennah gelegener Städte rund um die Ostsee –, eine zweite die frühe Kolonialisierungsphase Brandenburgs in Guinea (Westafrika) im 17. Jahrhundert durch den brandenburgischen Kurfürsten Friedrich Wilhelm I. Nach der Entwicklung eines eigenen deutschen Nationalbewusstseins begann in der zweiten Hälfte des 19. Jahrhunderts das imperiale Streben Wilhelms II. nach Weltgeltung, dokumentiert durch den »Erwerb« kolonialer Besitzungen in Afrika und Asien. Zum Schutz dieser neu erworbenen überseeischen Gebiete musste schließlich eine Hochseeflotte entwickelt werden, die die kaiserliche Marine in kurzer Zeit zur zweitgrößten Marine der Welt heranwachsen ließ. Sie soll am Ende sogar einer der Auslöser des Ersten Weltkriegs gewesen sein. Gerade einmal 20 Jahre später begann der Zweite Weltkrieg und nach nur zwölf Jahren Regierungsgewalt der Nationalsozialisten (1933 bis 1945) war es mit dem »tausendjährigen Reich« wieder vorbei. Im Grunde war die Zeitspanne viel zu gering für den Neuaufbau einer deutschen Flotte von internationalem Format nach ihrer Internierung und Selbstversenkung im Jahr 1919 – zumal die Notwendigkeit einer starken Marine von den Verantwortlichen nicht erkannt wurde. Trotzdem wurde in kurzer Zeit mit dem Schlachtschiff BISMARCK das vielleicht beste Kriegsschiff der Welt sowie zahlreiche deutsche U-Boote gebaut, deren Schlagkraft und Qualität anerkannt waren. Das Image einer Qualität »Made in Germany« wirkt bis heute nach und prägt auch das internationale Bild der deutschen Bundesmarine.

Mitte des 12. Jahrhunderts, als sich niederdeutsche Kaufleute erstmals zur Gruppe der »Hanse« zusammenschlossen, waren viele der heutigen Handelsmetropolen noch vollkommen unbedeutend. Dagegen zählten Köln, Bremen, Hamburg, aber auch Antwerpen, Brügge und London sowie die im Jahr 1143 gegründete Stadt Lübeck, die spätere Hauptstadt des Hansebündnisses, zu den aufstrebenden Handelsplätzen Europas. Eine kleine Schar von Englandfahrern aus Köln war es dann auch, die sich 1157 in London vom englischen König ihr Handelsprivileg schriftlich bestätigen ließ. Die Entstehung der »Hanse« war wohl eine Schutzreaktion gegen die unsicheren Verhältnisse in Europa, speziell im Heiligen Römischen Reich. Sie war eine Art »Genossenschaft« unter Gleichen, die sich gegenseitig beistanden. So konnten auch die Kaufleute kleinerer Städte an dem lukrativen Handel teilhaben, denn was damals fehlte, war eine schützende Zentralgewalt. Die Zunahme von Piraterie und Straßenräuberei entlang der Haupthandelsrouten machte diese Schutzgemeinschaft überlebenswichtig.

Die deutschen Kaufleute und Abenteurer galten lange Zeit als die »Global Player« des Mittelalters. Mit großem Geschäftssinn und Pioniergeist gründeten sie ein für damalige Verhältnisse gigantisches Handelsnetzwerk mit Stadtgründungen, Handelsplätzen, Kontoren und Faktoreien. Der Mut, manchmal auch der Wagemut dieser Kaufleute, machte die Städte reich und sorgte für ihren Aufstieg. Die »Deutsche Hanse« war ein über weite Strecken unterschätztes Wirtschaftsimperium mit großer Handelsmacht. Diese Macht bedeutete auch politische Macht: gegenüber Stadtherren, Rittern, Fürsten, Bischöfen und Königen. »Stadtluft macht frei« hieß es schon damals. Trotz des lockeren Bündnisses dieser freien Bürger und Kaufleute der Kaufmannshanse, die 1356 in eine Hanse freier Städte überging, mussten neben Handelsaktivitäten zunehmend auch Kriege geführt werden, um sich zu behaupten. Mitte des 14. Jahrhunderts ging es zum Beispiel gegen Dänemark, weil es dessen Herrscher missfiel, dass die Hanse überall Fuß fasste. Die Hanse ging als Handelsbündnis – anfangs noch gänzlich ohne Kriegsschiffe – zunehmend auch militärisch gegen die Piraten vor. Im Jahr 1401 besiegte sie unter Führung der Stadt Hamburg den legendären Piraten Klaus Störtebeker und seine Vitalienbrüder.

Die Hanse wurde auch zum Vorbild für das heutige Europa. Über ein halbes Jahrtausend hinweg führte dieses Bündnis zu blühenden Städten, in denen freie Bürger sich selbst regierten. Die Kaufleute betrieben ein Weltreich mit Handelsverbindungen, die von Russland bis Spanien und von Venedig bis nach Island führten. Doch schon Ende des 14. Jahrhunderts stand die Wirtschaftsmacht an einem Wendepunkt – bedroht von einer immer stärker aufkommenden Piraterie, durch ausländische Konkurrenten und die wachsende Maßlosigkeit der eigenen Kaufleute. Der Machtverlust der Hanse begann mit dem zunehmenden Einfluss der regierenden Fürsten und Könige des Ostseeraums. Den hansischen Städten blieb nichts anderes übrig, als mit den immer einflussreicher werdenden Herrschern zu kooperieren und sich letztlich unterzuordnen. Ein weiterer Grund war die Entdeckung der Neuen Welt, durch die sich der dominierende Handel in

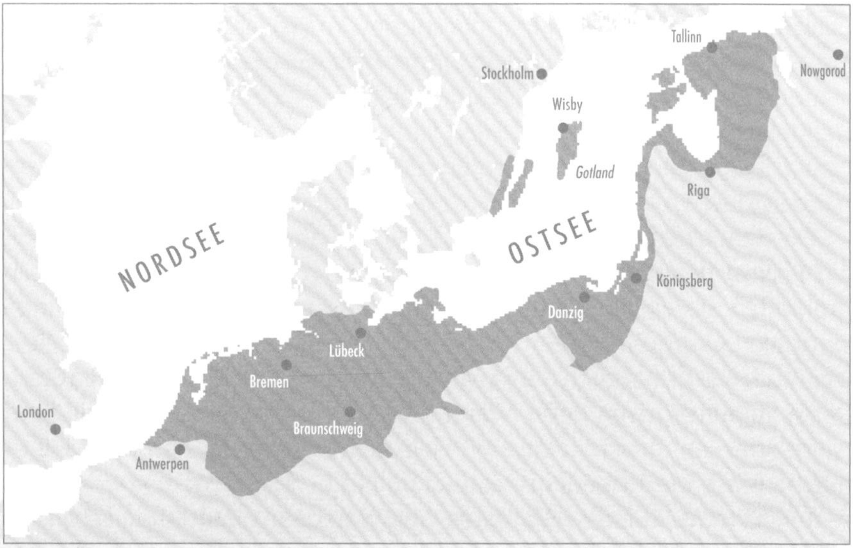

Ausdehnung der deutschen Hanse im 15. Jahrhundert

Nord- und Ostsee nun auf die überseeischen Gebiete Nordamerikas ausdehnte. Alte Handelsströme veränderten sich, wobei nicht etwa das Handelsvolumen der Hanse selbst zurückging. Vielmehr entstand mächtige Konkurrenz, zum Beispiel durch die Niederländer, die sich nach und nach breit machten. Damit wurde die Bedeutung der Hanse für die einzelnen Kaufleute und Hansestädte zunehmend geschwächt. Mit der Neuordnung Mitteleuropas nach dem Ende des Dreißigjährigen Krieges (1618 bis 1648) verloren die meisten Hansestädte alle ihre Privilegien – und damit letztlich auch ihre Existenzgrundlage. Das offizielle Ende der Hanse als Bündnis besiegelte 1669 der letzte Hansetag in Lübeck. Die Gastgeber konnten von einstmals 200 Mitgliedern nur noch die Vertreter aus Danzig, Bremen, Hamburg, Osnabrück, Hildesheim, Köln, Rostock und Braunschweig begrüßen. Die alles dominierende Seemacht des Mittelalters zerfiel.

Als eine »Laune der deutschen Geschichte« lassen sich die knapp 40 Jahre bezeichnen, in denen der große rote Adler, das Flaggensymbol der Marine des stolzen Kurfürstentums Brandenburg, über den Weltmeeren wehte (1675 bis 1711). Mit seinen insgesamt 32 Schiffen konnten der ehrgeizige Kurfürst Friedrich Wilhelm I. von Hohenzollern, der später auch der »Große Kurfürst« genannt wurde, und sein Sohn Friedrich III., der sich

Der rote Adler symbolisierte bis zum 18. Jahrhundert die Seemacht des Kurfürstentums Brandenburg.

1701 selbst zum König in Preußen krönte, im Grunde nie ernsthaft mit den führenden Seefahrtsnationen des 17. und 18. Jahrhunderts konkurrieren. Die kleine brandenburgische Flotte bestand anfangs gerade einmal aus zehn Schiffen, die der Kurfürst vom holländischen Kaufmann Benjamin Raule angemietet hatte. Der Traum Friedrich Wilhelms I. von einer eigenen Marine war dabei von Anfang an auch weniger militärisch geprägt als vielmehr von wirtschaftlicher Natur: Er suchte zeitlebens nach einem Weg, sein kleines Reich in Brandenburg weiter erblühen zu lassen. Für einige Zeit ging seine Rechnung sogar auf, denn die Vergrößerung der bisher bekannten Welt durch die »Entdeckung« Amerikas veränderte auch die Horizonte und Ansprüche der Herrscher in Europa. Die Schifffahrt, der Seehandel und der Besitz von Kolonien spielte in ihren Überlegungen eine immer wichtigere Rolle. Vor dem Hintergrund der verheerenden Folgen des Dreißigjährigen Krieges, die auch Jahrzehnte später noch zu spüren waren, sah Friedrich Wilhelm I. im Überseehandel – wie es die Niederländer bereits vorgemacht hatten – die große Chance, das vom Krieg geschundene Brandenburg wieder aufzurichten. Was dazu erforderlich war, waren eigentlich nur günstig gelegene Häfen, eine eigene Werft und vor allem die Schiffe. Zu Beginn fehlte ihm zur Erreichung dieser Ziele so ziemlich alles. Das Kurfürstentum hatte als Zugang zum Meer nur die Häfen Kolberg, Pillau vor Königsberg und Königsberg selbst. Alle Standorte waren für eine Handelsflotte jedoch denkbar ungeeignet. Der später so lukrative Überseehandel Brandenburgs begann daher zunächst im Hamburger Hafen, wo das Kurfürstentum eine kleine Faktorei unterhielt.

Im Sommer 1680 begann die erste brandenburgische Expedition nach Afrika, bei der der holländische Kaufmann und Reeder Benjamin Raule erneut eine wichtige Rolle spielte. Er war es auch, der offiziell die Verantwortung für den Aufbau der brandenburgischen Flotte bekam. Sein Auftrag lautete, an der Küste von Guinea Gold, Elfenbein, Getreide und Sklaven aufzunehmen und diese Waren den Portugiesen in Lissabon und in anderen Häfen »unter der Hand« anzubieten. Es gelang der Expedition im Mai 1681, an der »Goldküste« Afrikas einen Handelsvertrag mit den ansässigen Eingeborenenstämmen zu schließen, der beiden Seiten Exklusivität zusicherte. Zugleich erhielten die Brandenburger die Erlaubnis, in Guinea einen bewaffneten Handelsstützpunkt zu ihrem eigenen Schutz zu errichten. Aufgrund dieser Anfangserfolge wurde 1682 die Brandenburgisch-Afrikanische Compagnie (B.A.C.) gegründet. Sie war die erste deutsche Aktiengesellschaft und wurde im Auftrag des Kurfürsten ganz offiziell damit beauftragt, sich am gewinnbringenden Sklavenhandel zu beteiligen, den Briten und Franzosen wenige Jahre zuvor bereits perfektioniert hatten. Dieses Geschäft ging als »Atlantischer Dreieckshandel« zwischen Europa, Afrika und Nordamerika in die Geschichte ein.

In Havelberg nahe Berlin hatte der Kurfürst inzwischen eine eigene Werft einrichten lassen, die speziell für den (Kriegs-)Schiffbau vorgesehen war. Zudem erhielt er nach längeren Verhandlungen mit der Stadt Emden das Recht, deren Hafen zu nutzen. Diese Basis in der Nordsee lag bedeutend günstiger als Kolberg oder Pillau. Doch auch in Emden ließen sich keine großen Schiffe bauen. Friedrich Wilhelm I. kaufte bis 1684 zunächst zehn Schiffe, um den geplanten Seehandel voranzubringen. Parallel dazu holte er holländische Schiffbauer nach Brandenburg und ließ insgesamt 15 Schiffe nach dem Vorbild der damals führenden Schiffbaunation auf Kiel legen. In dieser Zeit entstand neben der schweren Fregatte FRIEDRICH WILHELM ZU PFERDE (1684) auch die FRIEDRICH III. (1688), deren Fertigstellung der Kurfürst aber nicht mehr erlebte – ebenso wenig wie die größten wirtschaftlichen Erfolge des Schiffbauprogramms und das unrühmliche Ende seines von Anfang an wohl hoffnungslosen Seemachtstrebens. Denn leider verfügte sein Sohn und Nachfolger Friedrich III., der spätere König in Preußen, nicht über das nötige Verständnis und Durchsetzungsvermögen, das für die Entwicklung der brandenburgischen Flotte und den überseeischen Handel erforderlich gewesen wäre. Statt Handels- oder Kriegsschiffe ließ er sich in Havelberg lieber eine Yacht und eine Prunkgaleere bauen, die für die ursprünglich gedachten Aufgaben der kurfürstlichen Flotte vollkommen ungeeignet waren. Trotz der beachtlichen Handelserfolge der kleinen brandenburgischen Flotte bis Ende des 17. Jahrhunderts wuchsen die Schiffsverluste und damit auch die Kosten ins Uferlose. Für die Verluste waren nicht nur Sturm und Schiffbruch verantwortlich, sondern vor allem andere Seemächte. Die sahen die Schiffe des kleinen Brandenburg als Freiwild an, die nur zu gerne gejagt und bei jeder Gelegenheit geentert wurden. Bereits 1695 musste deshalb der Schiffbau aus Kostengründen eingestellt werden. Mehr noch: 1711 entzog König Friedrich I. der »Königlich-Preußischen-Afrikanischen Compagnie« höchstpersönlich die Bewilligung zum Handel in Afrika. Das Vermögen der bis dahin so erfolgreichen Handelsgesellschaft wurde eingezogen. Damit war das Kapitel Seefahrt für Brandenburg-Preußen ebenso schnell wie endgültig beendet.

Danach wurde es für gut 150 Jahre recht still um die Seefahrt in Deutschland. Erst mit der Thronbesteigung des letzten deutschen Kaisers Wilhelm II. im Jahr 1888 änderte sich die Situation schlagartig. Nachdem Russland, die Vereinigten Staaten von Amerika und Japan ihre Flotten teilweise bereits Jahrzehnte zuvor aufgerüstet hatten, begann auch das 1871 gegründete Deutsche Kaiserreich mit der Aufrüstung seiner Flotte. Das wirtschaftlich enorm erfolgreiche, aber noch junge Deutsche Reich fühlte sich berechtigt, in gleicher Weise am weltweiten Handel teilzuhaben und »Weltpolitik« zu betreiben wie die direkten Nachbarn Frankreich und Großbritannien. Dazu gehörte die Aneignung von Kolonialgebieten in Afrika und Asien, aber auch der immer dringlicher werdende Schutz deutscher Interessen auf den Weltmeeren und die Sicherung der deutschen »Schutzgebiete«. Der 1906 einsetzende Wettbewerb zwischen Großbritannien und

Deutschland um die Vorherrschaft zur See führte zu einem Wettrüsten der beiden eng verwandten Nationen – und zur Entstehung der beiden größten militärischen Schiffsarsenale der Welt. Immerhin war die britische Königin Victoria, die damals über ein Weltreich mit einem Fünftel der Weltbevölkerung herrschte, seit 1840 durch eine einmalige Liebeshochzeit mit dem deutschen Prinzen Albert von Sachsen-Coburg und Gotha verbunden. Eine noch engere familiäre Verbindung zwischen den Königshäusern gab es durch die 1858 geschlossene Ehe von Kaiser Friedrich III. von Preußen mit Prinzessin Victoria Adelaide Mary Louise von Großbritannien und Irland, der ältesten Tochter der britischen Königin. Deren Sohn und spätere

Kaiser Wilhelm II. im Kreis seiner Familie. Ende des 19. Jahrhunderts waren Matrosenanzüge im Trend.

Kaiser Wilhelm II. war damit nicht nur der Enkel der »Mutter Europas«, die 1901 auf der Insel Wight in den Armen ihres Lieblingsenkels Wilhelm verstarb, sondern auch der Neffe von König Eduard VII. (bis 1910) und Vetter von dessen Nachfolger Georg V. Der Seekonflikt mit Großbritannien war im Grunde also ein »Familiendrama«.

Der Wunsch nach einer starken deutschen Flotte war im 19. Jahrhundert nicht wirklich neu: Schon die provisorische »Reichsregierung« hatte nach der deutschen Freiheitsrevolution von 1848/49 mit den Planungen für eine Nationalflotte begonnen – doch diese Bestrebungen verliefen später wieder im Sande. 50 Jahre später, Ende des 19. Jahrhunderts, hatten sich die Herausforderungen für Deutschland enorm verändert: Es gab eine starke internationale Konkurrenz in Wissenschaft und Technologie sowie einen harten Wettbewerb um einen gesicherten Anteil am Welthandel, speziell mit Großbritannien. Dieser enorm gestiegene Welthandel schien eine größere deutsche Flotte zwingend erforderlich zu machen. Eine starke Flotte wiederum versprach, die ohnehin schon große Wirtschaftskraft Deutschlands noch weiter zu stärken. Diese Gefahr sahen auch die Briten. Es war vermutlich der eigentliche Grund, weshalb England die deutsche Flottenrüstung unter Wilhelm II. immer stärker kritisierte, denn in den meisten wirtschaftlichen Bereichen hatte Deutschland das industrielle Mutterland England längst überholt. Deutschland produzierte deutlich mehr als Großbritannien, und der Zuwachs an Wirtschaftskraft lag bis zum Ersten Weltkrieg bei einem Verhältnis von drei zu eins. Das hatte natürlich Auswirkungen. Aus deutscher Sicht gab es für den als notwendig erachteten Bau einer Hochseeflotte mehrere Gründe, die nachvollziehbar waren und zudem noch einen defensiven Charakter hatten: Neben dem Schutz der deutschen Fischerei im küstennahen Raum, die immer wieder, auch in deutschen Hoheitsgewässern, von britischen Fischern bedrängt und am Fischfang gehindert wurden, lag ein wichtiger Schwerpunkt im notwendigen Schutz des deutschen Welthandels. Gerade die Briten waren durch ihre zahlenmäßig überlegene Flotte in der Lage, bei Bedarf den deutschen Handel auf den Weltmeeren zu unterstützen, zu dulden, zu behindern oder ganz zu unterbinden. Als wohl überraschendstes Argument brachte Wilhelm II. als Ziel die militärische Bündnisfähigkeit mit Großbritannien ins Spiel, was schlicht politische Gründe hatte. Mit einer respektablen Flotte wollte der Kaiser mit den Briten zu einer Partnerschaft auf Augenhöhe kommen. In einem Ende des Jahres 1908 veröffentlichten Interview offenbarte er in der britischen Zeitung »Daily Telegraph«:

»Es mag sogar sein, daß selbst England einmal froh sein wird, daß Deutschland eine Flotte hat, wenn sie beide zusammen gemeinsam auf derselben Seite in den großen Debatten der Zukunft ihre Stimmen erheben werden.«

Auch der 1898 gegründete Deutsche Flottenverein zeigte die positive Einstellung der Menschen. Dank vielfältiger Propaganda gewann der Verein über eine Million Mitglieder. Die Begeisterung der Menschen für die Flotte war echt – und die Leidenschaft für die Marine ein nationaldeutsches Phänomen, das der Kaiser mit seiner Losung »Unsere Zukunft liegt auf dem Wasser« noch einmal deutlich machte. In England wurde das Erstarken einer deutschen Flotte in der Öffentlichkeit dagegen von Anfang an als militärische Bedrohung dargestellt, obwohl sie dies in Wahrheit gar nicht war. Mit Blick auf den Wettstreit beider Länder und auf das Potenzial, das eine erstarkte deutsche Seemacht tatsächlich bot, fühlten sich die Briten am Ende dann auch weniger durch die Flotte als vielmehr durch die zunehmende deutsche Handelsmacht bedroht. Die Propaganda auf der Insel sorgte für eine derartig antideutsche Stimmung, dass im Jahr 1917 der Name der königlichen Herrscherfamilie offiziell in »Haus Windsor« geändert wurde – benannt nach einem kleinen Ort im Südwesten von London. Damit hatte die Königsfamilie ihre deutschen Wurzeln aus den Herrscherhäusern Sachsen-Coburg-Gotha, Hohenzollern und Hannover schlicht aus der britischen Historie verbannt.

Von der Flottenstärke her war es für die Deutschen objektiv betrachtet vollkommen unrealistisch, mit den Briten gleichzuziehen. Während diese aufgrund ihrer Position als bestehende Weltmacht der Auffassung waren, die Größe der eigenen Flotte – damals die größte der Welt – müsste mindestens so groß sein wie die Stärke der beiden nachfolgenden Marinenationen zusammen, war die deutsche Philosophie gänzlich anders. Die deutsche Flotte dagegen sollte jedem Gegner das unwägbare Risiko vor Augen führen, im Konfliktfall mit einer Niederlage rechnen zu müssen. Beim Ausbruch des Ersten Weltkriegs im Jahr 1914 hatte die deutsche Kriegsmarine über 40 Schlachtschiffe und 57 Kreuzer im Einsatz, während die »Royal Navy« weltweit auf mehr als 64 Schlachtschiffe und 121 Kreuzer zurückgreifen konnte. Während des Krieges fand dann tatsächlich auch einige Male ein Kräftemessen statt – insbesondere während der berühmten Skagerrak-Schlacht im Jahr 1916. Doch das Ergebnis war eine Pattsituation, die den weiteren Verlauf des Krieges nicht beeinflusste. Für die kleinere deutsche Flotte war die Tatsache, in der größten Seeschlacht aller Zeiten gegen die größte Flotte der Welt angetreten und nahezu unbeschadet davongekommen zu sein, vor allem ein großer moralischer Sieg. Während die deutsche Seite »erhobenen Hauptes« davonziehen konnte, war das ergebnislose Gefecht eine schwere Schlappe für die britische Admiralität, die noch weit über das Kriegsende hinaus schmerzte. Schließlich hatte dieses Gefecht gezeigt, wie gefährlich die deutsche Hochseeflotte der »Royal Navy« werden konnte. Deshalb mühten sich die britischen Verantwortlichen nach Kriegsende nach Kräften, die deutsche Hochseeflotte in ihre Hände zu bekommen, was am Ende auch gelang. Die Briten konnten gegenüber den Alliierten während der Friedensverhandlungen von Versailles ab Herbst 1918 die Internierung der gesamten deutschen Flotte in den schottischen Seehafen Scapa Flow durchsetzen. Genützt hat es ihnen aber nichts, denn die auf den Schiffen verbliebenen deutschen Soldaten versenkten dort am 21. Juni 1919 auf Befehl von Admiral Ludwig von Reuter die gesamte deutsche Flotte selbst, um sie vor dem Zugriff und der Nutzung durch die Briten zu bewahren.

Modernste Versorgungsschiffe der deutschen Marine: Einsatzgruppenversorger (EGV) für weltweite Operationen

Heute zählt Deutschland als vielfacher Exportweltmeister längst zu den führenden Handelsnationen der Welt. Politisch fest in den Westen integriert, sind die wechselseitigen Abhängigkeiten im Vergleich zur Vergangenheit eher noch gestiegen – nicht zuletzt auch durch die Auswirkungen der Globalisierung mit ihren weltweiten Warenströmen und Handelsinteressen. Die Aufgaben und Herausforderungen sind groß. Deutschland befindet sich jedoch gegenwärtig noch auf der Suche nach seinem politischen wie auch militärischen Platz in der Welt.

↑ Die berühmte Sonnenbarke des Pharaos Cheops (2604 bis 2581 v. Chr.) aus der Epoche des Alten Reichs, aufgenommen in dem südlich der Cheops-Pyramide gelegenen Museum. Die 1954 gefundenen Einzelteile dieses über 40 Meter langen Totenschiffs wurden restauriert und anschließend zusammengesetzt. (Foto: Berthold Werner)

↑ Detail einer altägyptischen Wandmalerei von der Expedition nach Punt zur Zeit der Regentschaft der Pharaonin Hatschepsut (1479 bis 1458 v. Chr.) aus der Epoche des Neuen Reichs.

(Foto: Hans Bernhard)

← Historische Darstellung mit drei horizontalen christlichen Themen. Im unteren Segment erobern Kreuzfahrer die Stadt Byzanz so grausam, dass Blut aus dem Stadttor fließt (England, um 1200 n. Chr.).

ORBIS TERRARVM TYPVS DE INTEGRO
EUROPA
Polus Arcticus
Circulus Arcticus
AMERICA
MEXICANA
Tropicus Cancri
Circulus Aequinoctialis
OCEANVS
PERUVIA
Tropicus Capricorni
EL MAR PACIFICO
TERRA AUSTRALIS
MAGAL LA NICA
Circulus Antarcticus
Polus Antarcticus
MEXICANA
PERUANA

LTIS IN LOCIS EMENDATUS auctore Petro Plancio 1594.
ASIA
Polus Arcticus
OCEANUS TARTARICUS
JAPAN
Aequinoctialis
Aequator
MAGALLANICA
TERRA AUSTRALIS
Circulus Antarcticus
Polus Antarcticus
AFRICA

← Der Kampf von Mehmed II. um Konstantinopel im Jahr 1453. Er ließ seine Schiffe über Land transportieren, um die Seeabsperrungen der Byzantiner zu umgehen. Sein Sieg bedeutete das endgültige Ende des Kaiserreichs Byzanz.

← Ölgemälde von George Gower (um 1590); es zeigt Englands Queen Elizabeth I., die – als Symbol für ihren neuen Herrschaftsanspruch zur See – ihre Hand auf die Erdkugel legt.

← Beispiel für die herausragenden Seekarten aus der Feder von Petrus Plancius, die die Niederländer zur führenden Seemacht werden ließ (Orbis Terrarum, 1594).

↑ Erste siegreiche Seeschlacht der Russen gegen die Osmanen in der Bucht von Çeşme, Westtürkei. Sie endete im Jahr 1770 mit der totalen Vernichtung der osmanischen Flotte (Öl, Iwan Aiwasowski 1848).

↑ Idealisiertes Bild der kurbrandenburgischen Flotte mit dem Flaggschiff »Friedrich Wilhelm zu Pferde« auf dem Höhepunkt ihrer Existenz; Ölgemälde des niederländischen Malers Lieve Pietersz Verschuier 1684.

↑ Zeitgenössisches Gemälde von Phillips Melville. Es hält den Augenblick fest, als am 16. November 1776 der vor der Karibikinsel St. Eustatius ankernden ANDREW DORIA salutiert wurde. Dieser erste Salut einer fremden Macht – hier einer niederländischen Kolonie – gegenüber einem unter der Flagge des Amerikanischen Nationalkongresses segelnden Kriegsschiff gilt als die erste internationale Anerkennung der Souveränität der USA.

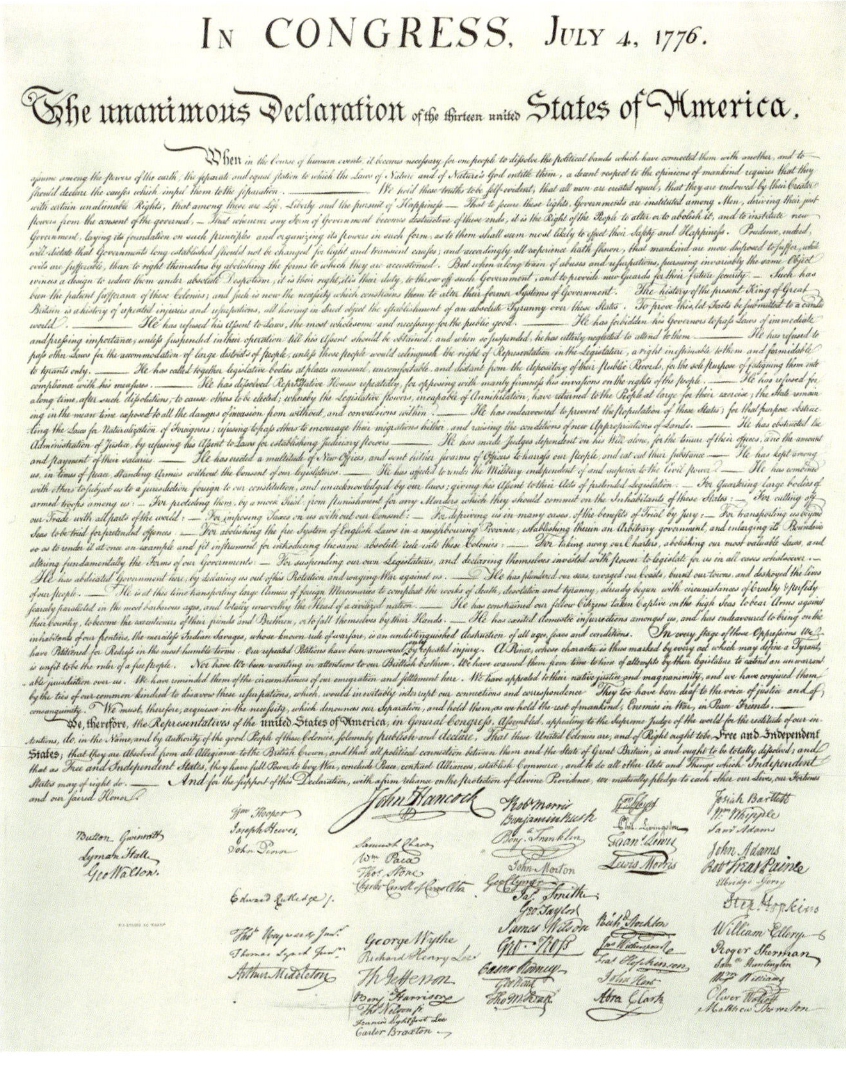

IN CONGRESS, JULY 4, 1776.

The unanimous Declaration of the thirteen united States of America,

When in the Course of human events, it becomes necessary for one people to dissolve the political bands which have connected them with another, and to assume among the powers of the earth, the separate and equal station to which the Laws of Nature and of Nature's God entitle them, a decent respect to the opinions of mankind requires that they should declare the causes which impel them to the separation. — We hold these truths to be self-evident, that all men are created equal, that they are endowed by their Creator with certain unalienable Rights, that among these are Life, Liberty and the pursuit of Happiness. — That to secure these rights, Governments are instituted among Men, deriving their just powers from the consent of the governed, — That whenever any Form of Government becomes destructive of these ends, it is the Right of the People to alter or to abolish it, and to institute new Government, laying its foundation on such principles and organizing its powers in such form, as to them shall seem most likely to effect their Safety and Happiness. Prudence, indeed, will dictate that Governments long established should not be changed for light and transient causes; and accordingly all experience hath shewn, that mankind are more disposed to suffer, while evils are sufferable, than to right themselves by abolishing the forms to which they are accustomed. But when a long train of abuses and usurpations, pursuing invariably the same Object evinces a design to reduce them under absolute Despotism, it is their right, it is their duty, to throw off such Government, and to provide new Guards for their future security. — Such has been the patient sufferance of these Colonies; and such is now the necessity which constrains them to alter their former Systems of Government. The history of the present King of Great Britain is a history of repeated injuries and usurpations, all having in direct object the establishment of an absolute Tyranny over these States. To prove this, let Facts be submitted to a candid world. — He has refused his Assent to Laws, the most wholesome and necessary for the public good. — He has forbidden his Governors to pass Laws of immediate and pressing importance, unless suspended in their operation till his Assent should be obtained; and when so suspended, he has utterly neglected to attend to them. — He has refused to pass other Laws for the accommodation of large districts of people, unless those people would relinquish the right of Representation in the Legislature, a right inestimable to them and formidable to tyrants only. — He has called together legislative bodies at places unusual, uncomfortable, and distant from the depository of their Public Records, for the sole purpose of fatiguing them into compliance with his measures. — He has dissolved Representative Houses repeatedly, for opposing with manly firmness his invasions on the rights of the people. — He has refused for a long time, after such dissolutions, to cause others to be elected; whereby the Legislative powers, incapable of Annihilation, have returned to the People at large for their exercise; the State remaining in the mean time exposed to all the dangers of invasion from without, and convulsions within. — He has endeavoured to prevent the population of these States; for that purpose obstructing the Laws for Naturalization of Foreigners; refusing to pass others to encourage their migrations hither, and raising the conditions of new Appropriations of Lands. — He has obstructed the Administration of Justice, by refusing his Assent to Laws for establishing Judiciary powers. — He has made Judges dependent on his Will alone, for the tenure of their offices, and the amount and payment of their salaries. — He has erected a multitude of New Offices, and sent hither swarms of Officers to harrass our people, and eat out their substance. — He has kept among us, in times of peace, Standing Armies without the Consent of our legislatures. — He has affected to render the Military independent of and superior to the Civil power. — He has combined with others to subject us to a jurisdiction foreign to our constitution, and unacknowledged by our laws; giving his Assent to their Acts of pretended Legislation: — For Quartering large bodies of armed troops among us: — For protecting them, by a mock Trial, from punishment for any Murders which they should commit on the Inhabitants of these States: — For cutting off our Trade with all parts of the world: — For imposing Taxes on us without our Consent: — For depriving us in many cases, of the benefits of Trial by Jury: — For transporting us beyond Seas to be tried for pretended offences — For abolishing the free System of English Laws in a neighbouring Province, establishing therein an Arbitrary government, and enlarging its Boundaries so as to render it at once an example and fit instrument for introducing the same absolute rule into these Colonies: — For taking away our Charters, abolishing our most valuable Laws, and altering fundamentally the Forms of our Governments: — For suspending our own Legislatures, and declaring themselves invested with power to legislate for us in all cases whatsoever. — He has abdicated Government here, by declaring us out of his Protection and waging War against us. — He has plundered our seas, ravaged our Coasts, burnt our towns, and destroyed the lives of our people. — He is at this time transporting large Armies of foreign Mercenaries to compleat the works of death, desolation and tyranny, already begun with circumstances of Cruelty & perfidy scarcely paralleled in the most barbarous ages, and totally unworthy the Head of a civilized nation. — He has constrained our fellow Citizens taken Captive on the high Seas to bear Arms against their Country, to become the executioners of their friends and Brethren, or to fall themselves by their Hands. — He has excited domestic insurrections amongst us, and has endeavoured to bring on the inhabitants of our frontiers, the merciless Indian Savages, whose known rule of warfare, is an undistinguished destruction of all ages, sexes and conditions. In every stage of these Oppressions We have Petitioned for Redress in the most humble terms: Our repeated Petitions have been answered only by repeated injury. A Prince, whose character is thus marked by every act which may define a Tyrant, is unfit to be the ruler of a free people. Nor have We been wanting in attentions to our Brittish brethren. We have warned them from time to time of attempts by their legislature to extend an unwarrantable jurisdiction over us. We have reminded them of the circumstances of our emigration and settlement here. We have appealed to their native justice and magnanimity, and we have conjured them by the ties of our common kindred to disavow these usurpations, which, would inevitably interrupt our connections and correspondence. They too have been deaf to the voice of justice and of consanguinity. We must, therefore, acquiesce in the necessity, which denounces our Separation, and hold them, as we hold the rest of mankind, Enemies in War, in Peace Friends. —

We, therefore, the Representatives of the united States of America, in General Congress, Assembled, appealing to the Supreme Judge of the world for the rectitude of our intentions, do, in the Name, and by Authority of the good People of these Colonies, solemnly publish and declare, That these United Colonies are, and of Right ought to be Free and Independent States; that they are Absolved from all Allegiance to the British Crown, and that all political connection between them and the State of Great Britain, is and ought to be totally dissolved; and that as Free and Independent States, they have full Power to levy War, conclude Peace, contract Alliances, establish Commerce, and to do all other Acts and Things which Independent States may of right do. — And for the support of this Declaration, with a firm reliance on the protection of divine Providence, we mutually pledge to each other our Lives, our Fortunes and our sacred Honor.

John Hancock

Button Gwinnett, Lyman Hall, Geo Walton.

Wm Hooper, Joseph Hewes, John Penn

Edward Rutledge, Thos Heyward Junr, Thomas Lynch Junr, Arthur Middleton

Samuel Chase, Wm Paca, Thos Stone, Charles Carroll of Carrollton

George Wythe, Richard Henry Lee, Th Jefferson, Benj Harrison, Thos Nelson jr, Francis Lightfoot Lee, Carter Braxton

Robt Morris, Benjamin Rush, Benj Franklin, John Morton, Geo Clymer, Jas Smith, Geo Taylor, James Wilson, Geo Ross

Caesar Rodney, Geo Read, Tho M:Kean

Wm Floyd, Phil Livingston, Frans Lewis, Lewis Morris

Richd Stockton, Jno Witherspoon, Fras Hopkinson, John Hart, Abra Clark

Josiah Bartlett, Wm Whipple, Saml Adams, John Adams, Robt Treat Paine, Elbridge Gerry, Step Hopkins, William Ellery, Roger Sherman, Sam el Huntington, Wm Williams, Oliver Wolcott, Matthew Thornton

Historischer Nachdruck der Originalurkunde der Unabhängigkeitserklärung der Vereinigten Staaten von Amerika, mit der die 13 abtrünnigen britischen Kolonien Nordamerikas am 4. Juli 1776 formell ihre Loslösung vom Mutterland Großbritannien und ihr Recht verkündeten, einen eigenen unabhängigen Staatenbund zu gründen. Unterzeichnet wurde die Urkunde von insgesamt 56 Delegierten der vormaligen 13 Kolonien.

Als späte Seemacht lange Zeit unterschätzt

Russland

Der Beginn des russischen Weges zur Seemacht begann erst vor gut 300 Jahren – also mehr als 100 Jahre nach dem Sieg der Engländer gegen die spanische Armada, der den Beginn der britischen Seemacht markierte. Erst unter Peter dem Großen aus dem Hause Romanow, der 1689 als Zar an die Macht kam, begann das bäuerlich geprägte Russland in kleinen Schritten, sich an den fortschrittlichen europäischen Großmächten zu orientieren und eine eigene Seefahrtstradition zu entwickeln. Dieser vergleichsweise späte Zeitpunkt ist wirklich überraschend. Denn dieses Land, das gegen Mitte des 19. Jahrhunderts seine größte Ausdehnung erreichte und seither das flächenmäßig größte Land der Erde ist, hat mit fast 38.000 Kilometern eine unendlich lange Küste – vom Norden Europas bis in den pazifischen Raum hinein. Daher gäbe es ausreichend Anlass zur Annahme, Russland müsste auch über eine alte, wenn nicht gar über die größte und traditionsreichste Marine der Welt verfügen. Doch das ist nicht der Fall. Ganz im Gegenteil!

Der europäische Teil Russlands entstand vor über 1.100 Jahren im finnisch-baltischen Bereich und bestand anfangs aus verschiedenen ostslawischen Völkern, die unter dem Wikingerkönig Rurik im neunten Jahrhundert n. Chr. erstmals vereint wurden. Von ihm erhielten sie ihren neuen Namen »Rus« und gründeten mit dem »Reich von Kiew« das erste ostslawische Großreich, das sich nur wenige Jahrzehnte später formte. Das Land der Rus(sen) war dabei von Anfang an ein Vielvölkerstaat – und trotz seiner Größe auf der riesigen eurasischen Landmasse ein reines Binnenland ohne direkte Seeanbindung. Zur Slawenzeit gab es deshalb nur wenige verfügbare Schiffseinheiten, die zwar wendig und seetüchtig waren, aber nur auf Flüssen zum Einsatz kamen. Vor diesem Hintergrund wird verständlich, warum das russische Selbstbild von einer Agrar- und Landmacht lange Zeit seine Gültigkeit behielt – vielleicht sogar viel länger als es nötig gewesen wäre: in erster Linie sicher wegen seiner enormen Landfläche, die schon damals der Größe Westeuropas entsprach. Trotz Expansion hatte das russische Riesenreich so gut wie keine günstigen Zugangsmöglichkeiten zur Hochsee. Damit waren die Voraussetzungen zur Entwicklung einer eigenständigen Marine im Vergleich zu Spanien, Portugal oder England gänzlich anders. Eine größere Marine zum Schutz des noch weitgehend fehlenden Überseehandels war lange Zeit auch gar nicht notwendig gewesen. Russland konzentrierte sich deshalb auf sich selbst und definierte sich im Grunde von Anfang an über die unendliche Weite seiner Landmassen. Aus historischer Sicht war das in den wichtigsten Konflikten der letzten Jahrhunderte auch ein entscheidender Vorteil – etwa gegen die Schweden, gegen das napoleonische Frankreich sowie im Verlauf des Zweiten Weltkriegs gegen die Deutschen und deren Verbündete. Die politische Einsicht für die Notwendigkeit einer starken Marine entstand daher erst spät im Verlauf des 19. Jahrhunderts. Doch warum?

Vor gut 1.000 Jahren begann im eher verschlossenen Russland unter Wladimir dem Heiligen (980 bis 1015) die Christianisierung und die zeitgleiche Öffnung nach Westen. Als Mitte des 12. Jahrhunderts das Riesen-

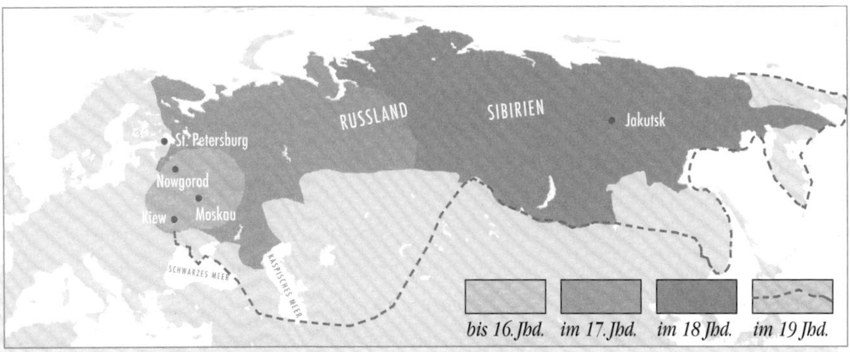

Ausdehnung Russlands im Zeitverlauf

reich von Kiew zerfiel und die Epoche der russischen Fürsten- und Großfürstentümer begann, konnten sich nur wenige Zentren aus eigener Kraft halten. Neben Kiew selbst gehörte dazu auch die Stadt Nowgorod, die sich vor allem durch ihre intensiven Handelskontakte zu ausländischen Kaufleuten und zur »Deutschen Hanse« behaupten konnte. Mitte des 13. Jahrhunderts häuften sich die Überfälle mongolischer Reiterscharen unter ihrem Anführer Dschingis Khan. Es gelang ihnen, das Land der Rus zu unterjochen, wodurch weite Teile Russlands in die Steinzeit zurückfielen. Erst 1472 gelang es Iwan III., Russland von der Mongolenherrschaft zu befreien. Er erklärte sich daraufhin selbst zum Herrscher aller »Reussen« und machte deutlich, dass er sich in der direkten Nachfolge des wenige Jahre zuvor untergegangenen Kaisertums von Byzanz sah, dessen religiöse christlich-orthodoxe Grundlagen von ihm ebenfalls übernommen wurden. Sein Sohn nannte sich in Anlehnung an die altrömische Herrscherbezeichnung »Caesar« erstmals Zar und ließ als sichtbaren Beweis seiner Macht den Kreml in Moskau zu einem Herrschaftssitz ausbauen. 1547 bestieg Iwan IV. den Thron und begründete damit das Russische Zarenreich, das aus dem Großfürstentum entstand. Iwan IV. erwarb sich durch seine Schreckensherrschaft und Brutalität im Umgang mit anders Denkenden den Beinamen »der Schreckliche«. Doch er hatte auch begonnen, das riesige Reich zu modernisieren. 1613 war die Herrschaft der Ruriken, zu dessen Stamm auch Iwan der Schreckliche gehörte, dann endgültig zu Ende – und mit Michail Fjodorowitsch Romanow, auch Michail I. genannt, begann die Dynastie der Romanows, die erst 300 Jahre später zu Ende ging. Nach der schmerzhaften Überwindung der Mongolenherrschaft, die große Teile der russischen Bevölkerung das Leben kostete und das Land über Jahrhunderte völlig isoliert und rückständig gemacht hatte, sahen die Verantwortlichen für die Erholung ihres Landes nur eine echte Chance: die Öffnung nach Westen.

Deshalb kämpfte das Zarenreich seit dem 16. Jahrhundert nicht nur gegen seine alten Feinde im Osten – die wilden Tartarenvölker an der Wolga, im Baltikum und an der Krim, deren Unterwerfung den Russen später den freien Landzugang nach Sibirien, Persien und Zentralasien sicherte –, sondern auch um einen nutzbaren Zugang gen Westen und zum Meer. Die Barentssee im Norden kam wegen ihrer fast ganzjährigen Vereisung als Option nicht in Frage. Und so standen nur die Ostsee und das Schwarze Meer als Alternativen zur Verfügung. Während im Süden die Türken den Weg versperrten, stand den Russen im Norden die damalige Großmacht

Schweden gegenüber, die zudem mit den Polen im Westen verbündet war. Überhaupt legten die Polen im Verlauf des 17. Jahrhunderts durch zahlreiche Kriege und Gräueltaten, der Besetzung Moskaus und ihrem umstrittenen Anspruch auf den russischen Thron die Grundlage für eine Feindschaft, die bis heute nachwirkt. 1617 hatten zunächst die offensiven Schweden das eher schwache und militärisch uneinige Russland in einem ungleichen Friedensvertrag, dem Frieden von Stolbova, gezwungen. Darin mussten sie auf weite Gebiete im Nordwesten von Karelien bis hin zum Finnischen Meerbusen verzichten – und damit auch auf den bisher einzigen eisfreien Zugang Russlands zum offenen Meer. Zusätzlich gingen weitere Teile Westrusslands an die Allianz von Polen und Litauen verloren.

Der russische Doppeladler wurde 1547 als Symbol des neuen russischen Zarentums vom Kaiserreich Byzanz übernommen.

Unter den ersten beiden Zaren der Romanows, Michail (1613 bis 1645) und dessen Sohn Aleksej (1645 bis 1676), wurden die Rechte des Landadels und der Städte gestärkt. Doch vor allem Fehlentwicklungen wie die Zunahme der Leibeigenschaft machte die Bauern ab 1649 vollends zu rechtlosen Sklaven – und das mit Gesetzen, die im Wesentlichen bis ins 19. Jahrhundert hinein gültig blieben. Soziale Konflikte, fliehende Bauern, große Bauernaufstände sowie anhaltende Unruhen im ganzen Land waren die Folge. In dieser Zeit rebellierte selbst die orthodoxe Kirche, wenn auch aus ganz anderen Gründen. Immerhin gelangen Russland im Krieg gegen Polen-Litauen (1654 bis 1667) mit der Rückeroberung von Smolensk und der Ukraine einschließlich der Stadt Kiew erste militärische Erfolge. Unter Alexejs Sohn und Nachfolger Fjodor III. führte Russland den ersten erfolgreichen Krieg gegen das Osmanische Reich (1677 bis 1681), dem noch acht weitere russisch-türkische Kriege folgen sollten. Inoffiziell regierte jedoch Sophia, die Tochter von Zar Alexej I. »dem Sanftmütigen«, für ihren unfähigen Bruder Fjodor III., später ab 1682 auch für Iwan V. sowie für ihren Halbbruder Peter »den Großen«, der sich anfangs mit Iwan V. den Thron teilte.

Erst 1689 kam er als Zar Peter I. vollends an die Macht, nachdem er seine Halbschwester Sophia in ein Kloster verbannen ließ. Seine 43-jährige Regentschaft wurde zu einem Wendepunkt in der Geschichte Russlands – und der Beginn eines blühenden Zeitalters. In den sieben Jahren zuvor aber hatte der junge Zar noch viel Zeit, Vergnügungen jeder Art nachzugehen, denn offiziell hielt ja noch seine Halbschwester Sophia als Regentin die Fäden in der Hand. Daher besuchte Peter I. häufig und gerne die sogenannte »Deutsche Vorstadt« in Moskau (Nemezkaja Sloboda im Stadtteil Lefortowo), was ihm natürlich viel Kritik einbrachte. Denn dass ein russischer Zar in der Ausländersiedlung ein- und ausging, bedeutete unter den damaligen Gegebenheiten einen nie dagewesenen Bruch mit der Tradition. Doch genau hier erkannte, sah und erlebte Peter I. als einer der Ersten, wie sehr die Zeit in Russland tatsächlich stehen geblieben war. Durch den engen Kontakt mit den deutschstämmigen Bewohnern der Siedlung wurde ihm Ende des 17. Jahrhunderts klar, wie sehr seine Landsleute den Ausländern bei der technischen Entwicklung, aber auch bei Bildung, Kultur und handwerklichen Fertigkeiten unterlegen waren. Der russische Zar ließ sich in der Vorstadt sogar ein Haus errichten und traf sich hier regelmäßig mit westlichen Wissenschaftlern, Diplomaten und Kaufleuten. Von denen erfuhr er unter anderem, dass eine moderne Großmacht nicht nur den geistigen und kulturellen Austausch mit anderen Staaten brauchte, sondern vor allen Dingen den Außenhandel.

Dort lernte er unter anderem den Schweizer François Le Fort kennen, der ihm später beim Aufbau seiner Kriegsflotte half und sogar Admiral wurde. Durch seine Beziehungen zur Ausländervorstadt erhielt Peter I. wichtige Eindrücke von der damaligen westeuropäischen Lebensweise. Der Schweizer erzählte ihm von fremden Ländern, ihren Merkwürdigkeiten und ihrer hohen Kultur. Begeistert wollte der junge Zar immer mehr erfahren. Schon damals entstand sein großer Traum, Russland in einer ähnlichen Form zu entwickeln und zu kultivieren. Peter lernte die deutsche und holländische Sprache und schloss Freundschaft mit dem Kaufmann Franz Timmermann, mit dessen Hilfe er sich im Umgang mit nautischen Geräten und auch im Segeln üben konnte. Schon seit seiner Kindheit hatte sich Peter für Segelboote interessiert. Jetzt erwachte die große Leidenschaft des Zaren für die

Schifffahrt und Navigation. Durch einen Zufall entdeckte er 1688 auf dem Gut seines Großvaters Nikita Iwanowitsch Romanow ein altes englisches Boot, das ihm der holländische Schiffbauer Karsten Brant 1691 reparierte. Es wurde zum ehrwürdigen »Großvater der russischen Flotte«. Mit diesem Schiff unternahm Peter I. seine erste Seereise nach Archangelsk, die endgültig seine Begeisterung für Boote, Schiffe und die Seefahrt weckte. Von nun an träumte der Zar nur noch von einem eigenen Hafen für Russland und von Plänen zum Aufbau einer schlagkräftigen Armee.

Um die maritime Position Russlands zu verbessern, musste Peter neue Küstenplätze für sein Land gewinnen. Der einzige vorhandene Zugang dieser Zeit war hoch im Norden am Weißen Meer bei Archangelsk, denn die Ostsee wurde noch immer von den Schweden kontrolliert, während das Osmanische Reich das Schwarze Meer beherrschte. Peter I. ließ sich nun von befreundeten Schiffsbauern aus Holland zwei Fregatten und drei Yachten bauen. Sie bildeten später die Grundlage der künftigen russischen Seemacht. Und er segelte erneut nach Archangelsk. Denn dort traf sich, wenn das Eis für wenige Wochen passierbar geworden war, eine Flotte aus halb Europa. Engländer, Holländer, Deutsche und auch Skandinavier kamen hierher, um mit Pelzen, Getreide und anderem zu handeln. In mehrmonatigen Aufenthalten lernte der Monarch hier am Weißen Meer die Hochseefischerei und den Handelshafen von Murmansk kennen. 1693 gründete Peter I. auf der Insel Solombala nahe der Stadt Archangelsk eine erste eigene Schiffswerft, auf der 1694 das erste russische Handelsschiff ST. PAUL gebaut wurde. Archangelsk gilt daher bis heute als »Seetor Russlands«, das dem Land den ersehnten Handelsweg nach Europa eröffnete. Hier wurde auch zum ersten Mal die dreifarbige russische Fahne am Mast eines Schiffes gehisst, die aus drei gleich großen horizontalen Streifen besteht: oben weiß, in der Mitte blau und unten rot. Als Vorbild diente ursprünglich die Flagge der Niederlande, wobei die drei Farben später auch zu Symbolen der drei ostslawischen Völker im russischen Zarenreich wurden: Weiß für die Weißrussen, Blau für die Kleinrussen und Rot für die Großrussen. Die weiße Farbe symbolisiert dabei die Freiheit, die blaue Farbe die Mutter Gottes als Patronin Russlands sowie die rote Farbe die Macht der Zaren. Sie wurde bis zur Oktoberrevolution 1917 verwendet. Peter der Große stiftete seinem Land aber noch eine andere Flagge: die sogenannte »Imperiale Flagge Russlands«. Sie besteht aus einem blauen Andreaskreuz auf weißem Grund. Diese Flagge wurde seit jeher alternativ zur Trikolore verwendet und ist heute die offizielle Flagge der Kriegsmarine.

Der Bau einer Flotte wurde zu einem der wichtigsten Ziele des jungen Zaren. Doch bevor er sich an den Aufbau seiner Flotte machte, sollte noch ein anderes wichtiges Ziel erreicht werden: der freie Zugang zum Meer. Im Jahr 1695 griff russische Infanterie auf Befehl des Zaren die am Schwarzen Meer gelegene türkische Hafenstadt Asow an. Durch deren Eroberung wollte Peter I. sich einen Seeweg zum Mittelmeer sichern. Doch den Türken gelang es, den Angriff abzuwehren. Nur auf dem Landweg allein war Asow nicht zu erobern. Das erkannte auch Peter I. und änderte seine bisherige Strategie, indem er den sofortigen Bau einer kleinen, modernen Kriegsflotte befahl. Schiffsbauer aus allen Teilen Europas wurden hierfür verpflichtet. Zudem wurde in Woronesch am Don in aller Eile eine provisorische Werft errichtet. Innerhalb kürzester Zeit konnten 29 Galeeren und

Das blaue Andreaskreuz auf weißem Grund wurde 1712 von Zar Peter dem Großen gestiftet und ist noch heute Symbol der russischen Kriegsmarine.

zahlreiche kleinere Barken fertiggestellt werden. Schon ein Jahr nach dem gescheiterten Angriff lief nun eine erste russische Kriegsflotte gegen Asow aus, wobei der Zar an Bord der Galeere PRINCIPIUM sogar persönlich mit dabei war. Nach kurzer Zeit musste die von Land und See her eingeschlossene Stadt kapitulieren. Trotz heftiger Gegenwehr hatte sie gegen die fortschrittliche westliche Militärtechnik keine andere Wahl. Der Zugang zum Meer war damit frei und das erste Ziel des jungen Zaren erreicht. Nach der siegreichen Beendigung des Asow-Feldzuges legte Peter der Große der Duma eine Liste zur Beschaffung der zum Flottenbau benötigten Mittel vor, die daraufhin am 20. Oktober 1696 den Beschluss zum Aufbau einer eigenen Flotte fasste. Dieses Datum gilt als offizieller »Geburtstag« der russischen Marine.

Der Zar setzte daraufhin alles daran, hinter die Geheimnisse der fortschrittlichen westlichen Politik, Wirtschaft und Kultur zu kommen. Bereits im Januar 1696 schickte er eine Delegation junger russischer Adeliger in den Westen, um dort die Techniken der modernen Wirtschaft, der Kriegsführung und Staatslenkung zu studieren. Da die Ergebnisse nicht zufriedenstellend waren, machte sich der Zar im März 1697 selber auf den Weg. Seine Reise, die als die »Große Gesandtschaft« in die Geschichte einging, dauerte bis zum Sommer 1698. Überall wurde er höflich empfangen: in Livland, in Lettland, bei den Schweden, den Preußen, in Holland und in England. Doch bei einem seiner wichtigsten Anliegen, der Unterstützung Russlands im Kampf gegen das Osmanische Reich und dem Aufbau einer Flotte, wollte ihm keiner der besuchten Staaten helfen. Um mehr über die technischen Neuerungen des Westens im Schiffbau zu erfahren, musste Peter I. diese Details inkognito erforschen. Unter dem Decknamen Pjotr Michailow besuchte er mehrere westeuropäische Staaten sowie Schiffe, Werften, Manufakturen, Krankenhäuser und Schulen. Tagsüber arbeitete der über zwei Meter große Peter mehrere Monate als normaler Balkenschlepper beim Bau eines Schiffes und nachts studierte er die zugehörende Theorie. Er besuchte Vorlesungen über Ingenieurkunst und Mechanik, lernte das Uhrmacherhandwerk und ließ sich im Geschützwesen unterrichten. Später verfrachtete Peter I. ganze Wagenladungen voll mit modernen Geräten, neuen Werkzeugen und Waffen nach Russland und warb zudem Hunderte Kapitäne, Armeeoffiziere, Techniker, Ingenieure, Facharbeiter, Köche und Ärzte an, ihm nach Russland zu folgen und seine Landsleute auszubilden.

Der militärische Erfolg gegen die Türken bei Asow war erst wenige Jahre her und für den Zaren nur ein Anfang gewesen. Jetzt konnte er sich erstmals seinem zweiten großen Vorhaben zuwenden: dem Ausbau der noch übersichtlichen Schwarzmeerflotte und der Errichtung eines eigenen Flottenverbandes in der Ostsee. Um sich das nötige Wissen über den Schiffbau in der westlichen Welt anzueignen, ging er bei den besten Schiffsbauern der Welt in Holland in die Lehre und erwarb sogar das Zeugnis eines Schiffszimmermanns. Aus diesem Aufenthalt entstand übrigens der Stoff zu Albert Lortzings komischer Oper »Zar und Zimmermann«. Mit Hilfe der Bündnisse, die Peter in Westeuropa schließen konnte, trat Russland schließlich um 1700 in den großen Nordischen Krieg gegen Schweden ein. Das Ziel war von Anfang an die Eroberung des 1617 so unehrenhaft verlorenen Zugangs zur Ostsee. Anfangs musste Peter I. bei Narva in Estland jedoch eine empfindliche Niederlage gegen die Großmacht Schweden einstecken. Diese verdeutlichte ihm einmal mehr die Notwendigkeit einer umfassenden Armeereform, die Peter I. sofort begann. Der Sieg gegen die Schweden gelang schließlich wenige Jahre später, als russische Truppen in mehreren siegreichen Schlachten Schwedens Vormachtstellung in den baltischen Ostseegebieten durchbrachen. Die Russen eroberten auch die Mündung des Flusses Newa, wo der Zar seine neue Hauptstadt »Sankt Petersburg« bauen ließ. Namensgeber für die neue Hauptstadt war dabei nicht der Zar selbst, sondern der Schutzheilige der Stadt, der Apostel Petrus. Der niederländische Name »Saint Pietersburch« wurde im Deutschen schnell in Sankt Petersburg umgewandelt – wobei Petrograd (Peterstadt) als Name von Anfang an wohl passender gewesen wäre. An der Newa-Mündung ließ Peter »der Große« 1704 zusätzlich eine Staatswerft, eine Marineakademie und eine Navigationsschule errichten. Damit verlor Nowgorod allmählich seine strategische Bedeutung als russisches Tor zum Westen.

Auf dem größten Binnensee Europas, dem nahegelegenen Ladogasee, der ebenfalls an Russland gefallen war, ließ Peter I. dann die erste russische Ostseeflotte aufbauen. Nur wenig später fügte die reformierte russische Armee den Schweden im Jahr 1709 in der Schlacht von Poltawa die entscheidende Niederlage zu. Mit dem Friedensschluss von Nystad konnte

Ich, unterschriebener Gerrit Clae sz. Pool, Meister-Schiffszimmermann der octroyirten ostindischen Companie zur Kammer von Amsterdam, bescheinige und bezeuge als die Wahrheit, dass Peter Michaeloff (zum Gefolge der großmoskowitischen Gesandtschaft gehörig, und daraus unter denjenigen, die allhier zu Amsterdam auf der ostindischen Schiffszimmerwerft vom 30. August 1697 bis heute gewohnt und unter unserer Aufsicht gezimmert habe), sich während der Zeit seines edlen Aufenthaltes dahier als ein fleißiger und tüchtiger Zimmermann benommen hat, als da ist im Rauarbeiten, Stoßhölzer anlegen, Abkrabben, Bröwen, Hobeln, Einfügen, Behauen, Abschlichten, Bohren, Sägen, Planken- und Stoßhölzerbrennen und was einem guten und vortrefflichen Zimmermann zu tun bekommt, und hat eine Fregatte, Peter und Paul, über 100 Fuß lang, von Anfang an (am Vordersteven und am Steuerbord) bis sie beinahe fertig war, machen helfen und das nicht allein, sondern ist durch mich überdies noch in der Schiffsarchitektur und Zeichenkunst vollkommen unterwiesen worden, so dass Se. Edeln dieselben aus dem Grunde versteht, und das, so weit als sie unseres Dafürhalten praktiziert werden kann. Zum Zeugnis der Wahrheit habe ich dies mit meiner eigenen Hand unterschrieben.

So geschehen in Amsterdam an unserem gewöhnlichen Wohnplatz bei der ostindischen Werft, den 15. Januar im Jahre unseres Herrn 1698.

Gerrit Claesz. Pool, Ostindiosche Compagnie , Amsterdam

Das Zimmermannszeugnis von Zar Peter dem Großen, das er unter seinem Decknamen Pjotr Michailow erwarb

Russland 1721 große Teile des Baltikums und Karelien in Besitz nehmen und löste Schweden als vorherrschende Macht im Ostseeraum ab. Im selben Jahr ließ Peter sein Land in »Rossijskaja Imperija« (Russisches Kaiserreich) umbenennen und nahm den Titel des Kaisers (Imperator) an. Als der Zar am 8. Februar 1725 im Alter von nur 53 Jahren starb, hatte er seine großen Ziele für Russland erreicht. Sein Land verfügte jetzt erstmals über eisfreie Häfen und besaß zudem einen ersten beachtlichen Flottenverband. Allein die baltische Flotte zählte damals über 600 Schiffe – davon 49 Linienschiffe, 27 Fregatten und viele Hundert Galeeren. Die Schwarzmeerflotte des Zaren bestand zu jener Zeit aus etwa 200 zusätzlichen Schiffseinheiten, wobei gut 70 Prozent auch die Wolga und das Kaspische Meer befuhren.

Dank der vielseitigen Aufbauarbeit von Peter dem Großen konnte das reformierte Russland ab dem 18. Jahrhundert sein Ziel als aufstrebende Handelsnation Schritt für Schritt verwirklichen – mit einer wachsenden Handelsflotte und einer ständig einsatzbereiten Seekriegsmarine in der Ostsee, die nach europäischem Vorbild entstanden war. Mitte des 18. Jahrhunderts fiel dann die Regentschaft in Russland überraschend an eine bislang unbedeutende Seitenlinie der Romanows, die Familie Romanow-Holstein-Gottorp aus dem Norden Deutschlands. Fast alle späteren Zaren und Zarinnen waren daher deutscher Abstammung, von Katharina II. »der Großen« bis zum Ende der Monarchie in Russland unter Zar Nikolaus II. im Jahr 1917. Katharina der Großen gelang es, den Expansionskurs von Peter I. aufzunehmen und weiterzuführen. 1739 konnte sie den gesamten nördlichen Teil des Schwarzen Meeres nach mehrmaligen schweren Kämpfen gegen das Osmanische Reich in Besitz nehmen. Zur Verstärkung der Marine stellte die Kaiserin 1770 den englischen Admiral Sir Charles Knowles ein und ernannte ihn zum Generalintendanten der russischen Admiralität. Unter Knowles Kommando entwickelte sich die junge Segelkriegsflotte Russlands zu einer der bedeutendsten Seemächte Europas.

Im frühen 19. Jahrhundert besaß die kaiserliche russische Marine nach Großbritannien und Frankreich bereits die drittgrößte Marine der Welt, unterteilt in die historisch gewachsenen Flottillen im Baltikum, im Schwarzen Meer, im Kaspischen und im Weißen Meer. In diesem Jahrhundert gab es dann gravierende Umbrüche in Europa. Als Folge der Unruhen der Französischen Revolution überzog Napoleon Bonaparte den gesamten Kontinent mit Krieg, eroberte zahlreiche Länder und besetzte oder verwüstete weite Landstriche. 1812 fielen Napoleons Truppen in Russland ein und eroberten sogar die Stadt Moskau, wurden dann aber vernichtend geschlagen.

Schon bald konnte Zar Alexander I. als »Retter Europas« in Paris einziehen. Russland gehörte damit endgültig zu den führenden Mächten Europas und erlebte eine kurze »goldene« Epoche. Mitte des 19. Jahrhunderts versuchte Russland, seinen Machtbereich gegen das Osmanische Reich auf das östliche Mittelmeer und den Balkan auszudehnen. Das führte jedoch zu einem Konflikt mit Großbritannien und Frankreich, die das Osmanische Reich in seinen bisherigen Grenzen als Puffer erhalten wollten. Daraus entwickelte

Gemälde der niederländischen Fregatte Piet en Povl (Peter und Paul), an der Zar Peter I. selbst mitgearbeitet hat (um 1700)

sich der sogenannte Krimkrieg (1853 bis 1856) im Süden Russlands – der erste »moderne Krieg«, der erhebliche militärische und politische Folgen hatte. Russland unterlag am Ende beim Kampf um die Festung Sewastopol gegen die alliierten Armeen der Osmanen, Großbritanniens und Frankreichs. Im Frieden von Paris wurde unter anderem festgelegt, dass Russland seine Ansprüche als »Schutzmacht« des Balkans aufgeben musste und im Schwarzen Meer keine Kriegsflotte mehr unterhalten durfte. Damit war der russische Einfluss auf Mittel- und Osteuropa für längere Zeit unterbunden und auch sein Ansehen deutlich angeschlagen.

Eine weitere Folge des verlorenen Krimkrieges war die Verlagerung der russischen Interessen in den asiatisch-pazifischen Raum – wobei Russland mit der beginnenden Industrialisierung und Technisierung Europas immer weiter ins Hintertreffen geriet. Nach dem verlustreichen Ende des Russisch-Japanischen Krieges im Jahr 1905, der vor allem die technische Unterlegenheit der veralteten russischen Flotte offenlegte, fiel die russische Marine in der Rangfolge der wichtigsten Marinen auf Platz sechs zurück. Da auch die nicht versenkten Schiffe erheblich beschädigt waren, existierte die russische Seemacht Anfang des 20. Jahrhunderts faktisch nicht mehr. Fast zwangsläufig verlagerte sich der Fokus der russischen Admiralität durch diese schmerzhafte Niederlage vom Fernen Osten zurück in die Ostsee. Trotz einiger Gefechte im Ersten Weltkrieg gegen das mit dem Deutschen Kaiserreich sowie dem Kaiserreich Österreich-Ungarn verbündete Osmanische Reich blieb die russische Marine damals weitgehend bedeutungslos. Zu schwer waren wohl die Verluste des letzten Krieges gegen Japan und die inneren Unruhen, die 1917 zum Ende des Zarenreiches führten. Auch im Zweiten Weltkrieg spielten die verschiedenen Flotten Russlands, etwa die stolze baltische Rotbannerflotte als damals größte russische Marineeinheit, keine Rolle. Nach dem Verlust der Marinebasis Kotka am Eingang des Finnischen Meerbusens wurden die meisten Schiffe dieser Flotte für die Dauer des Krieges in Sankt Petersburg eingeschlossen. So blieb die russische Marine auch im Zweiten Weltkrieg weitgehend wirkungslos.

Und in der Gegenwart? Hier hat das moderne Russland nach wie vor den Status einer weltweit zu beachtenden Seemacht – schon allein aufgrund seiner geografischen Lage mit direkten Zugängen zu drei Ozeanen und durch die gewaltigen Ausmaße seiner Seegrenzen. Unbestritten ist auch der historische Beitrag russischer Seeleute bei der Erforschung der Weltmeere sowie der Entwicklung der Seefahrt mit einer Vielzahl großartiger Entdeckungen. Spätestens nach der deutschen Wiederbewaffnung im Jahr 1956 – damals war die gemeinsame politische Linie der Alliierten England, Frankreich, Russland und USA schon längst Vergangenheit – sah sich die Sowjetunion angesichts der neuen »Bedrohung« gezwungen, die Basen für einen Teil ihrer Marineschiffe, insbesondere die strategische U-Boot-Flotte, ins Nordmeer zu verlegen. In dem Maße, wie die Bedeutung der Nordflotte in den folgenden Jahrzehnten wuchs, sank die der baltischen Flotte in der Ostsee. Die anhaltende Konfrontation im »Ost-West-Konflikt« brachte die sowjetische Armeeführung zur Überzeugung, sie müsse unter allen Umständen militärisch mit dem Westen konkurrieren. Deshalb wurde ein Rüstungsprogramm aufgelegt, das zumindest quantitativ die Gleichheit herstellen sollte. Wichtiger Bestandteil der maritimen Aufrüstung der Sowjetunion war der Bau von strategischen U-Booten mit atomarer Bewaffnung, die zum großen Teil aber noch auf der Technik der deutschen Kriegsmarine beruhten. Das einsetzende Wettrüsten, das durch ein anhaltendes Misstrauen der beiden Machtblöcke innerhalb Europas über 40 Jahre immer weiter vorangetrieben wurde, zwang beide Seiten finanziell fast in die Knie. Zu Beginn der 1990er Jahre setzte mit dem Umbruch der politischen

Systeme auch eine Neuorientierung in der Sicherheitspolitik und ihrer Umsetzung in der Marine ein. Mit der Selbstständigkeit der Ukraine wurde die Schwarzmeerflotte zwischen beiden Ländern aufgeteilt.

Damit verloren die Russen ihre bisherigen Positionen auf dem Meer vollends, wobei das maritime Selbstverständnis der einst so stolzen Marine im Verlauf von nur einem Jahrzehnt verfiel. Seinen unrühmlichen Tiefpunkt erreichte diese Entwicklung mit dem selbst verschuldeten Untergang des Atom-U-Bootes KURSK im Jahr 2000. Ohne den politischen Willen und die finanziellen Mittel zum Neuaufbau wird die Überalterung der noch in Dienst stehenden Schiffseinheiten weiter zunehmen. Die russische Marine befindet sich dabei ohne Zweifel in einem schmerzhaften Prozess des Umbruchs und der Neuordnung. Dennoch verfügt sie noch immer über vier traditionsreiche Flotten im Nordmeer, im Pazifik, in der Ostsee und im Schwarzen Meer. Sie werden sicher auch in Zukunft von Bedeutung sein – zumal, wenn es gelingt, die traditionelle Bedeutung Russlands als eine der großen Seemächte der Welt sowohl der Bevölkerung als auch der Politik wieder bewusst zu machen.

Übrigens: In Sankt Petersburg befindet sich auf der Wassili-Insel in der ehemaligen Börse, in der früher der Handel stattfand, ein bedeutendes russisches Marinemuseum. Das Gebäude wurde im 19. Jahrhundert gebaut und ist eines der größten Marinemuseen der Welt. Dort lässt sich die gesamte russische Seefahrtsgeschichte von den Anfängen bis heute anhand von Bildern, Fotos, Modellen und anderen maritimen Ausstellungsgegenständen nachvollziehen. Zu den interessantesten Ausstellungsstücken gehört dabei auch das kleine Boot von Peter I., mit dem er das Segeln gelernt hat.

Zar Peter der Große (1672 bis 1725) – Reformator des russischen Riesenreiches

Über 500 Jahre Seefahrtstradition

Österreich

Ja, es hat sie tatsächlich gegeben: die Seemacht Österreich. Und zwar im 19. und 20. Jahrhundert in Form der kaiserlich und königlichen österreichisch-ungarischen Kriegsmarine. Nicht nur in militärischer Hinsicht hat sie manch bedeutungsvolle und erinnernswerte Leistung vollbracht. Kaum eine andere Marine der Welt hat dabei mit recht bescheidenen Mitteln so viel erreicht wie die von Österreich-Ungarn. Immerhin hatte das heutige Binnenland Österreich weit über 500 Jahre lang eine Küste – bis zum Jahr 1918. Bereits ab dem Jahr 1382 hatte Österreich einen direkten Zugang zum Mittelmeer. Damals stellte sich die Stadt Triest zum Schutz gegen die mächtigen Städte Venedig und Aquileia (nahe Triest) unter den Schutz des Habsburger Herzogs Leopold III., des damaligen Regenten in der Steiermark. Die kroatisch-dalmatische Küste, die zu jener Zeit ein Teil Ungarns war, fiel im 16. Jahrhundert nach dem Tod des ungarischen Königs Ludwig und durch Erbverträge an Österreich – und damit auch die gesamten Küstengebiete. In den nachfolgenden Jahrhunderten wurde neben Triest vor allem der Adriahafen von Pula an der Nordwestküste des heutigen Kroatiens zum Hauptkriegshafen der Habsburger ausgebaut.

Die Kriegsmarine Österreich-Ungarns geht auf diese frühen Ursprünge zurück. Sie hatte sich von ersten Anfängen mit einer kleinen Donauflottille über den Aufbau einer Flotte für den Adriaeinsatz bis hin zu einer Hochseeflotte mit verschiedensten Schiffstypen entwickelt. Bei Ausbruch des Ersten Weltkrieges im Jahr 1914 hatte die Marine der Österreicher den Status der sechstgrößten Flotte der Welt. Als einer der Gründungsväter und Förderer der modernen österreichisch-ungarischen Marine gilt Kaiser Joseph II. (1741 bis 1790). Er schuf die Grundlagen, die Kaiser Franz Joseph I. nach seinem Amtsantritt im Jahr 1848 nutzen konnte, als er den Aufbau einer »Neuen Marine« ankündigte. Auch der später in Sarajewo ermordete Thronfolger Erzherzog Franz-Ferdinand (1863 bis 1914) hatte maßgeblichen Anteil an der Schaffung einer modernen, schlagkräftigen Kriegsflotte. Der entscheidende erste Schritt zur Entwicklung einer ernst zu nehmenden Kriegsmarine war aber wohl die 1860 vollzogene Neuordnung der Zuständigkeiten: die Eingliederung der vorhandenen Schiffe unter maritime Kommandostrukturen, die damit erstmals nicht mehr dem Landheer unterstellt waren. Die Kriegsmarine Österreich-Ungarns, die sich von 1849 bis 1889 noch als kaiserlich-königlich (k.k.) bezeichnete, wurde danach in kaiserlich und königliche (k.u.k.) Kriegsmarine umbenannt – und alle Einheiten waren von nun an »Seiner Majestät Schiffe« (SMS). Die offizielle Gründung dieser Marine von Österreich-Ungarn erfolgte im Jahr 1867.

Schon im Laufe des 19. Jahrhunderts schrieben die Einsätze der Kriegsmarine Österreichs Weltgeschichte – beginnend mit der Beschießung marokkanischer Atlantikhäfen im Jahr 1829, der Expedition einer österreichischen Flotte 1864 während des deutsch-dänischen Krieges um Schleswig-Holstein in die Nordsee, vor allem aber durch die berühmte siegreiche Seeschlacht von Lissa 1866 in der Adria gegen die zahlenmäßig deutlich stärkere Marine Italiens. Bis dahin wurde Österreich sowohl von seinen Bürgern als auch im Ausland trotz seiner maritimen Geschichte

Entscheidende Szene der Seeschlacht bei Lissa 1866: die ERZHERZOG FERDINAND MAX bringt das italienische Flaggschiff RE D'ITALIA durch Rammstoß zum Sinken.

eher als alpine denn als maritime Nation gesehen. Erst mit dem Sieg von Admiral Tegetthoff bei Lissa gelangte die Marine im Habsburger Reich zu einer großen, für die damalige Zeit aber typischen Popularität in der Bevölkerung. Für die obersten Militärs war sie jedoch noch zu Beginn des 20. Jahrhunderts ein eher ungeliebtes Stiefkind. Als Dank für seine besonderen Leistungen wurde Wilhelm von Tegetthoff, der schon im Alter von 41 Jahren Oberbefehlshaber der österreichischen Marine war, ein Denkmal mit folgender Inschrift errichtet, das ursprünglich in Pula, heute aber in der Stadt Graz steht:

> *»Tapfer kämpfend bei Helgoland, glorreich siegend bei Lissa, erwarb er unsterblichen Ruhm (für) sich und Österreichs Seemacht.«*

In der zweiten Hälfte des 19. Jahrhunderts unternahmen die Kriegsschiffe Österreich-Ungarns zunehmend auch längere Auslandsreisen. 1869 – aus Anlass der Eröffnung des Suezkanals – besuchte Kaiser Franz Joseph I. per Schiff Ägypten und erwiderte dabei auch einen Staatsbesuch des osmanischen Sultans in Konstantinopel. Außerdem besuchte er die heiligen Stätten in Jerusalem – denn der Kaiser trug ja unter anderem auch den Titel »König von Jerusalem«. 1878 kam es auf Einladung des deutschen Kanzlers Otto von Bismarck zum Berliner Kongress, in dessen Folge Streitigkeiten zwischen den Großmächten Russland, Österreich-Ungarn und dem Osmanischen Reich geschlichtet werden sollten. Dabei wurde der Balkan zulasten der Türkei aufgeteilt, wobei Österreich-Ungarn Bosnien-Herzegowina besetzt halten sollte. Ein wiederholter Aufstand machte hier 1882 das Eingreifen der Marine nötig. Zu Beginn des Boxeraufstands in China im April 1900, einer chinesischen Protestbewegung gegen die damaligen europäischen Besatzer, war Österreich-Ungarn an der Seite Deutschlands mit der S.M.S. ZENTA beteiligt und wurde auch in Kampfhandlungen verwickelt.

Große Bedeutung erlangten die k.u.k. Kriegsmarine beziehungsweise die Marineangehörigen auch durch ihre wissenschaftlichen Aktionen. Die Weltumseglung der Fregatte NOVARA von 1857 bis 1859 führte zu Entdeckungen, die bis heute von Bedeutung sind. So wurden unter anderem zweihundert damals noch nicht bekannte Tierarten entdeckt, und auch das Basismaterial für Kokain wurde gefunden. Diese heute verbotene Droge wurde zeitweise ganz legal in der Medizin verwendet. Ein weiterer Höhepunkt war die Entdeckung des Franz-Joseph-Landes durch eine österreichische Polarexpedition (1872 bis 1874). Am 20. Mai 1874 musste das im Packeis eingeschlossene Schiff ADMIRAL TEGETTHOFF verlassen werden, da es immer weiter nach Nordosten trieb. Den Expeditionsteilnehmern stand ein Fußmarsch über eine 500 Kilometer lange Eisstrecke bevor, ehe sie sich mit kleinen Segelbooten auf den russischen Inseln Nowaja Semlja im Nordpolarmeer in Sicherheit bringen konnten. Bedeutsam war auch die wissenschaftliche Tiefenmessung im Roten Meer und im Mittelmeer durch den österreichischen Forschungs- und Transportdampfer POLA. Die tiefste Stelle des Mittelmeeres wird daher noch heute »Polatiefe« genannt. Der tatsächliche Aufschwung der Flotte trat aber erst ein, als Erzherzog Franz Ferdinand im Jahr 1902 zum Admiral ernannt wurde. 1908 übernahm der Thronfolger auch die Aufsicht über den Österreichischen Flottenverein, der dadurch von einer Randerscheinung zu einem halbstaatlichen Instrument zur Förderung der Handels- und Kriegsflotte mit mehr als 40.000 Mitgliedern wurde.

Österreich-Ungarn strebte im Gegensatz zu anderen mitteleuropäischen Großmächten nie nach Gebieten auf anderen Kontinenten. Deshalb hatte seine Flotte von Anfang an stets einen defensiven Charakter. Ihre

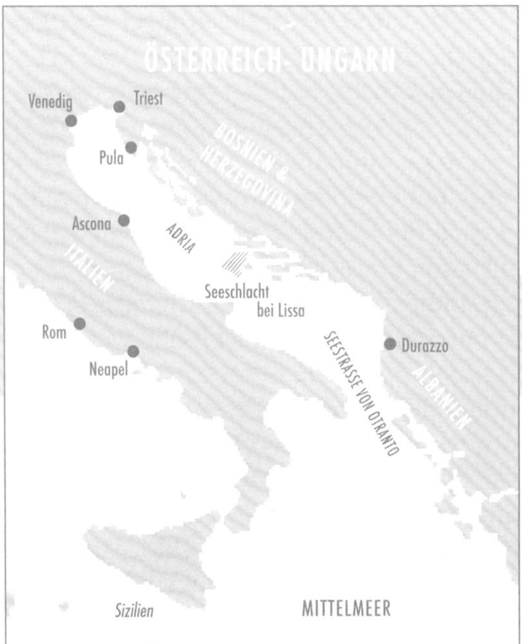

Lage der österreichischen Hoheitsgebiete zur See

Aufgabe bestand hauptsächlich darin, die mehr als 2.000 Kilometer lange Festlandküste an der Adria zu schützen. Das gelang der Marine auch eindrucksvoll. Zu Beginn des 20. Jahrhunderts entwickelten sich vor allem Unterseeboote zur neuesten Waffe der europäischen Kriegsflotten. Die k.u.k. Kriegsmarine testete damals Boote verschiedener Bauarten, um den für die Adria besten Bootstyp herauszufinden. Im Frühjahr 1914 bestand die Unterseebootsstation in Pula aus sechs Booten, wobei zwei Boote in Pula selbst gebaut worden waren, zwei weitere von der renommierten Germaniawerft in Kiel stammten und zwei nach den Konstruktionsprinzipien des Amerikaners John Philip Holland – dem Urvater der modernen U-Boote – auf der Whitehead-Werft in Fiume im heutigen Nordwesten Kroatiens gebaut wurden. Durch das Kriegsbündnis mit dem Deutschen Reich war in Pula ebenfalls eine U-Boot-Flottille der Kaiserlichen Marine stationiert. Deren Einsatzgebiet war das westliche Mittelmeer, während die U-Boote der Donaumonarchie den Osten als Operationsraum nutzten. Obwohl der Einfluss der U-Boote auf den Kriegsverlauf im Mittelmeer eher gering blieb, machte sich dennoch ein Mann als erfolgreicher U-Boot-Kapitän einen Namen: Baron Georg Ludwig Ritter von Trapp. Unter seinem Kommando gelang es SMU-5 (Seiner Majestät U-Boot) am 27. April 1915, das größte feindliche Kriegsschiff, den französischen Panzerkreuzer LÉON GAMBETTA, für die österreichische Marine zu versenken – ein Schiff, das durch seine neuartige Panzerung von der Firma Krupp bei Fertigstellung als stärkster Panzerkreuzer der Welt galt.

Wenige Jahre zuvor hatte die k.u.k. Kriegsmarine erneut Weltgeschichte geschrieben. Denn am 24. Juni 1911 war mit der VIRIBUS UNITIS (»Mit vereinten Kräften«, dem Wahlspruch von Kaiser Franz Joseph) das erste österreichische Schlachtschiff vom Stapel gelaufen, das nach dem Vorbild der britischen Dreadnoughts (»Fürchte nichts«; siehe Band II) gebaut wurde. Diese größte Kriegsschiffkategorie wurde in Österreich in der TEGETTHOFF-Klasse zusammengefasst, die außer der VIRIBUS UNITIS (1911) mit der TEGETTHOFF (1912), der PRINZ EUGEN (1912) und der SZENT ISTVÁN (1914) noch drei weitere Schiffe umfasste. Die VIRIBUS UNITIS war damals das erste Schlachtschiff der Welt, dessen Hauptartillerie in vier sogenannten Drillingstürmen angeordnet war. Diese enorme Bewaffnung war eine Sensation und machte die k.u.k. Monarchie mit ihren Schiffen endgültig zu einer ernst zu nehmenden Seemacht. Am 31. Juli 1914 erklärte Kaiser Wilhelm II. als Antwort auf die Ermordung des Erzherzogs Franz Ferdinand und als Beistand an der Seite Österreich-Ungarns die deutsche Mobilmachung gegen das Königreich Serbien, das wiederum vom Zarenreich Russland unterstützt wurde. Damit begann der Erste Weltkrieg, wobei anfangs noch der sogenannte Dreibund, ein geheimes Militärbündnis zwischen Österreich-Ungarn, dem Deutschen Kaiserreich und Italien, bestand. Hauptgegner der k.u.k. Kriegsschiffe im Mittelmeer war zunächst die französische Flotte, die zum Teil von kleineren britischen Verbänden unterstützt wurde. Die Österreicher operierten von Anfang an überwiegend in der Adria, weil die gegnerischen Briten und Franzosen, die als »Entente« bezeichnet wurden, die nur 70 Kilometer breite Seestraße von Otranto zwischen Süditalien und Albanien an ihrer schmalsten Stelle blockierten. Sie sperrten die österreichischen Schiffe in der Adria förmlich ein. Der Marineführung blieb

Die VIRIBUS UNITIS, das Flaggschiff der k.u.k-Kriegsmarine Österreich-Ungarns im frühen 20. Jahrhundert

daher kaum etwas anderes übrig, als eine passive Strategie zu verfolgen. So sollten vor allem die Aktionen französischer Kriegsschiffe unterbunden werden, die immer wieder versuchten, über die Küste Montenegros Nachschub für Serbien zu liefern. Ansonsten waren die k.u.k. Schlachtschiffe in Pula zur Untätigkeit verdammt. Das änderte sich erst nach der Kriegserklärung Italiens an Österreich-Ungarn am 23. Mai 1915. Durch diese Kriegserklärung begann nicht nur das letzte Kapitel der Habsburger Monarchie, sondern auch das der Seemacht Österreich – einer Seemacht, die nicht vernichtet wurde und die nie auch nur eine einzige Seeschlacht verloren hatte. Noch am Tag der Kriegserklärung lief die gesamte k.u.k. Flotte aus, um die Ostküste Italiens zwischen Venedig und Barletta anzugreifen. Die Kriegsmarine sah sich dabei einer insgesamt etwa vier- bis fünffachen Übermacht gegenüber. Dennoch wagte die österreichische Flotte den Angriff auf die italienische Ostküste. Vor allem Ascona wurde massiv unter Beschuss genommen, ebenso etliche küstennahe Eisenbahnanlagen und Brücken. Italiens Flotte wurde überrascht und setzte sich kaum zur Wehr. So konnten die österreichischen Schiffe ohne Verluste zurückkehren.

Im Januar 1917 beschlossen die österreichisch-ungarische und die deutsche Admiralität den uneingeschränkten U-Boot-Krieg als Antwort darauf, dass Schiffe der Gegner – als Schiffe neutraler Staaten getarnt – kriegswichtigen Nachschub transportierten. Im Sommer 1917 kam es bei dem Versuch, die Blockade in der Straße von Otranto zu durchbrechen, zum größten Seegefecht in der Adria zwischen der österreichisch-ungarischen Flotte und den Kriegsschiffen Italiens, Frankreichs und Großbritanniens. Zwar trug die österreichisch-ungarische Flotte im Kampf gegen die deutlich stärkeren feindlichen Verbände keine wesentlichen Schäden davon, während die Gegner 16 Schiffe und ein Seeflugzeug verloren, doch blieb die Seeblockade bestehen. Im Juni 1918 plante das Flottenkommando unter Admiral Nikolaus von Horthy noch einmal eine große Offensive gegen die Sperre der Otrantostraße. Unter Beteiligung aller Großkampfschiffe sollte in zwei Gruppen angegriffen werden. Allerdings wurde ein Teil der Flotte unterwegs von einem Torpedoboot gesichtet und angegriffen. Die SZENT ISTVÁN sank durch einen Torpedotreffer. Die Offensive musste abgebrochen werden, weil das Überraschungsmoment weggefallen war. Ihr letztes Seegefecht führte die kaiserliche Kriegsmarine im Oktober 1918 vor Durazzo an der Küste Albaniens durch. Dabei gelang es ihr, ohne eigene Verluste einen britischen Kreuzer zu versenken. Am 31. Oktober 1918 übergab Admiral Nikolaus von Horthy, der nach Ende seiner militärischen Laufbahn zum Reichsverweser ernannt und damit von 1920 bis 1944 zum Staatsoberhaupt von Ungarn wurde, auf Befehl Kaiser Karls I. die österreichisch-ungarische Flotte an den neu gebildeten südslawischen Nationalstaat Kroatien. Die rot-weiß-rote Kriegsflagge wurde im Zentralhafen Pula ein letztes Mal eingeholt und dann durch die neue kroatische Flagge ersetzt. Der Waffenstillstand war schon wirksam, die Kriegshandlungen vorbei, als das Flaggschiff der österreichischen Kriegsflotte, die VIRIBUS UNITIS, von einem italienischen Kampfschwimmer-Kommando nachträglich versenkt wurde. Die Italiener beschlagnahmten zudem alle in Pula liegenden Kriegsschiffe und führten sie bei einer Siegesparade in Venedig vor, bevor die österreichischen Schiffe als Kriegsbeute an Großbritannien, Italien und Frankreich sowie an Griechenland, Rumänien, Portugal und Jugoslawien verteilt wurden. Die k.u.k. Kriegsmarine war damit nicht mehr existent. Doch auf dem Meer blieb sie unbesiegt. Nach 1918 wurde Österreich ein reines Binnenland, das über keine Marine mehr verfügte. Auf den später für das Bundesheer der Ersten, aber auch der Zweiten Republik angeschafften Booten versahen Pioniere des Bundesheeres ihren Dienst auf der Donau. Am 16. November 2006 wurde die Marine endgültig aufgelöst, die Ära Österreichs als Seemacht ging zu Ende. Die beiden letzten Schiffseinheiten wurden dem Wiener Heeresgeschichtlichen Museum übergeben, das sie an den Österreichischen Marineverband weitergab. Die OBERST BRECHT und die NIEDERÖSTERREICH erhielten unter der Reichsbrücke eine neue Heimat und dienen heute als Traditions- und Museumsschiffe. Der Geschichte der österreichischen Marine selbst ist im Heeresgeschichtlichen Museum in Wien ein eigener Saal gewidmet.

Seenation dank jahrhundertelanger Rivalität mit England

Frankreich

Frankreich kann auf eine lange und faszinierende Seefahrtsgeschichte zurückblicken, die selbst in den meisten europäischen Ländern viel zu wenig bekannt ist. Seit Beginn der Neuzeit gab es eine große Anzahl bedeutender französischer Entdecker wie den Nordamerikaforscher Jacques Cartier, die Weltumsegler Louis Antoine de Bougainville und Jean-François de La Pérouse sowie enorme Leistungen auf dem Gebiet des Schiffbaus, die denen der damals führenden Niederländer in nichts nachstanden. Obwohl eine französische Marine, die Anspruch auf die Bezeichnung Seemacht hätte erheben können, erst unter dem großen Staatsmann und Kardinal Richelieu (1585 bis 1642) entstand – also zur Zeit der britischen Königin Elizabeth I. –, gab es schon zuvor bemerkenswerte maritime Aktivitäten. Viele davon resultierten aus der ebenso alten wie traditionsreichen Fehde mit England. Im Grunde begann sie vor fast 1.000 Jahren mit dem Eingriff der Normannen aus dem nordfranzösischen Raum in innerenglische Angelegenheiten. In der Schlacht bei Hastings besiegte Wilhelm der Eroberer (»William the Conqueror«), der Herzog der Normandie, im Jahr 1066 die in England vorherrschenden germanischen Angelsachsen unter König Harald II., dem Earl of Wessex, die beide skandinavische Wurzeln besaßen – trotz ihrer Herkunft aus unterschiedlichen Ländern. Danach formierten sich die ersten nationalen Kräfte der Briten. Der »Überfall« der Normannen führte vor allem bei den einfachen Inselbewohnern zu gravierenden

Konsequenzen: Die gefühlte schmachvolle »Besatzung« der Normannen erzeugte Verachtung, Abneigung und eine jahrhundertealte Rivalität, die wohl selbst heute noch nachwirkt. Historisch gesehen war jedenfalls diese Schlacht im Jahr 1066 schon damals derart von Bedeutung, dass nur acht Kilometer von Hastings entfernt eine kleine Abtei entstand, die zum Gedenken an die Opfer errichtet wurde. Daraus entwickelte sich das Örtchen Battle und aus den Überresten der alten Abtei ein Freilichtmuseum, in dem noch immer Jahr für Jahr an dem auf den Jahrestag folgenden Wochenende die Schlacht von Hastings nachgespielt wird.

Etwa Mitte des 12. Jahrhunderts, nur knapp 100 Jahre nach Hastings, konnten sich die Briten von den Normannen wieder befreien. Doch die Franzosen sollten ihnen von nun an permanent auf den Fersen bleiben. Im Verlauf der nächsten Jahrhunderte gab es eine fast unzählige Folge kleinerer und größerer Scharmützel mit ersten Flotten aus zusammengewürfelten Schiffen und auch weitere Versuche der Franzosen, eine Invasion des Inselreiches durchzuführen. König Ludwig IX. (1226 bis 1270) schuf während seiner Regentschaft den Ehrentitel »Admiral von Frankreich« und damit die Position des ersten Oberbefehlshabers der Seekräfte.

Aus den vielfältigen Gefechten des Mittelalters ragt eine Konfrontation der beiden Staaten hervor, die das historisch zerrüttete Verhältnis zwischen England und Frankreich recht gut widerspiegelt: der im Jahr 1336 begonnene »Hundertjährige Krieg«. Der Grund waren wechselseitige Ansprüche auf die französische Krone. Durch vielfache Hochzeiten unter den Adeligen war die Verwandtschaft beider Länder ebenso groß wie unübersichtlich geworden. Als damals der kinderlos gestorbene französische König Karl IV. 1328 starb, sollte ihm sein Vetter Philipp VI. aus dem alten Königsgeschlecht Valois auf den Thron folgen. Doch mit dieser rein französischen Thronfolge war König Edward III. von England nicht einverstanden. Er wies auf die eigene enge Verwandtschaft mit dem erloschenen Königsgeschlecht hin und begann, seinen Anspruch militärisch durchzusetzen.

Das war der Auslöser des Hundertjährigen Krieges, den die Briten mit der Landung von annähernd tausend Schiffen in der Normandie begannen. Jahrzehnte lang ging es dabei hin und her. Adelige auf beiden Seiten wurden gefangen genommen und erst nach erheblichen Lösegeldzahlungen wieder freigelassen. Zudem kam es zu zahllosen Machtkämpfen: mal untereinander, zum Beispiel zwischen den Herzögen von Orléans und Burgund zu Beginn des 15. Jahrhunderts, dann wieder gemeinsam etwa gegen König Heinrich V. von England, als er vom französischen König Karl VI.

die »Rückgabe der Krone« forderte und mit seiner Armee 1415 in der Nähe der Seinemündung landete. Selbst Paris fiel durch einen Verrat an die Engländer, sodass der noch minderjährige Thronfolger Karl VII. in Sicherheit gebracht werden musste. 1419 wurde der junge Prinz dann nach zahllosen Intrigen ausgebootet, denn in der Zwischenzeit hatten Herzog Philipp von Burgund und König Heinrich V. von England sich verbündet, sodass Heinrich V. selbst die Regentschaft in Frankreich übernehmen konnte. Seine offizielle Legitimation war die französische Königstochter Katharina von Valois, die er zur Frau erhielt. Daraufhin nahm der inzwischen volljährige Thronfolger Karl VII. den Kampf gegen die Engländer auf und läutete die letzte Phase des Hundertjährigen Krieges ein.

Als Heinrich V. von England und Karl VI. von Frankreich kurz nacheinander verstarben, proklamierten die Gefolgsleute des Hauses Valois nun ihren Thronfolger zum neuen französischen König. Doch England und Burgund rebellierten und zwangen Karl VII. zu zwei Kriegen, die in verheerenden Niederlagen endeten und den Thronfolger 1424 zum Waffenstillstand zwangen. Die Feindseligkeiten lebten wieder auf, als die Engländer 1428 einen Belagerungsring um die Stadt Orléans schlossen. Nun kam die Zeit einer ganz Großen der französischen Geschichte: Johanna von Orléans, auch bekannt als Jeanne d'Arc. Das damals erst achtzehnjährige Bauernmädchen drang im Frühjahr 1429 zu dem noch immer ungekrönten Karl VII. vor und überzeugte ihn von ihrer Mission, ihm zum Sieg und zur Krönung zu verhelfen. Tatsächlich bestand Johanna ihre Bewährungsprobe bei der Befreiung von Orléans, als sie die französischen Soldaten durch ihren unerschütterlichen Mut, ihre beispielhafte Tapferkeit und eine unbeirrbare Siegeszuversicht einfach mitriss. Dank dieses Sieges und einiger weiterer Erfolge konnte Karl VII. am 17. Juli 1429 in Reims zum neuen König gekrönt werden. Bei dem wenige Monate später erfolgten Versuch einer Befreiung der Hauptstadt Paris fiel Johanna von Orléans den Burgundern in die Hände, die sie an ihre englischen Verbündeten verkauften. In Rouen wurde ihr ein langer Ketzereiprozess gemacht, bevor sie am 30. Mai 1431 im Alter von nur 19 Jahren auf dem Scheiterhaufen umkam.

Bis 1453 mussten die Engländer schließlich mit Ausnahme von Calais alle Gebiete auf dem Kontinent aufgeben, wobei der Hundertjährige Krieg ohne formellen Friedensvertrag zu Ende ging. Und so blieben die inneren Konflikte bestehen. Ludwig XI. (1461 bis 1483) war es gerade gelungen, die königliche Herrschaft in Frankreich zu stabilisieren, als die Reformation begann. Und damit ein neuer Kampf der Katholiken gegen die protestantischen Hugenotten, der in einem Bürgerkrieg endete. Erst durch die Thronbesteigung des Protestanten Heinrich von Navarra (Henry IV., 1547 bis 1559) aus dem Haus Bourbon gelang eine allmähliche Befriedung. Er trat später zum Katholizismus über, gewährte den Protestanten aber garantierte Schutzrechte. Damit gelang die ersehnte Grundlage für die spätere Machtentfaltung Frankreichs.

Nach der »Entdeckung« der Neuen Welt musste Frankreich zunächst tatenlos zusehen, wie die Weltmeere und die neu entdeckten Gebiete unter den großen Seenationen Portugal und Spanien aufgeteilt wurden. Doch schon zu Beginn des 16. Jahrhunderts begann das Interesse Frankreichs an Neufundland – anfangs wegen des enormen Fischreichtums an dessen Küste, später vor allem wegen der reichen Beute, die die vorbeiziehenden spanischen Galeonen mit ihren enormen Silber- und Goldschätzen versprachen. Franz I. (1515 bis 1547) war der Erste, der offizielle Kaperbriefe an fähige Kapitäne ausstellte, um Frankreichs Anteil an der »Beute« zu sichern. Doch es blieben Einzelmaßnahmen. Erst Jean Armand Duplessis, besser bekannt als Kardinal und Herzog von Richelieu, erkannte als leitender Minister (1624 bis 1642) unter König Ludwig XIII. die enormen Chancen und die große Bedeutung einer Seemacht für Frankreich. Deshalb entschied er, erstmals in der Geschichte seines Landes eine dauerhaft im Einsatz stehende stabile Marine aufzubauen.

Aus geografischen Gründen war es sinnvoll, diese Marine auf zwei Säulen zu errichten: Die Mittelmeer- und die Atlantikflotte, die sich im Aufbau unterschieden, sollten jeweils unabhängig voneinander funktionieren. Während die Mittelmeerflotte eher aus leichteren Einheiten geplant war – der Galeerenflotte im Seehafen Marseille –, sollte die Atlantikflotte aus großen und kampfstarken Schiffen bestehen. Erst diese Marine machte es möglich, dass Frankreich weltweit Kolonien gewinnen konnte, etwa in Nord- und Südamerika sowie zahlreiche Inseln in der Karibik. Im Jahr 1640, zwei Jahre vor dem Tod Richelieus, der für einige Zeit selbst als Admiral von Frankreich den Oberbefehl über die Seestreitkräfte inne hatte, besaß die französische Marine über 30 größere und 27 kleinere Kriegsschiffe und konnte während des Dreißigjährigen Krieges erste bemerkenswerte Siege erringen. Noch fehlte jedoch die Konstanz. Erst Jean-Baptiste Colbert (1661 bis 1683), Finanz- und Marineminister Frankreichs, konnte unter König Ludwig XIV. den weiteren Ausbau der Flotte vorantreiben. Unter ihm entstanden erstmals richtige Werften und Marinehäfen, darunter vor allem Brest, Dünkirchen, Rochefort, Toulon und Marseille. 1683 zählte die

Jean Armand Dupesses (Kardinal von Richelieu) schuf im 17. Jahrhundert die Grundlagen für die heutige Marine Nationale Française.

französische Marine bereits 150 große Schiffseinheiten und war Ende des 17. Jahrhunderts zahlenmäßig in der Lage, sowohl der »Royal Navy« als auch der niederländischen Marine gegenüberzutreten.

Frankreich hatte sich in wenigen Jahrzehnten zur zweitgrößten Seemacht der Welt entwickelt. Doch durch seine Lage auf dem Kontinent und als europäische Landmacht hatten die Franzosen im Gegensatz zu England immer auch zusätzliche Pflichten und mussten daher ihre Kräfte aufteilen. Von Anfang an war Frankreich eine Landmacht, die Spanien Mitte des 17. Jahrhunderts als europäische Großmacht ablöste. Im Krieg gegen die Niederlande versuchte Frankreich, seine Macht im Bündnis mit den Spaniern zu festigen, kam aber dadurch schnell mit England in Konflikt. So gerieten Europas größte Landmacht Frankreich und die größte Seemacht Großbritannien aneinander. Im Pfälzischen Erbfolgekrieg 1690 gelang den Franzosen sogar ein Doppelsieg über beide Seemächte England und Niederlande. Unglücklicherweise verloren sie ihre Seeherrschaft über den Kanal bereits ein Jahr später wieder und mussten ihre Landungsabsichten in England erneut aufgeben. Die tatsächliche Herrschaft über den Kanal gelang den Franzosen nur ein einziges Mal: während des Seekriegs um die amerikanische Unabhängigkeit 1778, als ein großer Teil der britischen Flotte in Übersee gebunden war. In dieser Zeit war Frankreich mit Spanien verbündet und konnte sich gegen die Briten behaupten. Doch es gelang ihnen nicht, aus ihrer Überlegenheit einen Nutzen zu ziehen. England verlor zwar seine Kolonien in Nordamerika, doch die strategische Bedeutung der »Royal Navy« auf den Weltmeeren blieb erhalten. Alle späteren Versuche, den Briten ihre Seeherrschaft streitig zu machen, scheiterten bereits im Ansatz.

Schon im 15. und 16. Jahrhundert hatte sich der französische Schiffbau in Europa großes Ansehen erworben. Durch wissenschaftliche Fortschritte, die auch im Schiffbau umgesetzt wurden, konnte Frankreich in diesem Bereich neben den Niederlanden sogar eine führende Stellung einnehmen. Die besonderen Umstände der französischen Kriegsführung erforderten jedoch oft ganz andere Schiffe als bei der »Royal Navy«. So waren die französischen Segelfregatten oft schneller und größer, um im Kampf Schiff gegen Schiff ihre Überlegenheit nutzen zu können. Diese Notwendigkeit hatte sich durch die regelmäßigen Blockaden der französischen Küste ergeben, bei denen nur schnelle und besonders starke Fregatten ausbrechen konnten. Da Frankreich die Briten nicht bei der Anzahl der Linienschiffe schlagen konnte, entwickelten sie zunehmend größere und vor allem schnellere Kampfschiffe, die im Vorfeld einer Seeschlacht dem Gefecht ausweichen oder den Gegner durch ihre Stärke übertrumpfen konnten. Dass die Franzosen die Briten trotzdem nicht entscheidend

Kolorierte Darstellung des alten Marinehafens von Marsaille im Mittelmeer (um 1575)

schlagen konnten, zeigt die Kampfkraft der britischen Flotte. Auch bei der Ausbildung und den Führungsqualitäten konnten die Franzosen nicht mithalten. Trotz vielfältiger Anstrengungen wurde in den Wirren der Französischen Revolution vieles wieder zerstört und machte einen Neuanfang notwendig.

Die Entscheidung über die Bedeutung der französischen Marine wurde letztlich nicht auf dem Wasser, sondern auf dem Land entschieden – und zwar auf den Schlachtfeldern in Deutschland während des Siebenjährigen Krieges (1756 bis 1763). Dieser Konflikt war ein Wettstreit mehrerer europäischer Großmächte um das rohstoffreiche Schlesien: auf der einen Seite Österreich unter Kaiserin Maria Theresia mit ihren Verbündeten Frankreich, Schweden und Russland, auf der anderen Seite König Friedrich der Große von Preußen, der wiederum mit Großbritannien sympathisierte. Das junge, aufstrebende Königreich Preußen diente seinem Verbündeten mit dem Schlesienkrieg ungewollt auch im Konflikt um die Vorherrschaft zur See, denn während Preußen Frankreichs Kräfte im Landkrieg beschäftigte, konnten sich die Engländer auf ihr Hauptziel konzentrieren und die eigene Vormachtstellung zur See ausbauen. Das Königreich selbst wurde nach dem Sieg über Österreich und den Zugewinn Schlesiens zu einer neuen europäischen Großmacht. Viel weitreichender war jedoch, dass Frankreich in dieser Phase durch sein anhaltendes Engagement auf dem europäischen Kontinent seinen Einfluss in Indien und Nordamerika verlor – und seinen Status als führende Seemacht gegenüber Großbritannien. Im öffentlichen Bewusstsein stieg Preußens König Friedrich II., genannt der Große (1714 bis 1786), zur beherrschenden Persönlichkeit seiner Zeit auf – und sein Königreich zu einer ernst zu nehmenden Landmacht in Europa.

Mit dem Beginn der Französischen Revolution im Jahr 1789 und der Kriegserklärung der Franzosen an England änderte sich das Bild Europas entscheidend. Die großen Seeschlachten von St. Vincent (1797) und Trafalgar (1805) waren die letzten Versuche, eine vereinigte Flotte der verbündeten Nationen Spanien und Frankreich zur Invasion Britanniens in den Kanal zu führen, was von den Engländern schon weitab des eigenen Mutterlandes verhindert werden konnte. Selbst unter Kaiser Napoleon I., der vor seiner Verbannung auf die Insel Elba im Jahr 1816 ganz Europa erobert hatte, gelang es Frankreich nie, eine vergleichbare Stärke zur See zu entwickeln wie die »Royal Navy«. Dennoch begann im 18. und 19. Jahrhundert ein weltumspannender Seekrieg zwischen den Seemächten Frankreich und England um den vielversprechenden Besitz von Indien und Nordamerika.

Während Frankreich bis ins 19. Jahrhundert als europäische Seemacht eine bedeutende Rolle in der Weltpolitik spielte, ging erst etwa Mitte des Jahrhunderts für das bis dahin zersplitterte Deutschland, aber auch für Italien der Traum von einem geeinten Nationalstaat in Erfüllung. Das beginnende Industriezeitalter brachte bei den meisten Regierenden die Erkenntnis, dass sich durch den technischen Fortschritt eine Überlegenheit zur See nicht mehr nur rein zahlenmäßig ausdrücken musste. Zu dieser Zeit setzten die Franzosen auf die falsche Strategie in der Innen- und Außenpolitik – und verloren mit Beginn des Zeitalters des Panzerschiffbaus ihre traditionell bedeutende Position zur See. Statt mit dem Handelskrieg, auf den Frankreich sich immer konzentriert hatte, setzte sich in der Seekriegsführung mit den Neuerungen im Schiffsbau die Entscheidungsschlacht als geeignetes Seekriegsmittel durch. Dafür waren besonders gepanzerte und stark bewaffnete Schiffe notwendig. Während die französische Marine weiterhin auf Torpedoboote und schnelle Kreuzer mit eher leichter Bewaffnung als Handelsstörer setzte, ging der Trend im Kriegsschiffbau bei den meisten anderen wichtigen Marinen hin zu immer schwereren Panzerschiffen mit mächtiger Hauptartillerie. Letztlich entstand so ein völlig neuer Schiffstyp, der 1904 in England unter der Bezeichnung »Dreadnought« (Fürchte nichts) entstand. Diese großen Kampfschiffe wurden zum Vorläufer der späteren Schlachtschiffe und kombinierten in idealer

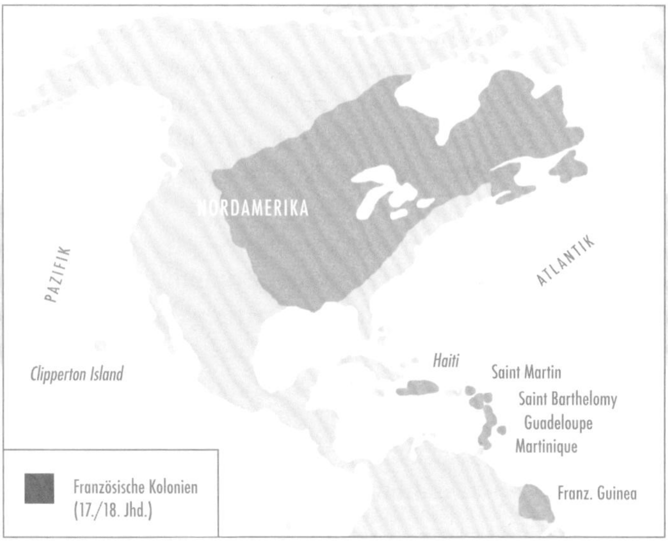

Verteilung der französischen Kolonien in Amerika

Weise eine starke Panzerung mit schwerer Bewaffnung. Dank der Entwicklung neuer Antriebe wie der Gasturbine und dem Dieselmotor bekamen die neuen Schiffstypen aus England, Deutschland und Österreich-Ungarn schnell die Oberhand. Diese Schiffskategorie setzte sich am Ende bei allen wichtigen Marinen der Welt durch. Dagegen hätten selbst die modernen Panzerkreuzer der Franzosen, etwa die in dieser Zeit gebaute LA GLORIE oder die CHÂTEAURENAULT mit Ihren Schwesterschiffen als Kreuzer 1. Klasse, in einem ernsthaften Seegefecht nicht den Hauch einer Chance gehabt.

In der zweiten Hälfte des 19. Jahrhunderts hatte sich das aufstrebende Deutsche Reich anstelle der Engländer zunehmend zum Hauptfeind Frankreichs entwickelt. Weil gegen diesen Gegner eine starke Flotte anfangs nicht viel genutzt hätte – die Entwicklung Deutschlands zur Seemacht erfolgte erst nach Gründung des Kaiserreiches im Jahr 1871 –, konzentrierten sich die Franzosen verstärkt wieder auf ihr Heer und seine Armeen. Als Frankreich 1870/1871 den Deutsch-Französischen Bruderkrieg verlor und als Kriegsentschädigung viel Geld an Deutschland bezahlen musste, war es um die Seemacht Frankreichs endgültig geschehen. Neben dem fehlenden politischen Willen, am zunehmenden Wettrüsten zur See in Europa teilzunehmen, fehlte in Frankreich schlicht das Geld. Ein weiterer entscheidender Fehler der französischen Politik Anfang des 20. Jahrhunderts war zudem die fehlende Erkenntnis, dass ein Land wie Frankreich mit seiner ausgedehnten Küstenlinie und seinem weltweiten Kolonialbesitz auch eine schlagkräftige Marine benötigte, um die eigenen Interessen international durchsetzen zu können. Nach weitgehend unbedeutender bzw. wirkungsloser Beteiligung am Ersten und Zweiten Weltkrieg wurde die »Marine Nationale Française« nach 1945 neu aufgebaut. Sie zählt heute wieder zu einer der größten Marinen Westeuropas und ist als eine von nur zwei europäischen Atommächten auch in Zukunft nicht zu unterschätzen.

Die einzige noch heute existierende Seemacht der Welt

Die Vereinigten Staaten von Amerika

Die Geschichte der Seemacht USA ist untrennbar mit dem Entstehen der Vereinigten Staaten selbst verbunden, denn die heutige US-Marine, die »United States Navy«, versteht sich als Nachfolgeorganisation der am 13. Oktober 1775 gegründeten »Continental Navy«. Der Beschluss zur Gründung dieser Marine wurde im Rahmen des Zweiten Kontinentalkongresses von den Abgesandten derjenigen 13 britischen Kolonien Nordamerikas getroffen, die damals gemeinsam gegen die Einschränkungen der Freiheit ihrer Bürger durch die Kolonialmacht Großbritannien aufbegehrten. Er sah ausdrücklich die Anschaffung von zwei schnellen und bewaffneten Segelschiffen vor.

Im Vorfeld hatten Steuererhöhungen und neue Abgabenforderungen des Mutterlandes bei den Kolonisten für erheblichen Unmut gesorgt. Der entlud sich unter anderem am 16. Dezember 1773 in der berühmten »Boston Tea Party«, als etwa 50 erzürnte und überwiegend als Indianer verkleidete Einwohner Bostons aus Protest im dortigen Hafen liegende Handelsschiffe stürmten und deren wichtigste Ladung von 342 Kisten mit 45 Tonnen Tee der traditionsreichen britischen Ostindienkompanie ins Hafenbecken warfen. Als Antwort auf diese Provokation erließ das britische Parlament einen fünf Punkte umfassenden Katalog an Strafmaßnahmen, darunter die Schließung des Bostoner Hafens sowie ein Versammlungsverbot in allen Städten der Kolonie Massachusetts, deren größte Stadt Boston

Kupferstich der berühmten »Boston Tea Party« vom 16. Dezember 1773 nach einem Gemälde von Daniel Chodewiecki (1726 bis 1801); die Bildunterschrift trägt mit dem 18. Dezember ein falsches Datum.

war. Die Sanktionen heizten den Unmut in den Kolonien nur noch weiter an. Auch sorgten sie dafür, dass die bis dahin nur vereinzelt laut gewordenen Rufe nach Unabhängigkeit im Laufe des Jahres 1774 zunahmen. All dies führte letztlich dazu, dass noch im selben Jahr der Erste Kontinentalkongress, eine Art provisorische Versammlung von Abgeordneten aus zwölf der besagten 13 britischen Kolonien, ins Leben gerufen wurde. Er tagte vom 5. September bis zum 21. Oktober in Philadelphia.

Nun strebte diese Versammlung aber keineswegs die Unabhängigkeit an, vielmehr ging es ihr vorrangig um eine Beilegung der Streitigkeiten. Daher forderte sie die britische Regierung auf, gemeinsam an einer Lösung zu arbeiten. Um dieser Forderung Nachdruck zu verleihen, verhängte der Kongress ein Importverbot für britische Waren, das am 1. Dezember 1774 in Kraft trat. Dies wiederum verstanden die Briten als eine weitere Provokation, und die Situation spitzte sich immer mehr zu. Daraufhin kam es im April 1775 bei Lexington und Concord nahe Boston zu ersten Scharmützeln zwischen britischen Truppen und amerikanischen Milizen, und nur einen Monat später wurde der Zweite Kontinentalkongress einberufen. Jetzt stand die Abkehr vom Mutterland ganz oben auf der Themenliste. Und tatsächlich: Gut ein Jahr später, am 4. Juli 1776, wurde die Unabhängigkeitserklärung der Vereinigten Staaten von Amerika verabschiedet. Dieser Tag ging als das offizielle Gründungsdatum der USA in die Geschichte ein, und noch heute ist der 4. Juli als »Independance Day« der Nationalfeiertag der Vereinigten Staaten von Amerika.

Mit den Scharmützeln, die sich im April 1775 ereigneten und zur Einberufung des Zweiten Kontinentalkongresses sowie zur Loslösung der 13 abtrünnigen Kolonien von Großbritannien führten, begann auch der amerikanische Unabhängigkeitskrieg – also schon über ein Jahr vor der Gründung der USA. Er endete faktisch sechseinhalb Jahre später, im Oktober 1781, mit der Kapitulation britischer Truppen bei Yorktown in Virginia, formal aber erst im September 1783 mit der Unterzeichnung des Friedens von Paris. Darin erkannte Großbritannien nun auch offiziell die 13 nordamerikanischen Kolonien als die »unabhängigen Vereinigten Staaten von Amerika« an.

Allerdings wäre es vermessen zu behaupten, die Kontinentalmarine hätte entscheidend zu diesem Erfolg beigetragen. Dazu war sie auf-

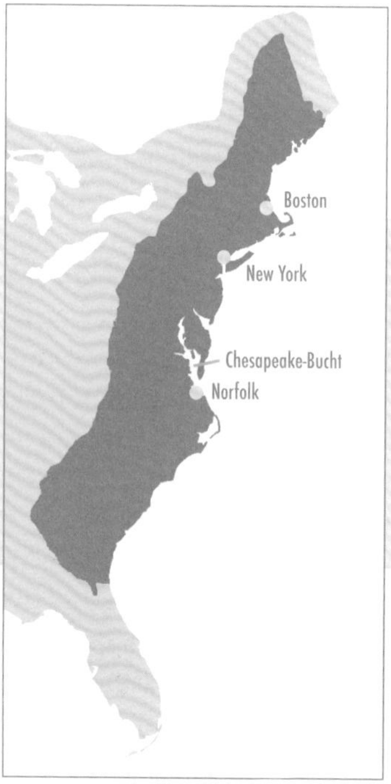

Die dunkle Fläche markiert die Umrisse der 13 an der nordamerikanischen Ostküste gelegenen britischen Kolonien, die am 4. Juli 1776 die Unabhängigkeit vom Mutterland erklärten. Dies waren (von Nord nach Süd) New Hampshire, Massachusetts, Rhode Island, Connecticut, New York, New Jersey, Pennsylvania, Delaware, Maryland, Virginia, North und South Carolina sowie Georgia.

grund mangelnder Kapazitäten und Erfahrung nicht ansatzweise in der Lage. Immerhin hatte sich nach der eingangs erwähnten Resolution vom 13. Oktober 1775 aber dennoch einiges getan. So liefen schon drei Monate später nicht zwei, sondern fünf neu ausgestattete Kriegsschiffe aus dem Hafen von Philadelphia in Richtung der südlich von New York gelegenen Chesapeake-Bucht aus, um hier vor der amerikanischen Westküste britische Handelsschiffe abzufangen, die das Importverbot unterlaufen wollten. Dann jedoch änderte der Kommandant der kleinen Flotte – vermutlich aufgrund geheimer Anweisungen – seine Pläne und nahm Kurs auf New Providence, die Hauptinsel der damaligen britischen Kronkolonie Bahamas. Hier hatten die Briten nach Ausbruch des Krieges erhebliche Mengen an Waffen und Munition vom Festland herschaffen lassen, um sie vor den amerikanischen Aufständischen in Sicherheit zu bringen. Doch die wollten sich das kriegswichtige Material jetzt unbedingt holen …

Das taten sie auch. Am 3. und 4. März 1776 kam es zur Schlacht von Nassau, in der die Angreifer die Inselhauptstadt besetzten und sich nach zwei Wochen mit ihrer Beute wieder aus dem Staub machten. Es war nicht nur der erste größere Einsatz der Kontinentalmarine überhaupt, sondern gleichzeitig die erste amphibische, also durch Seefahrzeuge unterstützte Landeoperation in der Geschichte der USA. Doch sie war nicht wirklich von großer Bedeutung für den weiteren Verlauf des Krieges, was übrigens für die Kontinentalmarine insgesamt galt. Zwar hatte der Kontinentalkongress schon früh den Bau von mindestens 25 weiteren Kriegsschiffen beschlossen, doch hatten sie gegenüber der damals größten Marine der Welt, der britischen »Royal Navy«, nicht den Hauch einer Chance. Bei Kriegsende 1781 waren so gut wie alle US-Kriegsschiffe beschädigt oder gesunken. Doch der Kriegseintritt Frankreichs 1778 auf Seiten der USA, denen sich später auch Spanien und die Niederlande anschlossen, brachte letztlich die Entscheidung. Am Ende waren es amerikanische und französische Truppen gemeinsam, die – zusätzlich unterstützt durch den Einsatz eines französischen Flottenverbandes – die Briten 1781 bei Yorktown zur Kapitulation zwangen und den Krieg damit beendeten.

Nun gab es aber neben der militärischen Unterstützung durch die verbündeten Europäer noch einen weiteren Umstand, der den Briten gehörig zusetzte: die Kaperüberfälle durch private Schiffseigner. Wie einst der berühmte Sir Francis Drake im Auftrag der Britischen Krone Spanien als der damals größten Seemacht der Welt enorme Verluste beigebracht hatte, so stattete nun der Kontinentalkongress private Schiffseigentümer mit Kaperbriefen aus, die sie dazu legitimierten, britische Schiffe anzugreifen, zu plündern und bei Bedarf zu versenken. Insgesamt 1.697 Freibriefe dieser Art soll der Kongress ausgestellt haben. Die Angaben über die gekaperten und versenkten britischen Schiffe schwanken zwischen ca. 600 und über 2.200, wobei letztere auf Informationen der traditionsreichen Londoner Versicherungsgesellschaft Lloyd's beruhen soll. Selbst wenn diese Zahl übertrieben scheint: Die Kaperfahrten waren weitaus mehr als nur Nadelstiche – und von wesentlich größerer Effizienz als die recht überschaubaren Einsätze der Kontinentalmarine.

Möglicherweise trug diese Erkenntnis dazu bei, die Institution 1785 aufzulösen und die wenigen verbliebenen Schiffe zu veräußern. Die Aufrechterhaltung einer Marine schien den meisten Verantwortlichen in dem jungen amerikanischen Staat jedoch vor allem aus anderen Gründen nicht notwendig zu sein. Dazu gehörten speziell die erhebliche finanzielle Belastung, die angespannte Wirtschaftslage und die Konzentration auf die inneren Belange. Diese Ansicht sollte sich allerdings schon recht bald ändern.

Nur zehn Jahre nach ihrer Gründung war die Kontinentalmarine also bereits Geschichte. Doch nach einer kurzen Phase der Stagnation entwickelte sich der Außenhandel für die USA verhältnismäßig schnell zum wichtigsten Wirtschaftsfaktor. Die Handelsschifffahrt konzentrierte sich zunächst über den Pazifik auf Ostasien und über den Atlantik auf die Karibik und Südeuropa. Hatte die »Royal Navy« zuvor die amerikanischen Handelsschiffe vor den Gefahren durch die Piraterie geschützt, waren sie diesem Risiko nun weitgehend schutzlos ausgeliefert. Das machte sich besonders im Mittelmeer und vor der Straße von Gibraltar in der Bedrohung durch die sogenannten »Barbareskenstaaten« bemerkbar. Dazu gehörten Marokko, Algier, Tunis und Tripolis – die letzten drei vergleichbar mit ihren Nachfolgestaaten Algerien, Tunesien und Libyen. Schon seit dem Mittelalter zählten Piraterie, Lösegelder und Tributzahlungen zu deren traditionellen Einnahmequellen. Sogar so große Seefahrtnationen wie England, Frankreich und die Niederlande ließen sich das freie Geleit ihrer Handelsschiffe durch die von den Piraten kontrollierten Regionen einiges kosten. Da die USA aber nicht über die finanziellen Mittel verfügten, um den Tributforderungen in ausreichendem Maß zu entsprechen, wurden amerikanische Schiffe immer wieder Opfer von Überfällen.

Dieser missliebige Zustand führte 1789 – dem Jahr des Ausbruchs der Französischen Revolution – dazu, dass die neue Verfassung der USA den

Kongress ausdrücklich zur Gründung einer Kriegsmarine ermächtigte. Die Umsetzung ließ jedoch noch einige Jahre auf sich warten, weil der Hauptgrund dafür infolge eines zwischenzeitlich zwischen Portugal und Algier ausgebrochenen Krieges entfallen war. Die Portugiesen blockierten die Straße von Gibraltar, sodass die Piraten nicht mehr in den Atlantik gelangen konnten, und Handelsschiffe wurden im Mittelmeer von spanischen oder portugiesischen Konvois eskortiert. Nach Beendigung dieses Krieges im Jahr 1793 konnten die Piraten wieder ungehindert in den Atlantik vordringen. Kurz darauf kaperten sie zehn amerikanische Schiffe und verschleppten mehr als 100 Seeleute. Nachdem noch im selben Jahr der Revolutionskrieg zwischen Frankreich und Großbritannien mit gravierenden Folgen auch für den amerikanischen Seehandel ausbrach, verabschiedete der Kongress schließlich am 27. März 1794 das erste Marinegesetz der USA, das den Bau von sechs modernen Kriegsschiffen vorsah: Fregatten mit einer bis dahin weltweit nicht gekannten Schlagkraft. Dieser Tag ging als das eigentliche Gründungsdatum der US-Marine in die Geschichte ein.

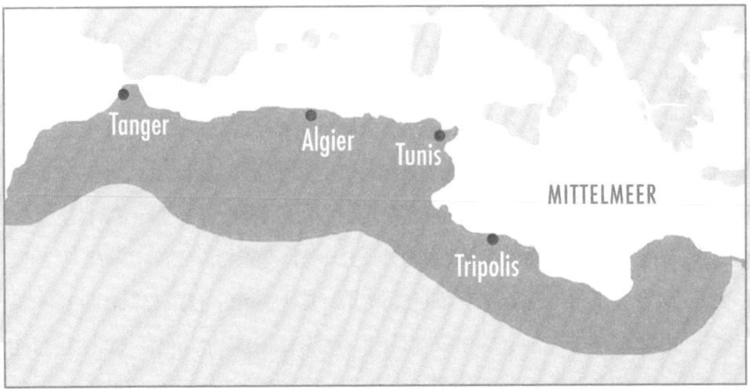

Das westliche Mittelmeer mit dem Gebiet (dunkle Fläche) der sogenannten »Barbareskenstaaten«

Bis zur Indienststellung dieser sechs Fregatten sollten allerdings noch weitere vier Jahre vergehen. In dieser Zeit mehrten sich die Auseinandersetzungen mit Frankreich. Die Franzosen fühlten sich durch eine 1794 getroffene Handelsvereinbarung zwischen Großbritannien und ihrem einstigen Verbündeten USA hintergangen und versuchten, deren Handelsaktivitäten durch Kaperungen amerikanischer Frachtschiffe zu unterbinden. Nachdem die USA mit Versuchen, eine friedliche Lösung herbeizuführen und in dem Revolutionskrieg ihre neutrale Haltung beizubehalten, an unerfüllbaren Forderungen der Franzosen gescheitert waren, sahen sie sich zu einer Gegenoffensive genötigt. Kurz nach Gründung des US-Marineministeriums Ende April 1798 begann eine zweieinhalb Jahre dauernde kriegerische Auseinandersetzung zur See, die nie offiziell erklärt wurde und daher noch heute als Quasi- oder Scheinkrieg bezeichnet wird. Die Auseinandersetzungen forcierten die Fertigstellung der sechs Fregatten, und Ende des Jahres 1800 war der Krieg zugunsten der USA entschieden – woran die Unterstützung durch die »Royal Navy« nicht unerheblichen Anteil hatte.

Unterdessen war die US-amerikanische Kriegsflotte stetig vergrößert worden, und ihre Personalstärke betrug nach Kriegsende bei etwa 50 Schiffen rund 6.000 Mann. Doch kaum war der Konflikt mit Frankreich beigelegt, begann 1801 der erste amerikanisch-tripolitanische Krieg, in dem die USA gegen die nach wie vor erheblichen Beeinträchtigungen ihrer Handelsschifffahrt durch die von Nordafrika ausgehende Piraterie vorgingen und der erst 1805 entschieden war. Die »Barbareskenstaaten« verpflichteten sich, auf die Seeräuberei sowie auf die Geiselnahme und den Sklavenhandel mit gefangen genommenen Seeleuten zu verzichten – zumindest vorläufig, denn schon nach zwei Jahren begannen sie damit, die alte Tradition wieder aufzunehmen.

Bis einschließlich 1812 ließen sich die USA das sogar gefallen und gingen auf die Lösegeld- und Tributforderungen der nordafrikanischen Staaten ein. Dann erklärten sie den »Barbareskenstaaten« erneut den Krieg, ohne dies allerdings wirkungsvoll umsetzen zu können. Denn eine andere Auseinandersetzung band die Kapazitäten der »US Navy«: der im Juni 1812 von den USA erklärte Krieg gegen Großbritannien. Noch zwölf Jahre zuvor hatten die Briten die Amerikaner in ihrem Kampf gegen die Franzosen unterstützt, und jetzt erklärten sie dem einstigen Mutterland den Krieg? Der Hauptgrund dafür bestand in der seit langem gängigen Praxis des sogenannten »Pressens«, also des Verschleppens von auf amerikanischen Handelsschiffen tätigen Seeleuten in den Dienst der »Royal Navy«. Mehr als 10.000 Männer sollen die Amerikaner auf diese Weise an die Briten verloren haben. Die wiederum hatten allen Versuchen seitens der US-Regierung getrotzt, dieses Vorgehen zu unterlassen – zu groß war der Mangel an Personal bei der britischen Marine infolge der anhaltenden Auseinandersetzungen mit dem inzwischen napoleonischen Frankreich. Jetzt aber hatten die Amerikaner genug. Trotz ihrer inzwischen angewachsenen eigenen Marine profitierten sie einmal mehr von der Unterstützung durch Freibeuter. Am Ende mussten sich die Briten im Februar 1815 geschlagen geben. Nun endlich konnte sich die US-Marine dem drei

Jahre zuvor erklärten zweiten »Barbareskenkrieg« zuwenden, nachdem der Kongress der Entsendung einer Flotte von zehn Schiffen in diese Krisenregion zugestimmt hatte. Deren Kampfkraft reichte aus, um die Gegner derart massiv in die Schranken zu weisen, dass die Piraterie in dieser Region für die US-Schifffahrt nie wieder eine gravierende Rolle spielte. In den USA selbst war inzwischen das Bewusstsein für die Bedeutung ihrer Kriegsmarine so weit gestiegen, dass unmittelbar nach dem Ende dieser Auseinandersetzung acht neue Linienschiffe in Auftrag gegeben wurden, deren Ausstattung und Bewaffnung die der sechs Fregatten mit maximal 44 Kanonen noch um jeweils mindestens 30 Kanonen übertraf. Allein zwischen 1815 und 1840 wurden zusätzlich 74 weitere Kriegsschiffe für die »US Navy« in Auftrag gegeben und fertiggestellt. Die USA waren auf dem besten Weg, sich zu einer bedeutenden Seemacht zu entwickeln, und die Gründung der Marineakademie im Jahr 1845 war zudem ein deutliches Zeichen für deren Professionalisierung.

In die Zeit bis zum Beginn des amerikanischen Bürgerkrieges 1861 fiel lediglich eine kriegerische Auseinandersetzung, in der die Marine eine wirklich relevante Rolle spielte: der mexikanisch-amerikanische Krieg von 1846 bis 1848. Er begann ein Jahr nach dem Beitritt des bis 1836 zu Mexiko gehörenden Territoriums der Republik von Texas in die USA und bescherte den Vereinigten Staaten neben dem beachtlichen Gebietszuwachs von mehr als 1,3 Millionen Quadratkilometern mit den heutigen Bundesstaaten Arizona, Kalifornien, Nevada, New Mexico, Utah sowie Teilen von Wyoming die erstmalige Ausdehnung vom Atlantischen bis zum Pazifischen Ozean. Neben einer Abriegelung der mexikanischen Küsten und dem vereinzelten Vordringen kleinerer Schiffe über Flussläufe ins Landesinnere war es vor allem eine Landeoperation im Golf von Mexiko, die etwa 12.000 US-Soldaten die Landung bei Veracruz und die anschließende Besetzung von Mexiko-Stadt ermöglichte und eine Vorentscheidung zugunsten der USA herbeiführte. Abgesehen davon beschränkten sich die Aktivitäten der US-Marine bis 1861 auf die Durchsetzung des 1819 beschlossenen Verbots des transatlantischen Sklavenhandels und auf die Bekämpfung der ausufernden Piraterie in der Karibik und im Golf von Mexiko. Bei den Patrouillenfahrten vor den Küsten Westafrikas, Südamerikas und Kubas wurden binnen vier Jahrzehnten mehr als 100 Sklavenkurierboote aufgebracht. Dagegen trug der 1822 begonnene Einsatz eines speziellen Westindien-Geschwaders, der »West India Squadron«, innerhalb von weniger als zehn Jahren maßgeblich zum Niedergang der Piraterie in den besagten Gebieten bei.

Mit der Beschießung eines zur Union der Vereinigten Staaten von Amerika, den »Nordstaaten« gehörenden, aber auf dem Gebiet der abtrünnigen konföderierten Staaten von Amerika, den »Südstaaten«, gelegenen Forts begann am 12. April 1861 der amerikanische Bürgerkrieg. Nach drei Jahrzehnten sich immer weiter zuspitzender Querelen zwischen den Konfliktparteien, die nur vordergründig auf die Sklaverei zurückgingen und auf tiefgreifenden sozialen, wirtschaftlichen sowie politischen Differenzen beruhten, waren sechs Bundesstaaten unter der Führung von North Carolina nach der Wahl Abraham Lincolns zum 16. US-Präsidenten aus der Union ausgetreten und hatten am 4. Februar 1861 einen unabhängigen Staatenbund gegründet. Fünf weitere taten es ihnen innerhalb der nächsten dreieinhalb Monate gleich.

Dem Seekrieg kam in der Folge eine enorme Bedeutung zu, und eines seiner Hauptmerkmale war die Blockade: Die wichtigsten Häfen der gegnerischen Küstenbereiche wurden abgeriegelt, um ein Aus- und Einlaufen von Handelsschiffen zu unterbinden und so die Wirtschaft zu schwächen. Die Nordstaaten entwickelten den sogenannten »Anaconda-Plan«, demzufolge sich ein Blockadegürtel schlangenmäßig um die Küstenbereiche der Südstaaten winden sollte. Blockadebrecher der Südstaaten versuchten – anfangs noch mit größerem Erfolg, später immer seltener – die Sperren zu überwinden. Häufig wurden auch Minen und Torpedos eingesetzt, und erstmals kamen eisengepanzerte Schiffe zum Einsatz. U-Boote gehörten ebenso zu den Neuerungen wie mit Geschütztürmen ausgestattete Kriegsschiffe zum einen und spezielle Kanonenboote zum anderen. Letztere waren für den Einsatz in Küstennähe oder auf den großen Flüssen wie dem Mississippi und dem Tennessee vorgesehen. Da die Südstaaten anfänglich über so gut wie keine Flotte verfügten, stellten sie privaten Schiffseignern Freibriefe aus, die diese zu Kaperaktivitäten ermächtigten – so wie die USA dies im Unabhängigkeitskrieg zur See gegen die Briten getan hatten.

Am 9. März 1862 kam es in der Chesapeake-Bucht zum ersten Gefecht gepanzerter Schiffe zwischen der VIRGINIA der Konföderierten und der MONITOR der Union. Tags zuvor hatte die VIRGINIA eine Fregatte und eine Korvette der Union versenkt, die dort an einer Blockade beteiligt waren. Das Gefecht wurde nach zwei Stunden ergebnislos abgebrochen, weil die Panzerungen beider Schiffe dem gegnerischen Artilleriebeschuss standhielten. Doch während die VIRGINIA zwei Monate später versenkt wurde, avancierte die MONITOR zum Vorläufer des gleichnamigen Typs von Küstenpanzerschiffen der Nordstaaten, dem die Marine der Südstaaten lange nichts Ebenbürtiges entgegensetzen konnte. Diese wiederum führten erste Versuche mit U-Booten durch, und obwohl die HUNLEY bei ersten Tests fünf Mal hintereinander versagt hatte, gelang es ihr am 17. Februar 1864 mittels eines Torpedotreffers, die Korvette HOUSATONIC zu versenken. Obwohl die HUNLEY durch die von ihr verursachte Explosion selber so stark beschädigt wurde, dass sie ebenfalls sank, ist sie das erste Tauchboot, dem ein solcher Erfolg gelang.

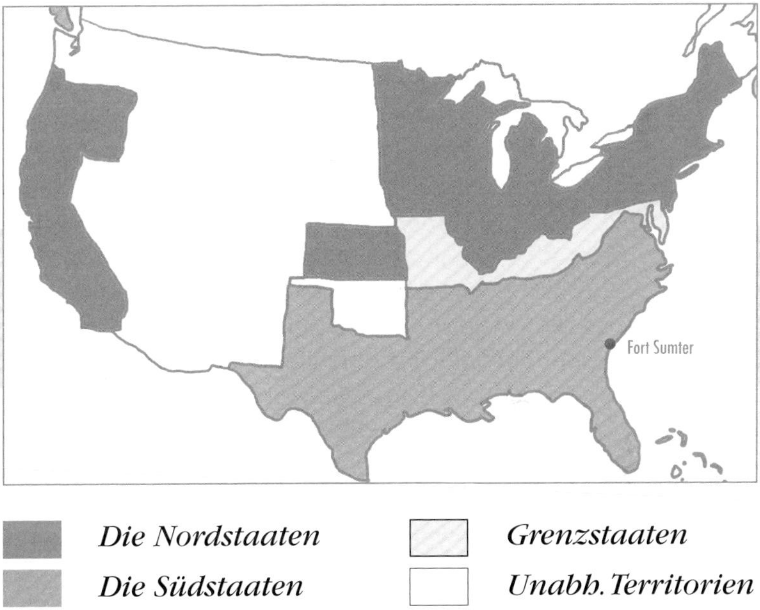

Am Ende eines zermürbenden Krieges, der bis heute mehr US-amerikanische Opfer forderte als jeder andere Krieg in der Geschichte der USA, setzte sich die Blockadestrategie der Nordstaaten durch. Nachdem im Januar 1865 der letzte Hafen in Diensten der Südstaaten geschlossen wurde, brach die Versorgung mit Kriegsmaterial und Nahrungsmitteln fast vollständig zusammen. Die letzten Truppen der Konföderierten kapitulierten am 23. Juni 1865 in Texas.

Waren es zu Beginn des Krieges nur 42 Schiffe, verfügte die US-Marine Ende 1864 aufgrund der Rüstungsanstrengungen über knapp 700 Kriegsschiffe und ca. 60 Küstenpanzerschiffe vom Typ »Monitor«. Damit besaßen die USA nach der »Royal Navy« der Briten die zweitstärkste Seemacht der

Welt. Doch nur sechs Jahre später waren davon gerade noch 200 Kriegsschiffe übrig, von denen lediglich 52 in Bereitschaft standen. Im Vergleich zu den europäischen Marinen waren die Schiffe größtenteils sogar veraltet oder befanden sich in schlechtem Zustand. Doch der Kongress sah keine Notwendigkeit, in die Kriegsmarine zu investieren. Daran änderte auch die auf einer heftigen Auseinandersetzung mit Spanien beruhende Entscheidung des Jahres 1873 zum Bau von fünf modernen Kriegsschiffen zunächst wenig, und eine Bestandsaufnahme des damaligen Marineministers machte 1881 deutlich, dass eine grundlegende Modernisierung der US-Marine dringend erforderlich war. Basierend auf dieser Erkenntnis wurde in den folgenden Jahren der Wechsel von der »Old Navy« zur »New Navy« vollzogen.

Ab 1883 entstanden acht weitere Kriegsschiffe, darunter fünf hochmoderne Kreuzer und die beiden ersten Schlachtschiffe der USA, die USS TEXAS und die USS MAINE. Zum endgültigen Durchbruch auf dem Weg zur führenden Seemacht verhalf den Vereinigten Staaten schließlich das 1890 veröffentlichte Buch »Der Einfluss der Seemacht auf die Geschichte« des Marinestrategen Alfred Thayer Mahan, das nicht nur die politisch Verantwortlichen, sondern auch die amerikanische Öffentlichkeit von der Notwendigkeit der führenden Rolle der US-Marine in der Welt überzeugte. Zwar lehnte der Kongress den noch im selben Jahr geäußerten Vorstoß des Marineministeriums zum Bau von nicht weniger als 200 Kriegsschiffen aller Art ab, doch das Marinegesetz von 1890 genehmigte immerhin acht neue Schlachtschiffe. Dadurch verbesserte sich die »US Navy« vom zwölften Platz im Jahr 1870 auf Rang fünf der Kriegsmarinen weltweit im Jahr 1900.

Zwei Jahre zuvor hatte ein kleinerer Zwischenfall auf Kuba zur Entsendung der USS MAINE in den Hafen von Havanna geführt, die dort nach einer heftigen Detonation am 18. Februar 1898 sank und 266 Seeleute in den Tod riss. Die USA gingen von einem Terroranschlag aus und erklärten dem kubanischen Mutterland Spanien am 25. April den Krieg. Innerhalb von dreieinhalb Monaten sorgten unter anderem das asiatische Geschwader im Pazifik und das Nordatlantikgeschwader in der Karibik für einen schnellen Sieg zugunsten der Amerikaner, und mit der Besetzung Kubas, Puerto Ricos, Guams und der Philippinen durch die USA verlor die einstige Weltmacht Spanien ihre letzten bedeutenden Kolonien.

Am 14. September 1901 erlag der 25. US-Präsident William McKinley den Folgen eines Attentats. Sein Nachfolger wurde mit dem damals erst

42-jährigen Theodore Roosevelt ein Verfechter der neuen Marinepolitik. Noch während seiner bis 1909 dauernden Amtszeit wurde die US-Marine – wie schon gegen Ende des Bürgerkriegs – nach der »Royal Navy« wieder die zweitgrößte Marine der Welt. Außerdem initiierte Roosevelt den Bau des für die USA strategisch äußerst wichtigen Panamakanals und schuf 1905 mit der Marinebasis in der Guantanamobucht auf Kuba einen wichtigen Stützpunkt zum Schutz des Kanalprojekts. Zwei Jahre später, im Dezember 1907, entsandte Roosevelt 16 weiß gestrichene Schlachtschiffe der Atlantikflotte, die »Great White Fleet«, auf eine legendäre 14-monatige Reise rund um den Globus, um der Welt die Stärke der neuen »US Navy« vor Augen zu führen.

Während des anfangs nur Europa betreffenden Ersten Weltkrieges (1914 bis 1918) versuchten die USA – nicht zuletzt auch wegen der vielen europäischen Einwanderer, die damals fast 15 Prozent der US-Bevölkerung ausmachten – zunächst Neutralität zu wahren. Doch der von Deutschland betriebene uneingeschränkte U-Boot-Krieg kostete bei der Versenkung des britischen Passagierdampfers LUSITANIA im Mai 1915 durch ein deutsches U-Boot, der fast 1.200 Menschen zum Opfer fielen, auch mehr als 100 US-Bürger das Leben. Um die USA nicht weiter herauszufordern, stellte Deutschland diese Art der Seekriegsführung ein. Dennoch beschloss der Kongress ein Jahr darauf das Marinegesetz von 1916, das ein Dreijahresprogramm zum Bau von ca. 140 Kriegsschiffen, darunter mehrere Schlachtschiffe und Kreuzer sowie vor allem Zerstörer und U-Boote, vorsah. Bis Kriegsende hatten die USA sogar mehr als 270 Zerstörer in Auftrag gegeben, um den deutschen U-Booten etwas entgegensetzen zu können. Die meisten von ihnen wurden zwar erst nach Kriegsende fertiggestellt, kamen dann allerdings im Zweiten Weltkrieg zum Einsatz.

Als die Deutschen Anfang Februar 1917 den uneingeschränkten U-Boot-Krieg wieder aufnahmen, führte das am 6. April zur amerikanischen Kriegserklärung gegen das Deutsche Reich. Doch abgesehen von der gelegentlichen Entsendung kleinerer Verbände von Schlachtschiffen, Zerstörern und U-Booten in britische Küstengewässer beschränkten sich die Einsätze der US-Marine auf Truppentransporte, den Geleitschutz von Handelskonvois und das Auslegen von Minenfeldern. Mit fast einer halben Million Offizieren und Mannschaften – darunter inzwischen auch Frauen – war die »US Navy« gegen Ende des Ersten Weltkrieges zumindest personell erstmals zur größten Marine der Welt aufgestiegen.

Nach einer kurzen Phase des Abrüstens gingen die großen Wirtschaftsnationen schon bald dazu über, ihre Waffenarsenale in einer Angst einflößenden Geschwindigkeit wieder aufzustocken. Um dieser Entwicklung wenigstens im maritimen Bereich Einhalt zu gebieten, wurde 1921 auf Initiative der US-Regierung die Washingtoner Flottenkonferenz einberufen. Darin vereinbarten die fünf großen Seemächte USA, Großbritannien, Japan, Frankreich und Italien unter Beibehaltung der damaligen Kräfteverhältnisse wesentliche Beschlüsse zur Begrenzung der Kriegsflotten. Als eine Folge der Konferenz – immerhin der ersten internationalen Abrüstungsvereinbarung der Neuzeit – wurden bereits kurz darauf die ersten drei Flugzeugträger der USA in Dienst gestellt: die USS Langley, die USS Lexington und die USS Saratoga. Die beiden letztgenannten waren ursprünglich als große Schlachtkreuzer geplant, deren Bau aber im Gegensatz zu dem von Flugzeugträgern nach den Beschlüssen der Konferenz verboten war.

Im Rahmen der nächsten Flottenkonferenz 1927 in Genf sollten die Schlupflöcher geschlossen werden, die in Washington übersehen worden waren. Zwar scheiterte das Vorhaben, doch die Weltwirtschaftskrise von 1929 zwang alle Staaten und damit auch die Seemächte zu drastischen Einsparungen bei ihren Rüstungsvorhaben. Die Ergebnisse der nächsten Flottenkonferenz 1930 in London führten zwar zu einer Verbesserung der britisch-amerikanischen Beziehungen, wurden aber schon wenig später von den nationalistischen Strömungen in vielen Staaten, allen voran in Deutschland, Italien und Japan, überschattet. Als sich immer weniger Nationen an die getroffenen Absprachen zur Begrenzung ihrer Flotten hielten, rüstete auch die US-Marine in der zweiten Hälfte der 1930er Jahre weiter auf.

Nach Ausbruch des Zweiten Weltkriegs im Jahr 1939 genehmigte der Kongress den Bau von 200 zusätzlichen Kriegsschiffen. Dann kam es am 7. Dezember 1941 ohne vorherige Kriegserklärung zum Überfall von Luftstreitkräften der Kaiserlich-Japanischen Marine auf Pearl Harbor, das US-Hauptquartier der Pazifikflotte auf Hawaii. Dabei wurden acht Schlachtschiffe und elf weitere Kriegsschiffe der »US Navy« versenkt oder schwer beschädigt. Tags darauf erklärten die USA Japan den Krieg. Das wiederum veranlasste die Japan-Verbündeten Deutschland und Italien am 10. Dezember zur Kriegserklärung gegenüber den Vereinigten Staaten. Erst dadurch wurde der zuvor fast ausschließlich in Europa ausgetragene Konflikt zu einem Weltkrieg. Knapp dreieinhalb Jahre später, am 7. Mai 1945, unterzeichnete der deutsche Generaloberst Alfred Jodl die bedingungslose Kapitulation der deutschen Wehrmacht. Doch erst mit der Kapitulationserklärung Japans durch Kaiser Hirohito Mitte August war der verheerendste Krieg in der Geschichte der Menschheit endgültig beendet.

Aufgrund der gewaltigen kriegsbedingten Aufrüstung hatte die US-Marine bereits 1943 eine Größe erreicht, die – ungeachtet des Überraschungsangriffs von Pearl Harbor – diejenigen aller anderen am Krieg beteiligten Seemächte zusammen übertraf. Bei Kriegsende sollen sage und schreibe mehr als 6.500 Schiffe, darunter 18 Flugzeugträger, in ihren Diensten gestanden haben – eine schier unvorstellbare Zahl. Dann aber wurde binnen kürzester Zeit der größte Teil der Kriegsflotte stillgelegt oder verschrottet, und 1948 bestand die US-Marine nur noch aus 267 Schiffen.

In den folgenden vier Jahrzehnten beherrschte der Kalte Krieg zwischen den beiden Supermächten USA und Sowjetunion und ihren jeweiligen Bündnispartnern die strategische Ausrichtung. Begleitet von zahlreichen technischen Neuerungen, entwickelte die Marine relativ schnell den höchsten technologischen Standard aller Teilstreitkräfte der USA. Ausgeklügelte Waffensysteme, atombestückte Sprengköpfe von Mittel- und Langstreckenraketen, nukleargetriebene Flugzeugträger wie die USS ENTERPRISE und U-Boote wie die USS OHIO sowie immer effektivere Kampfjets begleiteten die Strategie der Abschreckung. 1978 verfügte die »US Navy« über mehr als 300 Schiffe, davon über 100 U-Boote. Dann verordnete der ab 1981 amtierende US-Präsident Ronald Reagan ein weiteres Aufrüsten der Flotte mit dem erklärten Ziel von 600 in Dienst stehenden Kriegsschiffen. 1988 war dieses Ziel mit 588 aktiven Schiffen der US-Marine tatsächlich so gut wie erreicht.

Ob diese beachtliche Kraftanstrengung und Machtdemonstration mit zum Zusammenbruch der Sowjetunion bzw. zum Ende des Ostblocks und des Eisernen Vorhangs beigetragen hat, sei dahingestellt. Fakt ist, dass sich nach dem Kalten Krieg die Anzahl der US-Kriegsschiffe um die Hälfte verringert hat. Von den insgesamt 285 Schiffen (Stand: Januar 2012) befanden sich unter anderem elf Flugzeugträger sowie mehr als 20 Kreuzer, 60 Zerstörer, 70 U-Boote und fast 30 Fregatten im Dienst. Trotz der zahlenmäßigen Verringerung der Flotte ist die US-Marine bei knapp 325.000 Offizieren und Mannschaften sowie mehr als 3.700 Flugzeugen die einzige noch heute existierende Seemacht der Welt – und wird diesen Status in absehbarer Zeit auch nicht verlieren.

Von den Säulen des Herakles

Die Meerenge von Gibraltar

Vor etwa 300 bis 200 Millionen Jahren – das gilt inzwischen als gesichert – bestand die Erde aus einer einzigen Landmasse. Dann begann dieser Pangaea genannte Superkontinent, der vollständig von einem einzigen Weltmeer umgeben war, allmählich auseinanderzudriften. Mit dem Aufbrechen Pangaeas in einen nördlichen und südlichen Teil bildete sich dazwischen von Osten her eine Einbuchtung, die von den Wassermassen der Tethys, einem Teil des Superozeans, bedeckt war. Durch das fortschreitende Auseinanderdriften der Landmassen dehnte sich die Tethys immer stärker in Richtung des allmählich entstehenden Europas aus, und schließlich bildeten sich aus der Tethys der Indische Ozean und das direkt mit ihm verbundene Mittelmeer heraus. Als sich dann das Festland zwischen Asien und Europa teilte und den Zugang zum Atlantik freilegte, war das Mittelmeer eine breite Wasserstraße zwischen den beiden Ozeanen. Im weiteren Verlauf wurde die Verbindung vom Mittelmeer zum Indischen Ozean abgeschnitten, und gleichzeitig verengte sich im Westen der Zugang zum Atlantik: die spätere Straße von Gibraltar. Dieser Prozess, in dem die Kontinente in etwa ihre heutigen Positionen einnahmen, vollzog sich vor ungefähr 65 bis 15 Millionen Jahren. Dann geschah vorerst – jedenfalls im Verlauf der nächsten ca. neun Millionen Jahre – nichts Nennenswertes.

Doch vor knapp sechs Millionen Jahren schloss sich die Meerenge zum Atlantischen Ozean vollends. Das Mittelmeer, das nun nur noch ein großer

Salzsee war, trocknete nach und nach aus. Hunderttausende Jahre später senkte sich die Landenge leicht, und das Mittelmeer begann sich wieder mit Wasser zu füllen. Durch den permanenten Druck auf die anfänglich noch verhältnismäßig schmale Öffnung vergrößerte sie sich permanent zu einem mehrere Kilometer breiten Kanal, bis sich das Wasser des Atlantiks schließlich mit ungeheurer Kraft und Schnelligkeit in das Mittelmeer ergoss. Sein Meeresspiegel soll dabei täglich um zehn Meter gestiegen sein, und nach weniger als zwei Jahren war das Niveau des Atlantiks erreicht.

Verglichen mit den gewaltigen Ausmaßen der Ozeane ist das Mittelmeer ein eher überschaubares Gewässer. Dennoch hat die Geschichte der Seefahrt hier ihren Ursprung. Zwar versuchten die Menschen schon vor bis zu 30.000 Jahren an den verschiedensten Küsten und Ufern der Erde mit einfachsten Hilfsmitteln Seen, Flüsse oder das küstennahe Meer zu befahren, doch erst mit der Entwicklung der frühen Hochkulturen im östlichen Mittelmeerraum nahm die Seefahrt über das offene Meer ihren Anfang.

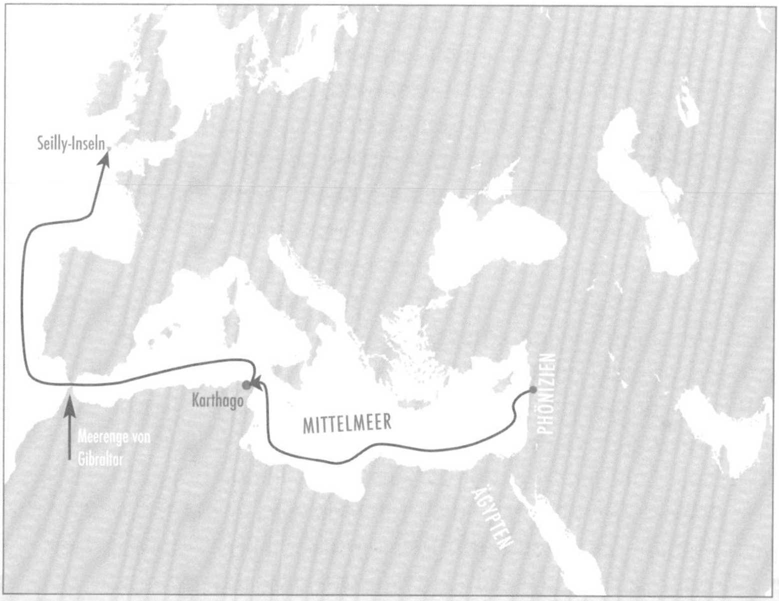

Schon vor über 3.000 Jahren sollen die Phönizier durch die Meerenge von Gibraltar in den Atlantik vorgestoßen sein. Später erreichten sie von ihrer Kolonie Karthago aus die südlich von England gelegenen Scilly-Inseln.

Zunächst betrieben die Ägypter ab etwa 3.000 v. Chr. einen regen Handel, und ihre Schiffe verkehrten zwischen dem Nildelta und der Stadt Byblos in der Nähe des heutigen Beirut. Später übernahmen die in den Städten dieser Küstenregion ansässigen Phönizier die Vormachtstellung im Seehandel, den sie vom östlichen zum westlichen Mittelmeer ausweiteten, wo sie erste Kolonien gründeten, darunter auch das einst mächtige Karthago, das noch lange nach der Epoche des antiken Griechenland der römischen Weltmacht Paroli bot.

Die Phönizier waren es auch, die vermutlich schon im 11. vorchristlichen Jahrhundert als Erste über die Straße von Gibraltar hinaus in den Atlantischen Ozean gelangten. Später erreichten sie von ihrer Kolonie Karthago aus in nördlicher Richtung die südwestlich von England gelegenen Scilly-Inseln. In der entgegengesetzten Richtung segelten sie fast bis zum Äquator, gründeten an der afrikanischen Westküste sogar mehrere Siedlungen und erreichten vermutlich auch die Kanarischen Inseln.

Gegen Mitte des 7. Jahrhunderts v. Chr. soll erstmals ein griechisches Handelsschiff über die Meerenge von Gibraltar hinaus gelangt sein. Der Überlieferung zufolge war ein Schiff des Kaufmanns Kolaios aus Samos auf dem Wege nach Ägypten von ungünstigen Winden erfasst und bis zu den legendären »Säulen des Herakles«, der Meerenge von Gibraltar, abgetrieben worden. Der Sage nach musste der griechische Zeussohn Herakles (römisch: Herkules) eine seiner zwölf legendären Aufgaben an der Meerenge von Gibraltar bewältigen, die aus Sicht der alten Griechen das Ende der Welt markierte. Eine der beiden »Säulen« war der Felsen von Gibraltar im Süden der Iberischen Halbinsel, die andere der Berg Dschebel Musa in Marokko westlich der spanischen Exklave Ceuta.

Eine Erklärung für die antike Vorstellung der Straße von Gibraltar als Ende der Welt lag vermutlich darin begründet, dass sie für die Seefahrer aus dem Mittelmeerraum als ein unüberwindbares Hindernis galt. Der Grund dafür liegt in dem seit jeher vorherrschenden Strom an der Meeresoberfläche der Meerenge, der aufgrund des etwas höheren Meeresspiegels im Atlantik permanent in Richtung Mittelmeer zieht. Dagegen kamen die Segelschiffe und geruderten Galeeren nicht an. Dann aber bemerkten die Phönizier als Erste, dass in der Tiefe eine entgegengesetzte Strömung vorherrscht. Doch erst die Erfindung des Treibankers – dabei handelt es sich nicht um einen herkömmlichen Anker zum Festmachen eines Bootes – ließ sie die Gegenströmung zu ihrem Vorteil nutzen und mit dieser Technik in den Atlantischen Ozean vordringen.

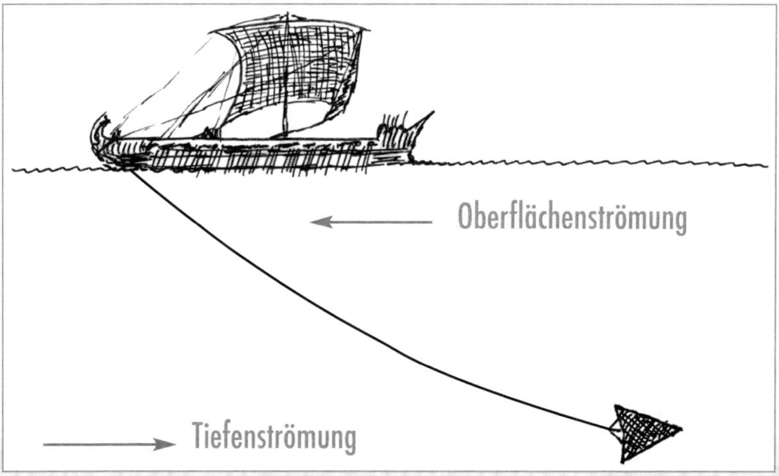

Skizze zur Verdeutlichung der Funktionsweise eines Treibankers: Die Ausnutzung der Tiefenströmung wirkt – zusätzlich zur Windkraft und der Ruderleistung – der Oberflächenströmung entgegen.

Die Meerenge von Gibraltar wurde jedoch erst viele Hunderte Jahre später sowohl für die Handels- als auch für die Kriegsschifffahrt zu einer der strategisch bedeutendsten Seefahrtsstraßen der Welt. Denn obwohl die Passage schon lange vor Christi Geburt von den Phöniziern durchfahren wurde und der griechische Kaufmann Kolaios bei seiner Reise sogar die einst reiche Hafenstadt Tartessos an der Südwestküste der Iberischen Halbinsel nordwestlich der Meerenge angelaufen haben soll, beschränkte sich die Seefahrt über das Meer noch lange Zeit auf den Mittelmeerraum – von den Polynesiern im Pazifik und einigen weiteren Ausnahmen abgesehen.

In der Mitte des 3. Jahrhunderts v. Chr. begann das Zeitalter des Römischen Weltreiches und damit die Vorherrschaft der Römer über die Seeherrschaft im Mittelmeer – ihr »Mare nostrum«. Doch erst im 9. Jahrhundert n. Chr. drangen erstmals Seefahrer vom Atlantik her durch die Straße von Gibraltar ins Mittelmeer. Es waren die Wikinger, die sich auf ihren Raubzügen mit den typischen Drachenbooten von Skandinavien aus bis weit ins östliche Mittelmeer vorwagten. Abgesehen von Plünderungen und Verwüstungen hinterließen sie aber keine nachhaltigen Spuren.

Da auch die Kreuzfahrer des Mittelalters lange Zeit den Landweg bevorzugten, um von Italien aus Richtung Heiliges Land in See zu stechen, blieb die Straße von Gibraltar strategisch gesehen noch bis ins 17. Jahrhundert ohne größere Bedeutung für die Seefahrt. Im Jahr 1704 errangen die Briten im Verlauf des Spanischen Erbfolgekrieges die Herrschaft über Gibraltar. Wie wichtig diese Position für die britische Marine war, sollte sich von den Seekriegen mit dem napoleonischen Frankreich bis zum Zweiten Weltkrieg zeigen. Für die Handelsschifffahrt kam der Meerenge tatsächlich erst mit der Eröffnung des Suezkanals im Jahr 1869 eine wichtige Bedeutung zu. Schließlich ermöglichte es dieser künstlich geschaffene Durchbruch vom Mittelmeer zum Roten Meer, die Strecke von London nach Indien beispielsweise um mehr als 4.000 Seemeilen oder von Saudi-Arabien nach New York um mehr als 3.000 Seemeilen zu verkürzen. Von nun an passierten immer mehr Frachter vor oder nach der Durchfahrt des Kanals die Meerenge von Gibraltar.

Diese neue Seefahrtsroute trug darüber hinaus auch zum Durchbruch der Dampfschifffahrt bei, denn bis dahin waren die schnellen Segelklipper vor allem auf der Ostindienroute den Dampfern an Schnelligkeit und Wirtschaftlichkeit noch überlegen. Diese mussten auf ihren Fahrten neben der Fracht schließlich noch erhebliche Mengen an Kohle für den Antrieb transportieren, was zum einen eine geringere Ladekapazität und zum anderen einen größeren Energieverbrauch bedeutete. Doch mit der Eröffnung des Suezkanals war der bisherige Vorteil für die Segelschiffe hinfällig geworden – zumal diese Verbindung Segelschiffen aufgrund der ungünstigen Windverhältnisse keine vergleichbaren Vorteile bot.

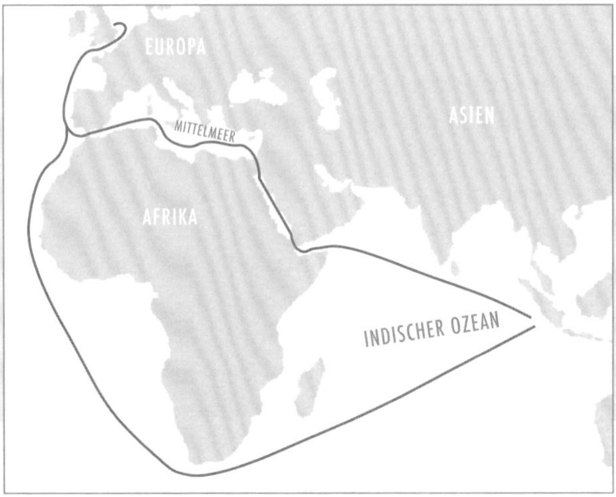

Die verschiedenen Routen vom Ärmelkanal in Richtung Indonesien verdeutlichen die beachtliche Ersparnis, die durch die Vermeidung der Fahrt um Afrika herum realisiert wird.

Fast 100 Jahre lang wurde der verkürzte Seeweg zwischen dem Atlantischen und dem Indischen Ozean durch die natürliche Meerenge von Gibraltar über das Mittelmeer, den Suezkanal und das Rote Meer in zunehmendem Maß von der Handelsschifffahrt genutzt, bis die künstliche Wasserstraße zwischen dem Roten und dem Mittelmeer 1970 infolge eines israelischen Präventivkrieges gegen Ägypten für die Dauer von acht Jahren gesperrt wurde. Erst 1978 sorgte das Camp-David-Abkommen mit dem ägyptisch-israelischen Friedensvertrag für seine Wiedereröffnung. Allerdings hatte die Sperrung die Entwicklung einer völlig neuen Generation von Frachtschiffen erst vorangebracht: die sogenannten Supertanker. Dank ihrer immensen Ladekapazität von über 300.000 Tonnen wurde der Öltransport vom Nahen Osten um den afrikanischen Kontinent herum nach Westeuropa wieder wirtschaftlich.

Die ernst gemeinte Annahme von Geologen, dass sich die Meerenge von Gibraltar wieder schließen und das Mittelmeer erneut vollkommen austrocknen werde, sehen die Betroffenen derzeit noch gelassen. Zwar gilt das Eintreten eines solchen Szenarios als sehr wahrscheinlich, doch muss mit seinem Eintreten erst in etwa zwei bis drei Millionen Jahren gerechnet werden.

Eine der schönsten und meistbefahrenen Wasserstraßen Europas

Der Bosporus

Der Bosporus ist ein bis zu 3,5 Kilometer breiter und 31 Kilometer langer Graben. Er ist heute Ausflugsziel für die Bewohner Istanbuls und Durchgangsgewässer für weit über 50.000 Schiffe im Jahr – und eine Meerenge, an der zwei Kontinente und zahlreiche Kulturen aufeinandertreffen. Als einzige Durchgangspassage zum Schwarzen Meer gehört er zudem zu den interessantesten Meerengen der Erde. Bereits im Altertum war die Kontrolle über Meerengen wie den Bosporus aufgrund ihrer strategischen Bedeutung mit erheblicher Macht verbunden. Das machte ihren Besitz bedeutsam. Und so waren sie oft Objekt staatlicher Begierde und politischer Einflussnahme. So zählte nicht nur der bekannte deutsche Forscher Alexander von Humboldt den Bosporus im 19. Jahrhundert wegen seiner geografischen Lage zu einem der schönsten Flecken der Erde. Das machte diesen Wasserweg noch interessanter.

Obwohl die Meerenge des Bosporus bereits uralt ist, entstand das heutige Aussehen der gesamten Region rund um das Schwarze Meer erst vor etwa 7.500 Jahren. Dabei wird der Bosporus in neueren Theorien auch mit der in der Bibel beschriebenen Sintflut in Verbindung gebracht. Durchaus ernst zu nehmende Wissenschaftler sind der Meinung, dass sich der Ort dieser biblischen Katastrophe hier beim Eintritt ins Schwarze Meer befunden hat. Dieser Theorie zufolge stieg der Wasserspiegel des Mittelmeers im achten Jahrtausend v. Chr. derart an, dass sich die Senke des Bosporus in rasendem Tempo mit Wasser füllte, der heutige Graben entstand und das Wasser schließlich in das etwa 160 Meter tiefer liegende Schwarze Meer einbrach. Auch in der griechischen Mythologie spielte der Bosporus bereits eine Rolle. Der in mehreren Sprachen verwendete Name »Rinderfurt« geht auf die Sage zurück, in der Göttervater Zeus seine Geliebte Io in eine Kuh verwandelt haben soll, um sie vor dem Zorn seiner Frau Hera zu schützen. Io durchschwamm dabei auf der Flucht eine Wasserstraße, die seither den Namen Bosporus (oder Rinderfurt) trägt. Sicher ist, dass der Bosporus in seiner Geschichte immer schon ein besonderer Ort war. Viele Machthaber der Menschheitsgeschichte hätten gerne die Kontrolle über diese Wasserstraße gehabt. Aber der Bosporus sorgte mit seiner Geologie und den nicht ungefährlichen Strömungen auch dafür, dass es nicht jedem gelang, ihn zu überqueren. Europa dürften so im Verlauf der Jahrhunderte viele Angriffe von Feinden aus Asien erspart geblieben sein, weil der Bosporus als natürliches Hindernis die Kontinente voneinander trennte und in der Antike nicht so einfach überwunden werden konnte.

Der Bosporus und die Dardanellen waren in ihrer Geschichte ganz besonders umkämpft. Experten halten es für möglich, dass der berühmte Trojanische Krieg nicht zuletzt deshalb geführt wurde, um die Kontrolle Trojas über die Dardanellen zu beenden. Doch was machte einen eher kleinen Wasserweg am Rande eines atlantischen Randmeers – dem Mittelmeer – überhaupt so interessant? Der Grund für die lange Zeit überragende Bedeutung des Bosporus war seine geografische Lage. Schließlich lag er über Jahrtausende im »Zentrum« der damals bekannten Welt – bevor Seefahrer und Forscher sich nach und nach aus dem Mittelmeer herauswagten und schließlich neue Welten entdeckten. Es verwundert daher nicht, dass sich dort mit der traditionsreichen Stadt Istanbul eine ebenso alte wie wichtige Handelsmetropole entwickeln konnte.

Alles begann um 650 v. Chr., als sich die ersten Griechen auf der europäischen Seite des Bosporus niederließen und die Kolonie Byzanthion grün-

Schon im Trojanischen Krieg der Antike soll es nach neuesten Erkenntnissen auch um die Kontrolle der nahe gelegenen Meerenge gegangen sein.

deten. Die Nähe zum Schwarzen Meer erwies sich als idealer Standort. Schon bald florierte der Handel mit Lebensmitteln aller Art. Ab 330 n. Chr. wurde Byzanthion in Konstantinopolis umbenannt – in die Stadt Konstantins. Sie war als »Neues Rom« mehr als 1.000 Jahre das christliche Zentrum des Oströmischen bzw. Byzantinischen Reiches. Nach mehreren fehlgeschlagenen Versuchen wurde die Stadt 1453 schließlich von den Osmanen erobert. Damit war die Stadt im Verlauf ihrer Geschichte die Hauptstadt von gleich drei Kaiserreichen: des Römischen, des Byzantinischen und des Osmanischen Reiches. In mehr als 15 Jahrhunderten haben über einhundert Kaiser und Sultane von hier aus ihre Völker regiert. Als einzige Stadt der Welt liegt sie an einer Stelle, an der zwei Kontinente durch einen engen Meereskanal voneinander getrennt sind. Dieser Seeweg durch den Bosporus war für die Anrainerstaaten von jeher das einzige Tor zum Atlantik und historisch gesehen ein sich von Europa aus öffnender Übergang zur historischen Seidenstraße.

Schon in der griechischen Antike wurden Versuche unternommen, den Bosporus mit Segelschiffen in beiden Richtungen zu überwinden. Da das Schwarze Meer durch seine zahlreichen Flusszuläufe einen deutlichen Wasserüberschuss hat, ergießen sich die Fluten von dort ins Mittelmeer. Vor allem während der Segelperiode vom späten Frühling bis zum Hochsommer war es den antiken Seglern wegen der starken Strömung lange Zeit unmöglich, vom Mittelmeer ins Schwarze Meer zu gelangen. Zudem bliesen in diesem Jahresabschnitt kräftige Nordostwinde, die die Strömungsgeschwindigkeit im Bosporus noch zusätzlich erhöhten – zu viel für die einfachen griechischen Segelschiffe. Auch die Kraft ihrer Ruderer reichte anfangs nicht aus, um gegen die Strömung anzukommen. Erst mit der Entwicklung stärkerer und größerer Ruderboote wie den Dieren oder Trieren, die mit zwei bzw. drei Ruderreihen ausgestattet waren, konnten die Griechen durch den Bosporus ins Schwarze Meer gelangen.

Araber, Bulgaren und Wikinger haben im Laufe der Zeit diese Region belagert und hier ihre Spuren hinterlassen. Die Kreuzzüge des 12. und 13. Jahrhunderts kannten stets die traditionsreiche Kaiserstadt und den Bosporus als Anlaufstation. 1204 war das spätere Istanbul und damit auch die Meerenge sogar Ziel des vierten Kreuzzugs, bei dem Christen gegen Christen um die Einnahme der Stadt kämpften. Im Februar 1352 lieferte sich die von den Osmanen unterstützte genuesische Flotte im Bosporus erbitterte Kämpfe mit den Venezianern, die wiederum mit Byzanz verbündet waren. Und als schließlich Sultan Mehmet II. ein Jahrhundert später

Konstantinopel eroberte, hatte er sich zuvor längst die Vorherrschaft über den Bosporus gesichert und seine Kanonen auf beiden Seiten des Bosporus in Stellung gebracht. Alle Großmächte wie das Byzantinische und das Osmanische Reich, die in der Vergangenheit den Bosporus kontrollierten, strebten damit immer auch eine Kontrolle über das Schwarze Meer selbst an. So ließ der osmanische Sultan Bayezid I. bereits im Jahr 1390 die Hafenstadt Gelibolu auf der Halbinsel Gallipoli als Flottenbasis anlegen, um den etwa 250 Kilometer entfernten Bosporus und damit die Schifffahrtsroute zwischen Konstantinopel, das damals noch nicht osmanisch war, und den Zugang zum Schwarzen Meer besser zu kontrollieren. Später führte er auch Schiffsinspektionen für alle Schiffe ein, die den Bosporus durchfahren wollten, und verweigerte ihnen gegebenenfalls die Durchfahrt. Zur effektiveren Kontrolle wurde wenige Jahre später die Festung »Anadolu Hisarı« (auf asiatischer Seite) errichtet – eine der ersten osmanischen Burgen in der Westtürkei. Als Vorbereitung auf die Belagerung und Eroberung Konstantinopels ließ Mehmed II. dann die Festung »Rumeli Hisarı« (auf europäischer Seite) errichten: genau gegenüber der Festung »Anadolu Hisarı«.

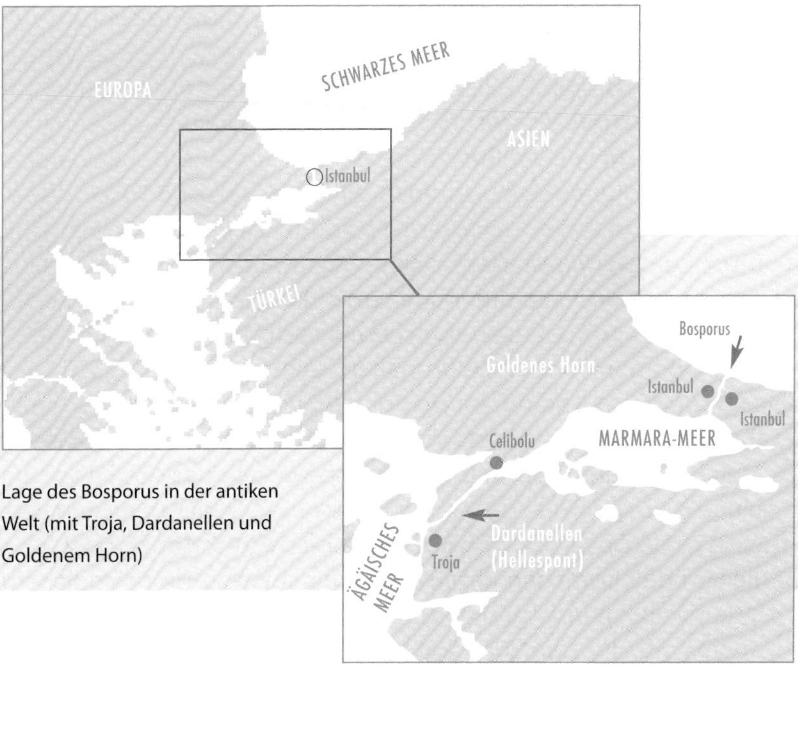

Lage des Bosporus in der antiken Welt (mit Troja, Dardanellen und Goldenem Horn)

Danach hatte das Osmanische Reich erstmals die volle Kontrolle über den Zugang zum Schwarzen Meer und kämpfte um dessen dauerhaften Besitz.

Ende des 15. Jahrhunderts wurde allen Schiffen unter ausländischer Flagge die Durchfahrt durch den Bosporus verwehrt. Wegen der vollständigen Isolierung des gesamten Schwarzmeerraumes vom internationalen Handel gelang es den Osmanen, sich die gesamte Region einzuverleiben und das Schwarze Meer zu einem Binnengewässer innerhalb des eigenen Reiches zu machen. Eine Flotte von 120 türkischen Schiffen transportierte im Auftrag des Reiches alle erforderlichen Güter an die Schwarzmeerküsten. Durch das Verbot fremder Schiffe blieb auch das Mittelmeer fest in osmanischer Hand. Das änderte sich erst im Laufe des 18. Jahrhunderts, als Russland begann, Teile der nördlichen Schwarzmeerküste zu erobern und zu festigen: 1739 die Festung Asow, 1769 Taygan, 1778 die Gründung der Hafenstadt Kerson, 1783 die Eroberung der Krim, 1794 die Gründung von Odessa. Durch diese Maßnahmen entstand ein dauerhaftes Konfliktpotenzial zwischen Osmanen und Russen. Dennoch gelang es ihnen immer wieder, sich zu einigen. So konnten ab 1774 auch russische Schiffe den Bosporus passieren und nach lautstarken Protesten anderer Handelsnationen ab 1800 auch Schiffe zum Beispiel Frankreichs und Großbritanniens. Den russischen Handelsschiffen blieb der Transport bestimmter Güter durch den Bosporus jedoch untersagt. Insbesondere wollten die Osmanen verhindern, dass Getreide weitertransportiert wurde, da sie daran selbst großen Bedarf hatten. Kriegsschiffen aus Russland wurde die Durchfahrt ebenfalls strengstens verwehrt. Dieses Verbot wurde erstmals gelockert, als Russland dem Osmanischen Reich seine militärische Hilfe anlässlich des Ägyptenfeldzugs der Franzosen unter Kaiser Napoleon (1798 bis 1801) anbot. Die Osmanen gestatteten russischen Kriegsschiffen daraufhin für die Dauer des Krieges die Durchfahrt. Der Frieden hielt jedoch nur kurze Zeit. In insgesamt elf Kriegen zwischen Russen und Türken mussten die Osmanen nach und nach immer mehr Gebiete rund um das Schwarze Meer an Russland abtreten. Die Kriegsanstrengungen und die Niederlagen mit wechselnden Verbündeten führten am Ende zur Schwächung des Reiches, zum inneren Zerfall und zum Niedergang. Aus dieser Zeit stammt die Bezeichnung vom »kranken Mann am Bosporus«. Trotz zahlreicher Verträge gelang es den Osmanen letztlich nicht, sich im 19. Jahrhundert gegen die Interessen der anderen Großmächte durchzusetzen. Politisch wurde die Frage der Bosporus-Durchfahrt zunehmend zu einer Angelegenheit der Großmächte. Im Krimkrieg von 1853 bis 1856 waren Frankreich und

Großbritannien Verbündete des Osmanischen Reiches und schickten ihre Kriegsflotten ins Schwarze Meer. Nach Kriegsende hatte der Bosporus den Status einer internationalen Wasserstraße, wobei deren Passage für Kriegsschiffe verboten war. Erst mit dem Londoner Vertrag von 1871 wurde Russland eine Kriegsflotte im Schwarzen Meer gestattet, und den Verbündeten wurde die Durchfahrt von Kriegsschiffen während Friedenszeiten erlaubt. Dieser Status blieb bis zum Ersten Weltkrieg erhalten.

Die Frage um die Kontrolle von Bosporus und Dardanellen trug 1914 zur Bindung des Osmanischen Reiches an die Mittelmächte Deutschland, Österreich und Italien bei, mit deren Hilfe die Türken die Meerengen in der Schlacht von Gallipoli im Verlauf des Ersten Weltkriegs erfolgreich gegen die Alliierten verteidigen konnten. Zuvor war es zwei als türkische Schiffe getarnten deutschen Kreuzern, der SMS GOEBEN und der SMS BRESLAU, gelungen, die russische Seefestung Sewastopol sowie die Stadt Odessa zu beschießen, wodurch das Osmanische Reich zum Kriegsteilnehmer wurde und schließlich 1918 zusammenbrach. Nach dem Krieg kontrollierte die britische »Royal Navy« die Meerenge bis zur Ausrufung der Türkischen Republik im Jahr 1923. So lange wurde Handelsschiffen aller Länder die freie Durchfahrt durch den Bosporus gewährt. Doch schon bald nach der Unabhängigkeit der Türkei pochte der neue türkische Staatspräsident Kemal Atatürk darauf, die Souveränität über die Meerengen wiederzuerlangen. Im internationalen Meerengenabkommen, das am 20. Juli 1936 in Montreux unterzeichnet wurde und noch heute in Kraft ist, erhielt die Türkei die volle Souveränität über die Dardanellen, das Marmarameer und den Bosporus zurück. Zugleich wurden die internationalen Durchfahrtsrechte grundsätzlich neu geregelt und den Türken im Kriegsfall das Recht zugestanden, die Meerenge vollkommen zu schließen. Artikel 2 des Abkommens regelte vor allem die elementar wichtige Garantie des freien Schiffsverkehrs:

»In Friedenszeiten genießen Handelsschiffe in den Meerengen die vollständige Freiheit der Durchfahrt, bei Tag und bei Nacht, unter jeder Flagge und mit jeder Art von Ladung, ohne Formalitäten.«

Im Zweiten Weltkrieg verhinderte der Vertrag von Montreaux unter anderem, dass die mehrmaligen Versuche italienischer und deutscher Kriegsschiffe erfolgreich waren, über das Mittelmeer und den Bosporus hinaus im Schwarzen Meer in die Nähe Russlands zu kommen, um sie auf diesem Weg anzugreifen. Nach dem Zweiten Weltkrieg begann der »kranke Mann am Bosporus« unter der Obhut der NATO und im Verbund mit der Europäischen Union wieder zu genesen. 1963 legte das Ankara-Abkommen die Grundlage für eine engere Anbindung an Westeuropa. Besonders hervorzuheben ist zwischen 1950 und 1990 die große Leistung der türkischen Marine, an der Nahtstelle der Konfliktparteien zum sogenannten »Ostblock« die Kontrolle der starken Schwarzmeerflotte sicherzustellen. Seit dem Ende des Ost-West-Konflikts Anfang der 1990er Jahre ist die

Eine der ersten Burganlagen am Bosporus: die Festung »Rumeli Hisari« aus dem Jahr 1452

Bosporus-Meerenge nach wie vor eine der weltweit wichtigsten und am stärksten ausgelasteten Wasserstraßen der Welt. Schließlich ermöglicht sie den Anrainerstaaten des Schwarzen Meeres (Russland, Ukraine, Rumänien, Bulgarien und Georgien) den maritimen Zugang zum Mittelmeer und damit den Zugang zum internationalen Seehandel. Neben Agrargütern und Industrieprodukten hat nicht zuletzt das Erdöl einen entscheidenden Anteil am immer weiter steigenden Transportvolumen auf diesem Seeweg. Insbesondere die Staaten am östlichen Rand des Schwarzen Meeres sowie deren Hinterland gelten als wichtige Erdöllieferanten, aber auch als potenzielle politische Unruheregionen des 21. Jahrhunderts. Erdöltanker befördern heute jährlich allein rund 150 Millionen Tonnen durch den Bosporus – mitten durch die 15-Millionen-Einwohner-Metropole Istanbul. Das ist mehr als der Jahresbedarf der Bundesrepublik Deutschland an diesem Rohstoff. Internationale Verträge zwingen die Türkei zwar, den freien Schiffsverkehr durch die Meerenge zu garantieren, doch ansonsten gibt es trotz des dichten Verkehrs kaum verbindliche Sicherheitsvorschriften, obwohl der Bosporus als ein schwieriges Gewässer gilt. Selbst das, was auf anderen Wasserwegen längst selbstverständlich ist, gibt es hier nicht: zum Beispiel die Verpflichtung für Schiffskapitäne, einen ortskundigen Lotsen an Bord zu nehmen. Dabei fahren hier nicht nur zahllose Ozeanriesen umher, sondern es sind täglich auch 1,5 Millionen Menschen auf dem Weg zur Arbeit unterwegs. Fährschiffe, Ausflugsdampfer, Segler, Fischerboote und Motoryachten, aber auch internationale Kriegsschiffe kreuzen im Bosporus in alle Richtungen und machen den wahrscheinlich am dichtesten befahrenen Wasserweg der Welt hochgefährlich. Der bisher schlimmste Unfall ereignete sich im März 1994, als nachts nahe der Mündung ins Schwarze Meer zwei griechisch-zypriotische Schiffe zusammenstießen. 30 Seeleute fanden den Tod und 20.000 Tonnen Rohöl liefen aus. Sie verwandelten den gesamten Bosporus in ein Flammenmeer. Nur mit Glück konnte ein Inferno verhindert werden, denn der Wind trieb die Flammen in Richtung Schwarzes Meer und nicht auf die Stadt zu. Es dauerte sieben Tage, bis das Feuer auf einem der Schiffe wieder unter Kontrolle war. Istanbul war nur ganz knapp einer Katastrophe entgangen. Nach einer Greenpeace-Aktion, die auf das Unfallrisiko für den Schiffsverkehr aufmerksam machte, wurden Ende 2002 die Auflagen zur Durchfahrt für Öltanker verschärft. Zudem hat die türkische Regierung angekündigt, für etwa 20 Milliarden US-Dollar einen weiteren, künstlichen Kanal in der Nähe von Istanbul zu bauen – zur Entlastung des Bosporus. Der etwa 40 bis 50 Kilometer lange, sogenannte »Istanbul-Kanal« soll das Schwarze und das Marmarameer verbinden und so eine weitere alternative Schiffsroute schaffen – mit einer Tiefe von etwa 25 Metern und einer Breite zwischen 145 und 150 Metern. Selbst Supertanker sollen ihn dann befahren können. Für die Türkei ist es sicher eines der größten und ehrgeizigsten Projekte des 21. Jahrhunderts.

Das wichtigste und gefährlichste »Nadelöhr« der Welt

Die Straße von Hormus

Es ist ein Spiel mit dem Feuer – und eines mit ungewissem Ausgang. Schon seit mehreren Jahren ist den verschiedensten Medien weltweit zu entnehmen, dass sich im nordwestlichen Teil des Indischen Ozeans etwas zusammenbraut. Durch die Piraterie im Arabischen Meer, vor allem aber durch schwelende Konflikte mit dem Iran hat sich besonders entlang der Straße von Hormus eine Bedrohungslage entwickelt, die ebenso bizarr wie real erscheint.

Schon lange ist der Iran international isoliert und steht politisch unter Druck – und das sicher aus gutem Grund. Einer von diesen Gründen ist das umstrittene Atomprogramm, mit dem die dortigen Machthaber der Welt den eigenen Fortschritt und die Unabhängigkeit vom Westen aufzeigen wollen. Ebenso wie mit groß angelegten Seemanövern vor »der eigenen Haustür«, die schlicht Stärke demonstrieren sollen. Das wäre im Prinzip sicher auch in Ordnung, wäre dieses Seegebiet nicht gerade die Straße von Hormus. Das politische Zerwürfnis Westeuropas und Nordamerikas mit dem Iran und das immer wieder wahrnehmbare »Säbelrasseln« macht die Straße von Hormus heute zum gefährlichsten Engpass der Welt. Und es macht ganz nebenbei das ganze Dilemma dieses Seewegs für die großen Handelsnationen in West und Ost deutlich: Es ist ihre Abhängigkeit vom Öl, die diese Region für alle Beteiligten so sensibel werden lässt.

Hormus (auch Ormuz oder Hormuz) ist eine kahle, fast kreisrunde Felseninsel, die etwa 16 Kilometer vor der Südküste des Iran im Persischen Golf liegt und in der Antike bei den Griechen und Römern noch als »Organa« bezeichnet wurde. Ihren neuen Namen erhielt sie von einer bedeutenden Hafenstadt, die ursprünglich auf dem Festland nordöstlich der Insel lag und der Mittelpunkt eines kleinen Fürstentums war. Im 13. Jahrhundert siedelte der Fürst mitsamt seinem Gefolge auf die Insel über, um sich und sein Volk vor den herannahenden Mongolen zu schützen. So entstand die Stadt Neu-Hormus, während Alt-Hormus zunehmend verfiel. Übrig blieb später nur der Name Hormus für das insgesamt 42 Quadratkilometer große Eiland, das keine nennenswerte Vegetation und auch kein Trinkwasser zu bieten hat. Im Grunde ist es gänzlich unbedeutend, wäre da nicht seine besondere strategische Lage an einem der wichtigsten Brennpunkte

Geografische Lage an der Straße von Hormus

unserer Zeit, bei dem es um globale Interessen geht: an der gleichnamigen Straße von Hormus. Dieser Seeweg zwischen dem Oman im Süden und dem Iran im Norden ist ein bedeutender Engpass, denn er ist für die angrenzenden Staaten der einzige Zugang vom Persischen Golf in den Indischen Ozean. Bereits seit der Antike ist dieser Seeweg eine wichtige Schifffahrtsstraße, die seit Jahrtausenden im Blickpunkt der jeweiligen Handelsnationen steht. Durch sie verläuft heute der gesamte Schiffsverkehr von und zu den Ölhäfen Kuwaits, Bahrains, des Irak, der Vereinigten Arabischen Emirate und des Iran, dazu der größte Teil der saudi-arabischen

Schiffsverbindungen. Erst durch diese strategische Lage als bedeutende Meerenge für die internationale Ölversorgung erlangte die Straße von Hormus weltweite Aufmerksamkeit – und ohne das Öl wären sie wie auch das umliegende Land wahrscheinlich völlig unumstritten geblieben. Fakt ist: In den letzten zwei Jahrzehnten passierte etwa ein Viertel der gesamten Ölproduktion der Welt die Straße von Hormus. Auch drei Viertel des japanischen Ölbedarfs wird regelmäßig durch dieses Nadelöhr befördert, das an der engsten Stelle nur 38 Kilometer misst und dessen Fahrrinnen nur drei Kilometer breit sind. Eine Sperre dieses Seeweges, eine vollständige oder auch nur teilweise Blockade würde die Öllieferungen von bedeutenden Teilen der Erdölgebiete im Nahen Osten unterbinden und für weltweite Probleme sorgen. Nicht nur deshalb ist sie mehr denn je von globaler strategischer Bedeutung.

Bereits im Mittelalter war die Straße von Hormus der wichtigste Wasserweg auf dem Handelsweg von Europa nach Indien. Auch Marco Polo besuchte die Stadt Hormus, die zu seiner Zeit noch auf dem Festland lag, in den Jahren 1272 und 1293. Schon damals hinterließ sie bei ihm einen starken Eindruck, denn dort wurden von Händlern aus aller Herren Länder Gewürze, Edelsteine, Perlen, Seidenstoffe und Elfenbein gehandelt. Auch mit dem Kaiserreich China bestanden Handelskontakte, anfangs jedoch überwiegend durch arabische Zwischenhändler. Die Straße von Hormus und auch die westlich gelegenen Gebiete waren bis zum Ende des Mittelalters auch das Ziel der Schatzflotte des großen chinesischen Admirals Zheng He. Durch die von Vasco da Gama 1498 erforschte neue Seeroute um das Kap der Guten Hoffnung im südlichen Afrika herum wurde das Handelsmonopol der Araber in dieser Region nach und nach gebrochen. Unter der Herrschaft der Portugiesen (1515 bis 1622) entwickelte sich die Stadt (Neu-)Hormus an der Nordküste der gleichnamigen Insel zu einem der wichtigsten Handelsplätze am Arabischen Meer und zu einer der reichsten Handelsstädte der damaligen Welt.

Fast 400 Jahre lang, bis zur Eröffnung des Suezkanals im Jahr 1869, war der von Vasco da Gama erstmals bezwungene Seeweg um das Kap der Guten Hoffnung herum der Hauptschifffahrtsweg von Asien und Arabien nach Europa. Die Portugiesen hatten schon früh die Wichtigkeit eines eigenen Stützpunktes erkannt und lange Zeit versucht, in dieser eher kargen Region dauerhaft sesshaft zu werden. Von besonderer historischer Bedeutung war dabei der Norden der Halbinsel Musandam. Sie spielte über Jahrhunderte eine wichtige Rolle für die Seefahrer und Entdecker Portugals. Im 16. Jahrhundert eroberten die Portugiesen von dort aus unter anderem die Insel Hormus und bauten eigene Festungen. Dauerhaft konnten sie sich in dieser Region jedoch nicht halten. Durch den allmählichen Niedergang der Seemacht Portugal kamen andere europäische Seefahrtsnationen mit globalem Anspruch: erst die Spanier, dann die Niederländer und schließlich die Briten. Um 1650 wurde das Land vom Oman zurückerobert. Vor allem die Engländer erkannten die geostrategische Bedeutung der Meerenge und pflegten bis ins 19. Jahrhundert hinein besonders enge Beziehungen zum Sultan von Oman, denn dieses kleine Sultanat kontrollierte den Zugang zur Straße von Hormus, die wiederum große Bedeutung für die britischen Handelsrouten nach Indien hatte. An dieser Situation hat sich bis heute im Grunde kaum etwas geändert – im Gegenteil.

Mit Blick auf die aktuellen Handels- und Wirtschaftsrealitäten lässt sich feststellen, dass sich der Wohlstand und die Weiterentwicklung der wichtigsten westlichen Industriestaaten und auch der Schwellenländer wie China, Indien oder Brasilien heute nur durch die sichere, verlässliche und vor allem dauerhafte Versorgung mit den immer knapper werdenden Rohstoffen gewährleisten lässt. Die globale Wirtschaft ist davon abhängig und benötigt vor allem Öl, um zu funktionieren. Die Sicherheit der Zufuhr dieses Energieträgers hängt wiederum von sicheren Wasserstraßen ab, die längst zu den Lebensadern der Weltwirtschaft zählen. Etwa die Hälfte der weltweiten Ölproduktion wird mit Tankern über ganz wenige, strategisch bedeutende Wasserstraßen transportiert, von denen einige echte Engpässe darstellen: der Suezkanal, der Panamakanal und auch die Straße von Hormus. Im 21. Jahrhundert sind die wirklich teuren Straßen also nicht mehr der Broadway in New York, die Königsallee in Düsseldorf oder die Avenue des Champs-Élysées in Paris. Fast unbezahlbar sind heute einige wenige internationale Wasserstraßen. Eine Handelspassage etwa durch den Panamakanal, vom Pazifik zum Atlantik, kostet im Durchschnitt rund 48.000 US-Dollar. Für große Schiffe kann diese Gebühr auf bis zu 150.000 US-Dollar ansteigen. Die Tatsache, dass die Betreibergesellschaft mit solchen Transfers über eine Milliarde US-Dollar pro Jahr einnimmt, zeigt: Es geht hier um Geld, sehr viel Geld. Mit seiner Länge von knapp 82 Kilometern wirkt der Panamakanal aber geradezu klein gegenüber dem doppelt so langen Suezkanal, der das Rote Meer mit dem Mittelmeer verbindet. Er gilt als die rentabelste Seewegsverbindung zwischen Asien und Europa, gehört dem ägyptischen Staat und erwirtschaftet jährlich zwischen drei und vier Milliarden US-Dollar. Doch es sind nicht die letztgenannten Wasserwege, die den Staatsoberhäuptern der wichtigsten Handelsnationen der Welt Sorgen bereiten, sondern die Straße von Hormus. Als gefährdete Angriffsziele von Terroristen, Piraten oder anderen Despoten stehen zwar alle drei Passagen im besonderen Fokus der globalen Politik. Doch kein Land der Erde kann es sich heute erlauben, die besondere Schlüsselstellung des letztgenannten Seeweges zu ignorieren – und angesichts der real vorhandenen Verwundbarkeit des eigenen Wohlstands abseits zu stehen.

Schon heute lässt sich erahnen, dass sich mit der zunehmenden Bedeutung einzelner Seewege auch der Stellenwert der angrenzenden Weltmeere verändern wird. Der Indische Ozean ist zwar deutlich kleiner als der Atlantische und Pazifische Ozean. Doch er hat das Potenzial, zum Ozean des 21. Jahrhunderts zu werden. Während die beiden anderen Weltmeere im Grunde frei mit dem Schiff erreichbar und zu befahren sind, sind die Rahmenbedingungen für den Indischen Ozean gänzlich anders. Nur um Afrika oder Australien herum lässt sich ein freier Zugang erreichen. Mit dem Golf von Aden, der Straße von Hormus, der Straße von Malakka, der Sundastraße und der Straße von Lombok verfügt der Indische Ozean aber zugleich über mehrere enge Zugangswege – und alle liegen an sicherheitspolitischen Brennpunkten. Der Golf von Aden ist durch die Piraterie schon seit Jahren konstant in den Schlagzeilen. Gleiches gilt jetzt auch für die Straße von Hormus durch den Iran. Zwischen 80 und 90 Prozent des Welthandels werden heute über Meere und Ozeane abgewickelt. Die wichtigsten Routen des maritimen Handels verlaufen inzwischen durch den Indischen Ozean. Deshalb sind auch die Marinen der wichtigsten Staaten der Welt vor Somalia, im Golf von Aden und im Persischen Meer vertreten. Die große Anzahl an aktiven Staaten, der laufenden Militärmissionen und der eingesetzten Kriegsschiffe beweist die Bedeutung des Golfs von Aden und der Straße von Hormus. Russland versucht schon seit Längerem, eine dauerhafte Marinepräsenz in der Region zu etablieren – und auch Japan und China beteiligen sich mit Kriegsschiffen am Horn von Afrika. Keiner dieser Staaten würde sich in dieser Region in solch einem Ausmaß engagieren, wenn es nicht seinen eigenen mittel- bis langfristigen Interessen dienen würde.

Auch wenn ein Teil der Bedrohungen der Seesicherheit in entfernten Gebieten der Welt stattfindet, so ist die Bedrohung für alle Kontinente gleichermaßen direkt und real. Schon mehrfach haben ähnliche Situationen gezeigt, wie lebenswichtig der sichere und zeitgerechte Transport von Rohstoffen wie Öl und Gas in unserer konsumorientierten Welt sind: etwa die Schließung des Suezkanals im Jahr 1956 und nach dem israelisch-ägyptischen Sechstagekrieg 1967 sowie der anhaltenden Bedrohung der Straße von Hormus während des ersten Golfkrieges 1984. Die Abhängigkeit von einer sicheren Energieversorgung wird uns allen auch in den nächsten Jahrzehnten erhalten bleiben – und damit die Frage nach der Sicherheit der Straße von Hormus. Der Bau von Pipelines bietet sicher eine Möglichkeit, den gefährlichen Seeweg zu umgehen, um eine zu starke Konzentration auf einen einzelnen Hauptlieferanten und die damit mögliche Erpressbarkeit auszuschließen. Doch Pipelines sind teuer. Daher bleibt der Transport von Öl mit Schiffen über See in jeder Hinsicht flexibler, kostengünstiger und umweltfreundlicher. Die Straße von Hormus wird uns als »Nadelöhr« erhalten bleiben – und als Achillesferse des globalen Welthandels.

Die längste von Menschenhand geschaffene Wasserstraße aller Zeiten

Der Kaiserkanal

Der sogenannte »Große Kanal« ist im Westen besser unter dem Begriff Kaiserkanal bekannt. Dieser Wasserweg, der in China als »Jinghang Da Yunhe« bezeichnet wird, verband einst den Norden Chinas mit den fruchtbaren Deltagebieten des Flusses Yangtsekiang im Süden. Richtig übersetzt heißt er »Großer Beijing-Hangzhou-Kanal«, wobei der Zusatz »Da Yunhe« eher im Sinne von »Transportfluss« zu verstehen ist. Nach einer Bauzeit von etwa 1.800 Jahren stellte er ab dem 13. Jahrhundert die einzige direkte Verbindung zwischen der alten Kaiserstadt Hangzhou und Peking (Beijing) dar, der heutigen Hauptstadt des Landes. Die Millionenstadt Hangzhou liegt in der Nähe von Shanghai und dem Mündungsgebiet des Yangtsekiang in einer der traditionell fruchtbarsten Regionen Chinas. Die chinesischen Kaiser ließen den »Großen Kanal« nach und nach anlegen, um einen vielseitig nutzbaren Verbindungsweg zwischen den damals bedeutendsten Regionen des Landes zu schaffen – und um Tributzahlungen sowie Naturaliensteuern aus dem Süden des Landes in die jeweilige Hauptstadt zu transportieren. Mit über 1.800 Kilometern Gesamtlänge ist der Kaiserkanal nicht nur die längste jemals von Menschen geschaffene Wasserstraße der Welt, sondern auch einer der ältesten künstlichen Wasserwege überhaupt. Noch etwas älter ist der ebenfalls in China beheimatete Hong-Gou-Kanal aus dem 6. Jahrhundert v. Chr., der später in den Kaiserkanal integriert wurde. Der technisch anspruchsvollste Kanal ist nach Prüfung aller vorliegenden Quellen der ebenfalls gut 2.000 Jahre alte sogenannte »Magische Kanal« aus der Zeit des ersten Kaisers von China, Qin Shi Huangdi. Schon im 3. Jahrhundert v. Chr. verband dieser 32 Kilometer lange Wasserweg die beiden entgegengesetzt fließenden Flüsse Xiang Jiang und Li. Die antiken Baumeister schufen damit eine frühe ingenieurbautechnische Sensation, denn mit Hilfe eines neuen ausgeklügelten Strömungssystems und Umflutgräben gelang es ihnen zum ersten Mal, eine Höhendifferenz von über 40 Metern zwischen beiden Flüssen auszugleichen. Dennoch gilt der im Verlauf von vielen Jahrhunderten immer wieder ausgebaute Kaiserkanal als das Meisterwerk der Wasserbaukunst im alten China schlechthin. Wohl auch zu Recht: Schließlich hat dieser »Kanal« mit einer Länge von 1.800 Kilometern, einer Breite von 40 Metern und einer Tiefe von bis zu neun Metern die Dimensionen eines kontinentalen Flusses und war für die Menschen in China lange Zeit von ganz zentraler Bedeutung.

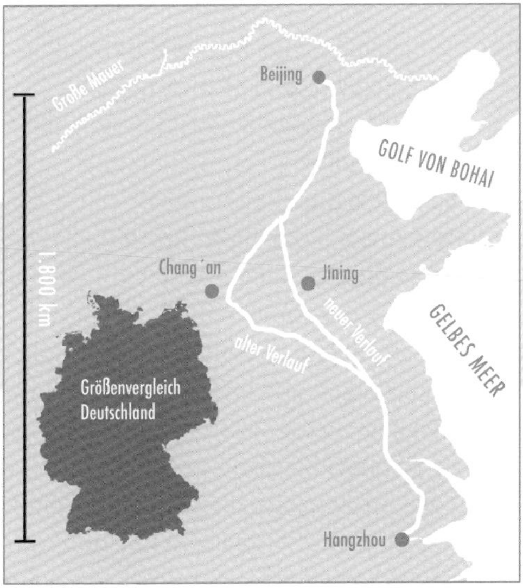

Die Darstellung des Kaiserkanals im Größenvergleich macht die enorme Dimension dieser Wasserstraße erst deutlich.

Der Bau des Kaiserkanals wurde vor rund 2.500 Jahren begonnen. Da die meisten natürlichen Flüsse Chinas von Westen nach Osten fließen, spielte der »Große Kanal« von Anfang an eine wichtige Rolle für den wirtschaftlichen und kulturellen Austausch zwischen Norden und Süden. Bereits im 5. Jahrhundert v. Chr. verbanden die ersten Teilstücke des Kanals die alte Hauptstadt Chang´an mit dem Yangtsekiang und weiteren wichtigen Flüssen und Städten im mittleren China: etwa Luoyang, Suzhou und Hangzhou. Ähnlich wie schon die Chinesische Mauer wurde auch der Kaiserkanal über viele Jahrhunderte immer wieder erweitert, umgebaut und einzelne, bereits fertiggestellte Teilstücke neu miteinander verbunden. Neben der Funktion als zentraler Versorgungs- und Handelsweg kam dem Kanal auch eine wichtige strategische Bedeutung für Truppen- und Nachschubtransporte zu und garantierte zudem die Ernährung des Nordens durch den aus dem Süden per Schiff transportierten Reis. Denn dieser in Nord-Süd-Richtung verlaufende Wasserweg verband als einziger die südliche, bereits zwei Ernten pro Jahr erzielende »Reisschüssel« Chinas mit dem dichter besiedelten, politisch dominanten Norden. Außerdem diente der Kanal auch der Aufrechterhaltung der kaiserlichen Autorität durch die chinesische Binnenmarine. Die durch den Kanal äußerst mobile kaiserliche Hofflotte garantierte durch die allgegenwärtige Präsenz des leicht zu transportierenden Militärs die Ordnung auch in den weit abgelegenen südlicheren Provinzen des Reiches.

Parallel zum Kanalverlauf wurden kaiserliche Straßen gebaut, und in regelmäßigen Abständen entstanden Verpflegungsstationen und Lagerhäuser. Es gab sogar Ministerien, die für den reibungslosen Ablauf des Transports und für die Instandhaltung des Kanals zu sorgen hatten. In den wichtigsten Städten des Kaiserkanals entstanden zudem riesige Märkte, die Händlern aus ganz Asien Platz boten – darunter Araber, Perser, Türken und andere. Aus diesen historischen Wurzeln resultierten vermutlich jene Handelstraditionen, an die im 20. Jahrhundert mit den ersten Sonder-Wirtschaftszonen angeknüpft wurde, unter anderem in der Region um Hangzhou und Shanghai. Mitte des 13. Jahrhunderts hatte Hangzhou, von der Marco Polo berichtet haben soll, sie sei »die schönste und großartigste Stadt der Welt«, bereits eine Bevölkerung von annähernd einer Million Menschen – weit mehr als das historische Bagdad. Jedenfalls hatte Hangzhou zu Zeiten Marco Polos den mit Abstand größten Seehafen weltweit. Schon in dieser Zeit wurden die Instandsetzungsarbeiten, möglicherweise bedingt durch die anhaltenden Unruhen durch die von Norden anrückenden Mongolen, am Kaiserkanal so sehr vernachlässigt, dass er streckenweise nicht mehr befahrbar war. Erst unter der Herrschaft der Mongolen ab 1260 n. Chr. wurde der Wasserweg zur Versorgung wieder schiffbar gemacht. 1271 gründete Kublai Khan, der Enkel des legendären Mongolenherrschers Dschingis Khan, die bis ins 14. Jahrhundert hinein regierende Yuan-Dynastie. Nach der Kapitulation der bisherigen Kaiserstadt

Abenteuerlicher Verlauf des Kaiserkanals durch enge Häuserschluchten

Hangzhou im Jahr 1276 errichteten die herrschenden Mongolen im Gebiet des heutigen Peking (Beijing) ihre neue Hauptstadt Dadu, die »Große Hauptstadt«, und ließen den Kaiserkanal von der alten Hauptstadt Hangzhou bis dorthin verlängern.

In der Zeit der Ming-Dynastie, die der mongolischen Yuan-Dynastie folgte und bis Mitte des 17. Jahrhunderts an der Macht blieb, wurde der Große Kanal noch einmal vollständig restauriert und zudem erheblich vergrößert. Die Binnenflotte erreichte vor allem unter dem dritten Ming-Kaiser Yongle (1403 bis 1435), einem der bedeutendsten Kaiser in der Geschichte Chinas, eine neue Blütezeit – so wie das gesamte Land. In dieser Ära gelang China auch der Aufstieg zur bedeutendsten Seemacht Ostasiens, ja vielleicht sogar der gesamten damaligen Welt. Unter der Führung des erfahrenen Admirals Zeng He entsandte der Kaiser Anfang des 15. Jahrhunderts mehrere große Expeditionen nach Südostasien, nach Indien, in den Persischen Golf sowie nach Ostafrika, in deren Verlauf die Chinesen mehr als 30 Staaten aufsuchten. Diese Reisen mit weit über 50 hochseetauglichen Dschunken und mehreren 10.000 Mann an Bord dienten jedoch nicht in erste Linie dem Handel, was den philosophischen Idealen der damaligen Zeit widersprochen hätte, sondern eher einer Machtdemonstration des Kaisers. Es liegt nahe, dass Kaiser Yongle bestrebt war, möglichst viele Staaten von der Einzigartigkeit Chinas und seines Herrschers zu überzeugen. Vielleicht entstammt dieser Epoche auch der bis heute gültige Anspruch Chinas, das »Reich der Mitte« zu sein. Historisch belegt ist, dass diese Reisen Zeng Hes abrupt zu Ende gingen. Am plausibelsten erscheint die Erklärung, dass dieser schnelle Rückzug mit den aufkeimenden Unruhen im Norden zu tun gehabt haben könnte, denn die ständige Gefahr, die von den Mongolen an Chinas Nordgrenzen ausging, war ja mit der Machtübernahme der Ming-Dynastie nur wenige Jahrzehnte zuvor keinesfalls gebannt. Jedenfalls wurden unter Yongle große Anstrengungen unternommen, den

Ausbau der großen Mauer voranzutreiben, um China vor den wilden mongolischen Horden zu schützen. Dieser Unruheherd blieb den Ming-Kaisern und der Bevölkerung jedoch noch lange erhalten.

China wandte sich wieder mehr nach innen, was dem bedeutendsten Binnenkanal des Landes zugute kam. Weitere 500 Jahre blieb der Kanal für Beijing die wichtigste Versorgungsader für die Ernährung, vor allem durch den ständigen Reistransport aus dem Süden. Aber die Wasserstraße war auch für den Handel mit Seide und anderen Gütern unentbehrlich.

Im 19. Jahrhundert verlor der Kaiserkanal dann immer weiter an Bedeutung, da er nicht mehr durchgängig schiffbar war. Die Binnenschifffahrt hatte zudem durch die Einführung von Eisenbahnlinien in Nord-Süd-Richtung ernsthafte Konkurrenz bekommen. Viele Abschnitte des Kanals verschlammten, weil der Gelbe Fluss, der »Huanghe«, seinen Flusslauf im Jahr 1852 nach Norden änderte. Dadurch musste die Wasserspeisung des »Großen Kanals« drastisch verringert werden. Erst nach dem Ende des Bürgerkrieges im frühen 20. Jahrhundert und der Wiedererlangung der Unabhängigkeit Chinas wurden ab 1949 Anstrengungen unternommen, auch den Kaiserkanal teilweise wieder zu erneuern. Heute sind Teile des Kanals für die regionale Binnenschifffahrt und zur Bewässerung wieder nutzbar. Allerdings spielt die Schifffahrt auf dem Kanal für den überregionalen Transport keine bedeutende Rolle mehr. An Faszination hat er dadurch aber nicht verloren. Im Gegenteil. Historisch gesehen war der komplettierte Kaiserkanal über acht Jahrhunderte die wichtigste Verkehrsader für den Transport zwischen Norden und Süden während der Yuan-, der Ming- und der Qing-Dynastie. Zugleich spielte er gerade für den wirtschaftlichen und kulturellen Austausch zwischen Nord und Süd und die Integration

verschiedener Volksgruppen eine wichtige Rolle. Erst durch ihn konnten bedeutende Städte im Osten des Landes entstehen und deren Bewohner ernährt werden, darunter die Städte Beijing, Tianjin, Jining, Xuzhou, Yangzhou, Suzhou und Hangzhou. Es entstand ein reiches historisches und kulturelles Erbe, und der schmale Gürtel nahe des Kanals wurde zu einer der wohlhabendsten Regionen in China: dicht besiedelt mit vielen aufblühenden Zentren durch ein schon früh entwickeltes Transportwesen. Von der alten Handelsmetropole Jining, der Geburtsstadt und Heimat des großen Gelehrten Konfuzius, ging einst eine Botschaft aus, die China lang geprägt hat: die strikte Trennung von Tradition und geistiger Lehre mit Handel- und Gewinnstreben. Eine alte Weisheit von Konfuzius lautete: »Der Edle kennt sich aus in der Pflicht, der Gemeine im Gewinn.« Das Streben nach Gewinn wurde vom Konfuzianismus und Buddhismus, den beiden bedeutendsten philosophischen Lehren in China, abgelehnt und war daher in der chinesischen Gesellschaft lange Zeit verpöhnt. Nur Geschäftsleute, die früher eine niedrige gesellschaftliche Stellung besaßen, hatten mit diesem Thema zu tun.

Der Bau des Kaiserkanals, der zum Aufblühen von Handel und Gewerbe in den östlichen Wirtschaftszonen Chinas sowie in Städten wie Beijing, Hangzhou, Shanghai und in Jining geführt hat, konnte zwar nicht die Lehren von Konfuzius verändern – wohl aber das Leben von einigen Hundert Millionen Menschen.

Eine 3.000 Jahre alte Idee – 1869 vom Franzosen de Lesseps realisiert

Der Suezkanal

Der Suezkanal ist ein 161 Kilometer langer künstlicher Wasserweg, der das Rote Meer mit dem Mittelmeer verbindet und damit eine wichtige Abkürzung auf dem Schiffsweg zwischen Europa und Asien darstellt. Durch den Kanal verkürzt sich die Strecke von Europa nach Indien um bis zu 7.000 Seemeilen – oder anders ausgedrückt um annähernd vier Wochen, da die Schiffe ohne den Kanal ganz Afrika umfahren müssten. Darüber hinaus war und ist der Suezkanal auch militärisch von Bedeutung, und er war nach der Übernahme durch die Briten bis zum Jahr 1956 letztlich das wichtigste Symbol für die globale Seemacht Großbritanniens.

Der Suezkanal beginnt im Mittelmeer bei der ägyptischen Hafenstadt Port Said und endet im Roten Meer bei der Stadt Suez, die dem Kanal ihren Namen gab. Zwischen den beiden Einfahrten liegen mit den beiden Bitterseen zwei natürliche, etwa 220 Quadratkilometer große Binnengewässer, die etwa halb so groß wie der Bodensee sind und zum Pausieren, vor allem aber als Ausweichplatz für entgegenkommende Konvois, genutzt werden. Der Suezkanal gilt neben der Chinesischen Mauer als eines der größten von Menschenhand erschaffenen Bauwerke. Realisiert hat ihn jedoch weder ein Chinese noch ein Ägypter oder ein Brite. Der Suezkanal ist das Werk des Franzosen Ferdinand Graf de Lesseps, gebaut mit Hilfe von Plänen des österreichischen Bauingenieurs Alois Negrelli. Die prunkvolle Eröffnung des Kanals am 17. November 1869 gehört sicher zu den spektakulärsten Ereignissen in der weltweiten Verkehrsgeschichte.

Inzwischen ist der Suezkanal knapp 150 Jahre alt. Doch die Idee zu diesem künstlichen Seeweg gab es schon sehr viel früher: vor über 3.000 Jahren. So soll bereits unter Pharao Sesostris I. (1956 bis 1910 v. Chr.) eine Verbindung zwischen Mittelmeer und Rotem Meer geschaffen worden sein. Nachweisbar realisiert wurde ein erster Kanal zwischen dem Nildelta und dem Roten Meer jedoch erst im 13. Jahrhundert v. Chr. entweder auf Anordnung des ägyptischen Herrschers Sethos I. oder von dessen Sohn Ramses II. Dieser frühe, auch als Bubastis-Kanal bezeichnete Wasserweg führte aber nicht direkt vom Mittelmeer über die Bitterseen ins Rote Meer, sondern weitgehend über den Nil. In den folgenden 1.000 Jahren wurde die Kanalidee immer wieder für längere Zeit vernachlässigt. Nachdem der erste »Suezkanal« im Lauf der Zeit versandet war, unternahm Pharao Necho II. (610 bis 595 v. Chr.) einen weiteren Anlauf, um den Nil durch das Wadi Tumilat mit dem Roten Meer zu verbinden. Auch der Perserkönig Darios I. (522 bis 486 v. Chr.) begann nach seiner Eroberung Ägyptens mit einem Kanalbauprojekt. Er ließ vom Mittelmeer aus einen Kanal zum Nil und weiter südlich vom Nil einen zum Roten Meer errichten, der von den Ptolemäern und später von den Römern unter Trajan (98 bis 117 n. Chr.) immer wieder erneuert wurde. In der Spätantike verfiel der Kanal. Eine letzte Wiederherstellung gab es unter arabischer Herrschaft im 7. Jahrhundert n. Chr. Am Ende scheiterten jedoch alle Bemühungen, den Kanal in einem guten Zustand zu halten. So wurde die Restauration im 8. Jahrhundert n. Chr. vom Abbassiden-Kalifen El-Mansur endgültig aufgegeben. Die Idee blieb dennoch stets lebendig, und es gab immer wieder Vorschläge für die Anlage eines Kanals durch die Landenge von Suez, die aber letztlich nie in die Praxis umgesetzt wurden. Im Mittelalter schlugen etwa die Venezianer dem Sultan von Ägypten einen Kanalbau vor, und im 17. Jahrhundert versuchte der Universalgelehrte Gottfried Wilhelm Leibniz den französischen König Ludwig XIV. dafür zu begeistern. Auch Kaiser Napoléon Bonaparte hatte ein Auge auf das Projekt geworfen. Schließlich sah er in Ägypten eine Art Vorposten zur Kontrolle der britischen Seegebiete und Kolonien im Indischen Ozean – bestens geeignet für einen möglichen Angriff auf die Engländer in Indien. Aber erst nach seiner Zeit kam das Projekt wieder ins Rollen.

Immerhin war Napoléon der Erste gewesen, der sich nach längerer Zeit wieder ernsthaft mit diesem Thema beschäftigte. Nach seiner Eroberung

Ägyptens setzte er 1799 eine Kommission ein, durch die die Machbarkeit einer direkten Kanalverbindung zwischen dem Mittelmeer und dem Roten Meer überprüft werden sollte. Der Verlauf war so geplant, dass die mittig zwischen dem Mittelmeer und dem Roten Meer liegenden Salzseen, der Timsahsee, der Mansalasee sowie der Große und der Kleine Bittersee – beide bilden eine einzige Wasserfläche –, in das Projekt eingebunden werden konnten. Die von Kaiser Napoléon beauftragten Ingenieure kamen zu dem Ergebnis, dass der Spiegel des Roten Meeres fast zehn Meter höher liegt als der des Mittelmeers. Damit erschien das Projekt undurchführbar, und die Verwirklichung eines Kanalbaus zwischen Port Said und Suez am Roten Meer geriet bis auf Weiteres wieder in Vergessenheit. Spätere Vermessungen in den 1840er Jahren zeigten jedoch, dass es zwischen den beiden Meeresspiegeln fast keinen Unterschied gab und sich die Ingenieure Napoléons geirrt hatten. Ein aufwendiger, kostspieliger Bau von Schleusen war demnach gar nicht notwendig und machte das Projekt wieder interessant.

Einer der Befürworter war erneut ein Franzose: der frühere französische Konsul in Kairo, Ferdinand Graf de Lesseps. Der 1805 in Versailles geborene Diplomat und Unternehmer hatte zunächst von 1825 bis 1849 eine Karriere im französischen diplomatischen Dienst gemacht und war in dieser

Geografische Lage des Suezkanals mit den Bitterseen

Funktion in Tunis sowie später in Ägypten, Rotterdam, Malaga, Barcelona und in Madrid. Schon während seiner Zeit als ägyptischer Vizekonsul von 1832 bis 1837 begann er mit der Planung eines Kanals, der die Meerenge von Suez durchqueren sollte.

Im Jahr 1850 beendete er seine Tätigkeit als Diplomat und ging nach Ägypten zurück, um sich voll auf die Planung und Realisierung des Suezkanal-Projektes zu konzentrieren. Seine Bestrebungen nahmen Fahrt auf, als Pascha Muhammad Said im Jahr 1854 Nachfolger auf dem Thron des Vizekönigs von Ägypten wurde. Denn mit dem neuen Vizekönig war de Lesseps schon seit Kindestagen befreundet, und so konnte er ihn für das ehrgeizige Projekt interessieren und schließlich gewinnen. Der Vizekönig – offiziell gehörte Ägypten nach wie vor zum Osmanischen Reich – erteilte trotz knapper Mittel eine vorläufige Konzession zum Bau eines Kanals von Port Said nach Suez, nachdem Ferdinand de Lesseps 1858 die Suezgesellschaft zur Finanzierung gegründet hatte: die »Compagnie Universelle du Canal Maritime de Suez«. Die Konzession zum Betrieb war auf 99 Jahre festgelegt. Nach Ablauf dieser Zeit sollten die Eigentumsrechte an die ägyptische Regierung übergehen. Die Gesellschaft war ursprünglich eine rein private Unternehmung, deren Kapital in erster Linie aus französischen und ägyptischen Quellen stammte. Die Kosten für den Bau sollte offiziell die Gesellschaft unter der Leitung von de Lesseps tragen. Doch obwohl ihre Wertpapiere auf allen großen Finanzplätzen der Welt angeboten wurden, konnten von den 400.000 Aktien nur 186.000 verkauft werden – über 90 Prozent davon erwarb allein der ägyptische Vizekönig.

Der Kanalbau erwies sich neben allen anderen technischen und fachlichen Fragen anfangs als ein großes wirtschaftliches Risiko. Darüber hinaus waren vor allem die Briten als führende Seemacht jener Zeit von diesem Bauprojekt überhaupt nicht begeistert, denn sie fürchteten um ihre Vormachtstellung zur See. Zu genau wussten sie, dass derjenige, der den Kanal beherrscht, bald auch den Zugang nach Asien dominieren würde. Ein Kanal in den Händen der Franzosen bedeutete eine gefährliche Bedrohung der Seemacht des »Empire« und auch seiner Kolonien in Indien. Vor diesem Hintergrund wird klar, dass die Briten alles daran setzten, dieses Kanalprojekt scheitern zu lassen. Vor allem beeinflussten sie den Sultan in Konstantinopel, der die Zustimmung zum Bau des Kanals verweigern sollte. Die diplomatischen Verhandlungen, Intrigen und politischen Einflussnahmen zogen sich über Jahre hin. Die Briten glaubten sich schon am Ziel, als der Sultan des Osmanischen Reiches 1866 doch noch seine offizielle Zustimmung gab. Eine anonyme »Spende« – wohl aus der Schatulle des Vizekönigs von Ägypten – soll ihm die Zustimmung erleichtert haben. Jedenfalls gehörte er nun ebenfalls zu den Fürsprechern des Suezkanals und die Briten hatten das Nachsehen.

Trotz knapper Mittel war bereits im April 1859 mit dem Bau des Suezkanals begonnen worden, und die finanziellen Schwierigkeiten hielten an. Zeitweise waren bei den Bauarbeiten bis zu 30.000 Arbeiter beschäftigt. Das Material dazu kam aus Europa: Werkzeuge, Kohle, Maschinen, Holzbohlen wurden auf der Donau abwärts durch den Bosporus und die

Der Initiator des Kanalprojekts: der französische Diplomat und ehemalige Konsul von Kairo, Ferdinand Graf de Lesseps

Dardanellen nach Port Said verschifft. Die Hafenstadt, benannt nach ihrem Förderer Said Pascha, entstand schnell im Zuge dieser Bauarbeiten und hatte ein halbes Jahr nach Baubeginn bereits 10.000 Einwohner. Etwa zehn Jahre wurde an der Fertigstellung des Suezkanals gebaut. Danach war Ferdinand de Lesseps großes Werk endlich vollbracht. Die Eröffnung wurde am 17. November 1869 feierlich begangen. Die Mächtigen jener Zeit waren auf Einladung des neuen ägyptischen Vizekönigs Ismail Pascha alle nach Port Said gekommen, um mit dabei zu sein: die französische Kaiserin Eugénie, der österreichische Kaiser Franz Joseph, der deutsche Kronprinz Friedrich von Preußen und der Bruder des Zaren, Großfürst Michael. Nur die Briten und auch der Sultan von Konstantinopel waren nicht dabei, da es zu dieser Zeit politische Auseinandersetzungen mit Ägypten gab, das damals noch immer unter der Oberhoheit des Osmanischen Reiches stand. Doch das störte wenig.

Mit Wertpapieren des »Canal Maritim de Suez« versuchte die Kanalbaugesellschaft ab 1858, die Baukosten des Suezkanals zu finanzieren.

Als schließlich der Normalbetrieb im Suezkanal begann, zeigte sich das ganze Desaster. Ob er anfangs bewusst gemieden wurde, bleibt unter dem Mantel der Geschichte verborgen. Auf jeden Fall wurde der so hoch gelobte Kanal zunächst kaum genutzt. Bis Ende 1870 durchfuhren ihn nur knapp 500 Schiffe, die vier Millionen Francs Gebühren bezahlten – und damit nur einen Bruchteil seiner jährlich erforderlichen Betriebskosten erwirtschafteten. 1873 fehlten bereits 20 Millionen Francs in der Kasse der Suez-Gesellschaft, und die Schulden Ägyptens stiegen unter anderem durch die Sudankriege, die der Vizekönig von 1871 bis 1874 führte, auf gut 2,5 Milliarden Francs an. Ägypten stand kurz vor dem Staatsbankrott und musste dringend seine Suezaktien verkaufen. Darauf hatten die Briten gewartet. 1875 erwarb die englische Regierung von dem in finanziellen Schwierigkeiten befindlichen Vizekönig Ismail Pascha Aktien im Wert von 100 Millionen Francs. Nur wenig später machten die Briten auch mit massiver militärischer Präsenz klar, dass sie von nun an die Herren des Suezkanals waren – bereit, ihre ureigenen Interessen und natürlich auch die »freie Seefahrt«, die sie in Gefahr sahen, durchzusetzen. Folgerichtig besetzte Großbritannien 1882 zunächst erst Ägypten und kurz darauf die gesamte Kanalzone.

Auf internationales Betreiben hin wurde am 29. Oktober 1888 mit der Suezkanal-Konvention von Konstantinopel ein wichtiger internationaler Vertrag geschlossen, der den Kanal offiziell für neutral erklärte. Diese völkerrechtliche Regelung garantierte die Freiheit der Schifffahrt im Kanal und galt auch für Kriegsschiffe aller Nationen in Kriegs- und Friedenszeiten. Großbritannien betrachtete den Kanal aber als lebenswichtig für die Aufrechterhaltung seiner Seemacht und der britischen Kolonialinteressen, vor allem für die Verbindung nach Indien. Deshalb ließ Großbritannien nicht locker und erklärte Ägypten im Dezember 1914 einfach zum britischen Protektorat. Frankreich, das zu dieser Zeit bei den Wirtschaftsbeziehungen zu Ägypten eine führende Rolle spielte, überließ den Briten den maßgeblichen Einfluss auf den Suezkanal leichtsinnig. Auch nach dem Ersten Weltkrieg änderte sich an der Kontrolle des Kanals wenig. 1936 erwarb Großbritannien trotz der zwischenzeitigen Selbstständigkeit Ägyptens das Recht, Streitkräfte in der Suezkanalzone zu stationieren und behielt damit für weitere Jahrzehnte die Kontrolle über die Kanalzugänge.

Als Gamal Abdel Nasser 1954 zum Staatspräsidenten Ägyptens geworden war, zeigte er sich alles andere als begeistert über die aus seiner Sicht unzulässige Einflussnahme auf sein souveränes Land. Deshalb verstaatlichte er am 26. Juli 1956 kurz entschlossen den Suezkanal und löste mit der Suezkrise einen weltweiten Konflikt aus. Briten, Franzosen und Israelis schickten Soldaten nach Ägypten, das wiederum Unterstützung von der Sowjetunion angeboten bekam. Nur weil die Vereinigten Staaten von Amerika besonnen reagierten und ihren europäischen Verbündeten den Rückhalt entzogen, blieb ein größerer Konflikt aus und der Suezkanal trotz »Säbelrasselns« weiter in ägyptischer Hand. Dank der Intervention der USA und der UdSSR kam es im Dezember zu einem Waffenstillstand. Nasser erklärte die Absicht Ägyptens, die Einnahmen aus dem Betrieb des Kanals zur Finanzierung des ebenfalls geplanten Assuan-Staudammes zu verwenden, dessen Finanzierung durch die USA und Großbritannien kurzfristig entfallen war. Zwischen der Verstaatlichung bis in die Mitte der 1970er Jahre behielt der Kanal vor allem in den Konflikten zwischen Ägypten und Israel eine wichtige Rolle und wurde immer wieder besetzt, blockiert und auch geschlossen. Ende 1975 gestattete Ägypten zunächst die Durchfahrt von nichtmilitärischen Gütern von und nach Israel. Die uneingeschränkte Nutzung des Suezkanals wurde den Israelis im Friedensvertrag mit Ägypten 1979 garantiert und gilt heute für Schiffe aller Art. Die Suezpassage dauerte um die Jahrhundertwende noch über 40 Stunden und ließ sich bis heute nur mit Mühe beschleunigen. Da große Schiffe sich während der Durchfahrt nicht ausweichen können, wurde der Kanalbetrieb als Einbahnstraße in Form von Konvois eingeführt, die zeitgleich in Port Said im Norden und Suez im Süden starten und sich in den in der Mitte gelegenen Bitterseen ausweichen können. An diesem Verfahren hat sich im Prinzip nichts geändert. Allerdings dauert die Durchfahrt dank besserer Technik und optimierter Abläufe nur noch bis zu 16 Stunden.

Aus finanzieller Sicht hat sich der Kanalbau von Ferdinand de Lesseps nach zahlreichen Anfangsschwierigkeiten letzten Endes aber doch gelohnt. Schon nach wenigen Jahren begann sogar der Wert der Suezkanal-

Aktien an der Pariser Börse zu steigen. Den größten Nutzen an der Suezpassage hatte anfangs Großbritannien. Im letzten Drittel des 19. Jahrhunderts diente der Kanal – nach der Übernahme der Kontrolle durch die Briten – in erster Linie dem britisch-indischen Güterverkehr, der bis zum Jahrhundertwechsel einen enormen Zuwachs erlebte. Bis zum Ersten Weltkrieg verdreifachte sich das Volumen der Suezpassage mit jährlichen Wachstumsraten von über zehn Prozent. Das Deutsche Reich stand seit 1890 an zweiter Stelle, nachdem die »Deutsche Ost-Afrika-Linie« ihren Schifffahrtsbetrieb von Hamburg nach Ostafrika aufgenommen hatte. Heute zählt der Suezkanal zu einer der am stärksten befahrenen Schiffsrouten der Welt. Nicht nur für den Containerverkehr zwischen Ostasien und Europa ist er von herausragender Bedeutung. Über den Suezkanal läuft zudem fast ein Zehntel der weltweiten Schiffsfracht, darunter auch ein erheblicher Teil an Öllieferungen. Bis zu 20.000 Schiffe passieren jährlich die Wasserstraße, wodurch der ägyptische Staat rund 20 Milliarden Dollar pro Jahr verdient. Damit ist der Suezkanal neben dem Tourismus die größte und sicherste Einnahmequelle des Landes.

Der wohl spektakulärste Seeweg der Welt

Der Korinth-Kanal

Künstliche Wasserwege gibt es schon lange – als kleine, mittlere und auch große Kanäle. In der Regel wurden sie aus ganz praktischen Erwägungen angelegt und boten vor allem den Menschen der direkten Umgebung Unterstützung im täglichen Leben. Zumindest drei dieser künstlichen Wasserstraßen verdienen jedoch zusätzlich noch ein weiteres Attribut: der Vorläufer des Suezkanals, der alte Kaiserkanal in China und vor allem der einzigartige Korinth-Kanal in der Mitte Griechenlands. Denn jeder ist auf seine Art einfach spektakulär.

Die ersten Kanäle der Erde wurden nach neueren Erkenntnissen vor etwa 5.000 Jahren in Mesopotamien in Teilen des heutigen Irak gebaut. Es waren gemauerte Be- und Entwässerungskanäle, die anfangs ausschließlich der Landwirtschaft dienten. Dann aber, vor fast 4.000 Jahren, entstand mit zunehmender Mobilität erstmals die fantastische Idee, zwei Meere miteinander zu verbinden. Damit sollte die Schifffahrt vereinfacht und der Seeweg verkürzt werden. Der historische Kanal zwischen dem Mittelmeer und dem Roten Meer, den Pharao Sesostris I. um 1950 v. Chr. in Auftrag gab, verlief vom Nildelta durch die ägyptische Sandwüste bis zur Nordspitze des Roten Meeres. Weil dieser Seeweg jedoch ständig versandete und immer wieder ausgehoben werden musste, wurde er 2.700 Jahre später endgültig aufgegeben. Der zweite berühmte Kanal des Altertums war der Kaiserkanal Chinas von Hangzhou nach Beijing (Peking). Erste Teilstücke wurden schon vor 2.400 Jahren errichtet. Doch bis zur Fertigstellung der fast 1.800 Kilometer langen Wasserstraße dauerte es noch bis zum Ende des 13. Jahrhunderts. Er ist damit der älteste noch heute genutzte Kanal der Erde. Und auch die Hellenen im antiken Griechenland träumten vor 2.600 Jahren bereits davon, die schmale Landenge, die die Halbinsel Peloponnes mit dem Festland verbindet, zu durchstechen, um dadurch eine direkte Schiffsverbindung vom Ionischen Meer in die Ägäis zu bekommen. Damit wollten sie sich den etwa 400 Kilometer langen Umweg um die Halbinsel Peloponnes ersparen – und gleichzeitig einen Seeweg umgehen, der wegen seiner vielfältigen Strömungen als recht gefährlich galt.

Lage des nur 3,2 Seemeilen langen Korinth-Kanals

Wer den Korinth-Kanal im Zentrum Griechenlands zum ersten Mal kennenlernt, wird mit Sicherheit eines tun: staunen, denn der Kanal von Korinth, dessen Seitenwände ungefähr 80 Meter steil nach oben ragen, wurde regelrecht aus dem Fels herausgeschnitten. Der Anblick ist atemberaubend. Um die Wasserstraße fertigzustellen, war es notwendig, das gesamte Felsgestein von Menschenhand über mehrere Kilometer abzutragen. Der geschaffene Graben war danach annähernd 90 Meter tief, etwa 3,2 Seemeilen lang und an seiner schmalsten Stelle gerade einmal 18,30 Meter breit. Die maximale Wassertiefe des Kanals, die ja ebenfalls mit ausgehoben werden musste, lag bei ungefähr acht Metern. Eine weitere technische Meisterleistung antiker Baumeister nach einer 2.600 Jahre alten Idee – könnten Sie beim Anblick des imposanten Kanals jetzt vielleicht glauben. Vergleichbar mit der Chinesischen Mauer und den Pyramiden von Gizeh? Mitnichten. So alt die Idee, diese schmale Landenge von Korinth zu überwinden, auch gewesen ist: realisiert werden konnte das ehrgeizige Projekt nach zwölfjähriger Bauzeit erst vor gut 100 Jahren.

Beeindruckend: die Kulisse innerhalb des Kanals während der Durchfahrt mit kirchturmhohen Steilwänden

Schon im 6. Jahrhundert v. Chr. wollte Periandros, der Herrscher von Korinth, die Meere Griechenlands durch einen Kanal miteinander verbinden. Doch er scheiterte an den technischen Herausforderungen. Immerhin war es dem klugen und weitsichtigen Korinther Periandros gelungen, eine zwar mühsame, aber immerhin nutzbare provisorische Lösung für den geplanten Kanal von Korinth anzulegen. Er ließ einen »Diolkos«, eine antike Schiffsgleitbahn, auf der Peloponnes errichten: ein 6 Kilometer langer, bis zu 5,5 Meter breiter und mit Steinen gepflasterter Weg, auf dem die vollständig entladenen und befestigten Schiffe auf besonderen Gleitschlitten über Land transportiert wurden. Da die griechischen Handelsschiffe sowie die als Trieren (Dreiruderer) bezeichneten Kriegsschiffe, die in den Perserkriegen und im Peloponnesischen Krieg eingesetzt wurden, recht klein waren, reichte die Muskelkraft von Sklaven aus, sie auf diese Weise über das Kopfsteinpflaster zu befördern. Die geladenen Güter wurden zwischenzeitlich von Ochsen und anderen Zugtieren auf die andere Seite der Landenge transportiert. Ein Teil dieser antiken »Schiffsstraßen« konnte in den letzten Jahrzehnten von Archäologen wiederentdeckt und freigelegt werden. Gut 600 Jahre nach Periandros mussten auch die römischen Versuche unter Julius Caesar (100 bis 44 v. Chr.) sowie den Kaisern Caligula (37 bis 41 n. Chr.), Nero (54 bis 58) und Hadrian (117 bis 138) aufgegeben werden. Auch spätere Versuche der Byzantiner scheiterten. Dass auch an anderer Stelle großen Machthabern ähnliche Bauprojekte misslangen, zeigt das Beispiel von Karl dem Großen, der um 793 n. Chr. auf deutschem Boden eine Kanalverbindung vom Rhein zur Donau anlegen wollte. Das Vorhaben scheiterte, weil die Hänge beim Einschnitt abbrachen. Eine technische Lösung für dieses Problem kannten die Experten damals noch nicht. Die Arbeiten an diesem unvollendeten Kanal, der sogenannten »Fossa Carolina« nahe Nürnberg, wurden erst gut 1.000 Jahre später im Jahr 1836 von Bayernkönig Ludwig I. wieder aufgenommen. Der 1846 unter dem Namen »Ludwig-Kanal« eingeweihte Wasserweg hatte allerdings in erster Linie patriotische Bedeutung.

Erst Ende des 19. Jahrhunderts gelang es, die uralte Idee eines Kanals bei Korinth in die Tat umzusetzen, denn erst zu diesem Zeitpunkt gab es die technischen Mittel für solche Großbauten. Innerhalb dieses Jahrhunderts wurden der Suezkanal (Baubeginn 1858) und der Panamakanal (Baubeginn 1881) in Angriff genommen – im selben Jahr wie der Korinth-Kanal. Die Baumaßnahmen auf der Peloponnes waren enorm aufwendig, und es dauerte bis 1893, bis der Korinth-Kanal fertiggestellt werden konnte. Nach der offiziellen Eröffnung fuhren am 6. August 1893 erstmals Schiffe durch den Kanal von Korinth. Die Realisierung dieses Vorhabens war die Erfüllung eines alten Menschheitstraums und zugleich ein technisches Meisterwerk, das wegweisend für die Zukunft sein sollte. Vor allem die zunehmende Internationalisierung des Handels führte in der zweiten Hälfte des 19. Jahrhunderts dazu, dass Ingenieurs-Expeditionen weltweit neue Wasserwege zu erschließen suchten, durch die sich Transportzeiten verringern bzw. Transportwege verkürzen ließen und damit für zusätzliche Gewinne sorgten. Nachdem der 1869 vollendete Suezkanal nach anfänglichen Schwierigkeiten finanziell erfolgreich betrieben werden konnte und sich auch der Panamakanal zu einem einträglichen Geschäft zu entwickeln schien, machte König Georg I. von Griechenland 1881 höchstpersönlich den ersten Spatenstich für den Korinth-Kanal. Zwölf Jahre lang bewegten danach 2.500 Arbeiter nach den historischen Plänen von Kaiser Nero über zwölf Millionen Kubikmeter Erde – und schufen damit eine technische Meisterleistung, die noch heute die Menschen beeindruckt. Dieser Kanalbau gehörte sicher zu den härtesten Bauprojekten der Erdgeschichte.

Dabei ist wohl nur den wenigsten bekannt, dass der kleine griechische Kanal von Korinth so etwas wie das unbeachtete »Patenkind« der glanzvollen Suezkanal- und der Panamakanal-Gesellschaften darstellte. Wichtigster Pate war der französische Erbauer des Suezkanals, Ferdinand Graf de Lesseps, der auch bei der Errichtung des Panamakanals eine Rolle spielte. Vor allem die Finanzierung des Korinth-Kanals wurde in ähnlicher Weise geregelt: durch die Einrichtung einer Kanalbaugesellschaft nach dem Vorbild der Panamakanal-Gesellschaft von de Lesseps, der »Société Internationale du Canal Maritime de Corinthe« (die Internationale Gesellschaft des Seekanals von Korinth) mit Sitz in Paris. Das geschah sehr zum Missfallen vieler griechischer Patrioten, die daraufhin im Jahr 1890 in Athen mit der »Société Hellénique du Canal de Corinthe«, der griechischen Gesellschaft des Kanals von Korinth, eine eigene Institution ins Leben riefen, um das prestigeträchtige Kanalprojekt in griechische Hände zu bekommen. Doch nur vier Jahre nach der Inbetriebnahme des Kanals unter Führung der neuen Gesellschaft musste auch diese liquidiert und 1907 in die in Athen ansässige Betriebsgesellschaft »Nouvelle Société du Canal de

Dieses Bild zeigt, wie unglaublich eng es bei der Passage durch den Korinth-Kanal zugeht.

Corinthe« (Neue Gesellschaft des Kanals von Korinth) überführt werden. Neben diesen organisatorischen Fragen kam es zudem in den folgenden Jahrzehnten aufgrund der schwierigen geologischen Gegebenheiten mit lockeren Gesteinsschichten immer wieder zu riesigen Erdstürzen, sodass der Kanal häufig über längere Zeiträume für den Verkehr geschlossen werden musste. Im Jahr 1944 ließen deutsche Truppen zur Absicherung ihres Abzugs sogar die Kanalwände sprengen. Sie versenkten Eisenbahnwaggons und anderes schweres Gerät im Kanal und machten ihn so für mehrere Jahre unpassierbar. Nach erneuter Inbetriebnahme in den 1950er Jahren übernahm ab 1980 die staatseigene »Corinth Canal Company« den Kanalbetrieb, bevor die Kanalbetriebsgesellschaft im Jahr 2001 privatisiert wurde. Obwohl der Korinth-Kanal aufgrund seiner Abmessungen keinerlei Passage größerer Schiffe erlaubt, ist das Verkehrsaufkommen auf diesem Wasserweg noch immer beachtlich.

Heute befahren jedes Jahr etwa 12.000 Schiffe aus über 50 Nationen diese künstliche Wasserstraße – und staunen zu Recht über eine wahrhaft beeindruckende Kulisse. Genauso gestaunt werden kann allerdings auch über die Kanalgebühr, die nach Ansicht zahlreicher Sportbootfahrer viel zu hoch ist. Ermittelt wird sie nach der absoluten Länge des Bootes (LÜA), die von der Betreibergesellschaft bei Bedarf gerne auch großzügig geschätzt wird, sollten keine offiziellen Dokumente dazu vorliegen. Der Korinth-Kanal ist, auf die Länge der Durchfahrtstrecke gesehen, der wohl teuerste Kanal der Welt.

Einer der meistbefahrenen Engpässe des Nordens

Der Nord-Ostsee-Kanal

Am 1. Juli 1890 schlossen das Deutsche Kaiserreich und Großbritannien ein Abkommen, das als »Helgoland-Sansibar-Vertrag« in die Geschichte eingegangen ist. Damit sollten die Kolonialstreitigkeiten der beiden Länder in Ostafrika, Südwestafrika sowie in Togo bereinigt und die Besitzansprüche der Inseln Helgoland (bisher britisch) und Sansibar getauscht werden. Allgemein bekannt ist, dass Helgoland von den Briten 1890 an die preußische Provinz Schleswig-Holstein zurückgegeben wurde und damit wieder deutsch wurde. Weniger bekannt ist jedoch, dass das vielfach größere Sansibar nie eine deutsche Besitzung war, sondern ein altes, unabhängiges Sultanat. Das tatsächliche Tauschobjekt für Helgoland war die kleine deutsche Kolonie Wituland in Ostafrika. Im Grunde ist auch daran nichts auszusetzen – bis auf die Tatsache, dass das freie Sansibar dem britischen Kolonialreich einverleibt wurde und Deutschland für einen kurzen Moment die Augen zudrückte. Was aber hat dieser Vertrag mit dem Nord-Ostsee-Kanal zu tun, werden Sie sich jetzt vielleicht fragen?

Als unter Wilhelm I. 1871 erstmals ein geeintes Deutsches Reich entstanden war und sich seiner Größe und Stellung in der Welt nach und nach bewusst wurde, forderte der Kaiser zunehmend den Anspruch Deutschlands auf weltweiten Kolonialbesitz ein – und damit seine Stellung als koloniale Großmacht. Mit diesem Vorhaben war ein wirksamer Schutz der verstreut liegenden Kolonialgebiete durch eine respektable Hochseeflotte eng verbunden. Sie wurde wenig später von Admiral Alfred von Tirpitz innerhalb kurzer Zeit systematisch aufgebaut. Im Zuge der militärischen Aufrüstung und des Aufbaus der deutschen Seemacht erwies sich eine große Wasserstraße zwischen der Nord- und der Ostsee als unabdingbare Voraussetzung für die geheime, ungehinderte Verschiebung von Flottenteilen zwischen den jeweiligen Seegebieten. Doch die dafür erforderliche Investition wäre mit Helgoland als englischem Vorposten direkt vor der eigenen Haustür zumindest militärisch sinnlos gewesen. Helgoland, das schon früher Wikingern und Piraten als Schlupfwinkel gedient hatte, galt als strategisch bedeutsam – als Flottenstützpunkt, zum Schutz der Mündungen von Weser und Elbe sowie des geplanten Nord-Ostsee-Kanals. Sowohl Reichskanzler Otto Fürst von Bismarck als auch Kaiser Wilhelm II. als großer Förderer des Flottenausbaus bemühten sich daher mit großem Nachdruck um den Erwerb der Hochseeinsel, um ihre Flotten- und Kolonialpolitik abzusichern. Ohne den Erwerb der Insel Helgoland durch den »Helgoland-Sansibar-Vertrag« von 1890 während der Bauphase des Kanals

Vertrag zwischen Deutschland und England über die Kolonien und Helgoland vom 1. Juli 1890

Die Unterzeichneten:
der Reichskanzler, General der Infanterie von Caprivi, der geheime Legationsrat im Auswärtigen Amt Dr. Krauel, der außerordentliche und bevollmächtigte Botschafter Ihrer britannischen Majestät Sir Edward Baldwin Malet, der Vorsteher der afrikanischen Abteilung Ihrer Majestät Auswärtigen Amtes, Sir Henry Percy Anderson ... haben nach Berathung verschiedener, die Kolonialinteressen Deutschlands und Großbritanniens betreffender Fragen namens ihrer Regierungen folgendes Abkommen getroffen: (Artikel I – X behandelt koloniale Besitzungen)

Artikel XI.
... Deutschland verpflichtet sich, die Schutzherrschaft Großbritanniens anzuerkennen über die verbleibenden Besitzungen des Sultans von Zanzibar mit Einschluß der Insel Zanzibar und Pemba ..., von wo die deutsche Schutzherrschaft zurückgezogen wird. ...

Artikel XII.
Vorbehaltlich der Zustimmung des britischen Parlaments wird die Souveränität über die Insel Helgoland nebst der Zubehörungen von Ihrer britischen Majestät an Seine Majestät den Deutschen Kaiser abgetreten ...

Berlin, den 1. Juli 1890.

hätte es wahrscheinlich nie einen fertigen Nord-Ostsee-Kanal gegeben – und möglicherweise auch keinen maritimen Verbindungsweg zwischen zwei Randmeeren, der als eine der meistbefahrenen künstlichen Wasserstraßen der Welt noch heute von größter Bedeutung ist.

Schon im Altertum und in der Antike haben Meerengen die Menschheit in China, Ägypten und Griechenland dazu angeregt, sie zu überwinden und später Brücken zu bauen, um ans andere Ufer zu kommen – und Landengen dazu, einen Verkehrsweg für den Quertransport von Wasser zu Wasser zu schaffen. Daher ist es nicht verwunderlich, dass sich auch die Landenge der dänisch-deutschen Halbinsel als Querweg für den Gütertransport zwischen Nord- und Ostsee anbot. Bis zur Verwirklichung der ersten Kanalideen im 7. Jahrhundert n. Chr. blieb den Seefahrern auf ihrem Weg zwischen Nord- und Ostsee nichts anderes übrig, als den zeitaufwendigen und zudem riskanten Kurs um das Kap Skagen zu nehmen. Die Jammerbucht in den südlichen Skagerrakgewässern Dänemarks trägt nicht umsonst ihren Namen, denn die Rate der Schiffsverluste war dort schon immer überdurchschnittlich hoch.

Erste ernsthafte Ideen zu einem Wasserweg quer durch die holsteinische Landenge hindurch hegten nach neueren Erkenntnissen schon die Wikinger. Ausschlaggebend für den ersten bedeutenden Verbindungsweg zwischen den beiden Küsten Schleswig-Holsteins war vor allem die Blütezeit der von den Wikingern an der Schleswiger Landenge angelegte Siedlung Haithabu aus dem 8. Jahrhundert n. Chr. Dieses Dorf wurde zum Fernhandelsplatz, an dem wichtige Handelsrouten zusammenliefen: in Nord-Süd-Richtung auf dem Land von Hamburg nach Jütland ebenso wie in Ost-West-Richtung auf dem Wasser. Die Schiffer nutzten, von Osten kommend, die Schlei als natürlichen Wasserweg. Er führte sie etwa 30 Kilometer landeinwärts bis zum Stützpunkt Haithabu. Um die Nordsee im Westen zu erreichen, mussten Boote und Ladung von dort aus nur wenige Kilometer über Land transportiert werden, um die Flüsse Eider, Treene oder die Rheider Au zu erreichen, die in Richtung Westen fließen. Etwas mühsam, aber es funktionierte.

Mit dem Aufkommen der »Deutschen Hanse« verlagerte sich der Handelsschwerpunkt in Richtung Lübeck, und die Idee einer künstlichen Wasserstraße zwischen den norddeutschen Handelsstädten erhielt neuen Auftrieb. Schließlich waren Kanäle in Norddeutschland über Jahrhunderte hinweg die wichtigsten Handelswege zum Transport von Menschen und Gütern. Ende des 14. Jahrhunderts wurde zum Beispiel der Stecknitzka-

Die Siedlung Haithabu mit Eider und Treene (um 800 n. Chr.)

nal gebaut, um den Warentransport von Lübeck nach Hamburg per Schiff zu ermöglichen. 1525 folgte der Alster-Beste-Kanal als weitere Verbindung zwischen diesen bedeutenden Hansestädten. Weitere Kanalprojekte waren im Laufe der Jahrhunderte von den politischen Machthabern Schleswig-Holsteins immer wieder vorgesehen. Doch sie wurden stets verworfen, bevor der erste Spatenstich getan war. Allein im 16. Jahrhundert entstanden zahllose Pläne, die Kieler Förde mit der Eider zu verbinden. Doch es vergingen noch weitere 200 Jahre, bevor 1777 begonnen wurde, die jahrhundertealte Idee zu realisieren. Der Eiderkanal, der auch Schleswig-Holsteinischer Kanal genannt und auf Befehl des dänischen Königs Christian VII. errichtet wurde, war der direkte Vorläufer des heutigen Nord-Ostsee-Kanals. Er wurde 1784 eröffnet und war zur damaligen Zeit ein überwältigender Bau und ein kleines Weltwunder. Der künstliche Wasserweg war fast 34 Kilometer lang, hatte sechs Schleusen und verband die Eider bei Woorde mit der Kieler Förde bei Holtenau. Über diese Kanalverbindung war es erstmals möglich, in einem Stück von der Nordsee in die Ostsee zu segeln, ohne die Boote über Land ziehen oder den Umweg über Skagen nehmen zu müssen. Gleichzeitig war der Kanal für die größeren Städte im Gebiet, insbesondere für Kiel, Rendsburg und Tönning, von Bedeutung. Die Finanzierung dieses ehrgeizigen Projektes hätte die dänische Staatskasse jedoch fast ruiniert. 1784 floss mehr als die Hälfte der gesamten Steuereinnahmen in den Bau des Kanals.

Erste Pläne für einen direkten Kanal zwischen Nordsee und Ostsee entstanden dann im Jahr 1848. Die Herzogtümer Schleswig und Holstein wollten sich von Dänemark loslösen und entwickelten deshalb den Plan eines Marinekanals zwischen Brunsbüttel und Kiel. Dadurch sollte auch die deutsche Handelsflotte einen Verbindungsweg zwischen den Meeren erhalten. Doch die Herzogtümer kamen zunächst vom Königreich Dänemark nicht los. Anlass für die Planung des neuen Kanals waren am Ende

Der vergleichsweise enge Eiderkanal von 1784 war der Vorläufer des heutigen Nord-Ostsee-Kanals.

rein militärstrategische Überlegungen, denn der alte Schleswig-Holsteinische Kanal war für einen Teil der deutschen Kriegsschiffe zu klein und galt als nicht ausbaufähig. Noch im Verlauf des Deutsch-Dänischen Krieges 1864 gab Otto von Bismarck die Anweisung, eine Wasserstraße zwischen Nord- und Ostsee zu entwerfen. Damit sollte es der deutschen Flotte möglich sein, jederzeit von der Ostsee in die Nordsee zu gelangen, ohne sich der Gefahr dänischer Kanonen auszusetzen. Der preußische Oberbaurat Lentze erhielt den Auftrag, eine »Untersuchung über die Ausführung eines für Handels- und Kriegsschiffe jeglicher Größe fahrbaren Kanals zwischen der Ost- und der Nordsee anzustellen«. Sein Entwurf ging vom holsteinischen Sankt Margarethen am Unterlauf der Elbe über Rendsburg bis nach Eckernförde. Doch er wurde nicht weitergeführt. Nicht zuletzt auch deshalb, weil der große Stratege und General Helmuth Carl Bernhard Graf von Moltke auf die Schaffung dieses Kanals weniger Wert legte als auf ein starkes Heer und eine starke Flotte. Er glaubte nicht an den militärischen Nutzen des Kanals.

Erst im Jahr 1878 gelang es dem Hamburger Reeder und Kaufmann Hermann Dahlström, mit seinen Vorstellungen zum Bau eines Verbindungskanals Gehör zu finden. Er betonte 1878 die wirtschaftliche Bedeutung eines Kanals zwischen Nord- und Ostsee mit einem Gutachten und belegte, dass ein Kanal zwischen Nord- und Ostsee durchaus in der Lage sei, Gewinne zu erzielen. Die damit zu erreichende Verkürzung des Seeweges, die sowohl militärische als auch wirtschaftliche Aspekte berücksichtigte, überzeugte schließlich die damalige Reichsführung. Aus dem von Dahlström anfangs privat geplanten Kanalbau, der ihm schnell den Spitznamen »Kanalström« eintrug, wurde ab 1880 dann ein nationales Großprojekt des neuen Deutschen Kaiserreiches: das »Reichsprojekt Nord-Ostseekanal«. Anfang 1886 wurde offiziell verkündet, dass ein für die deutsche Kriegsflotte geeigneter Seeschifffahrtskanal von der Elbmündung über Rendsburg in die Kieler Bucht hergestellt wird. Denn inzwischen hatten die damaligen Marinestrategen die Notwendigkeit erkannt, Kriegsschiffe der Flotte aus den Marinehäfen Wilhelmshaven und Kiel je nach Bedarf schnell und sicher in die Nord- oder Ostsee überführen zu können. Für Kaiser Wilhelm I. hatte der Kanal damals überwiegend militärische Bedeutung. Deshalb gab er schließlich auch seine Zustimmung. Am 16. März 1886 wurde das Reichsgesetz zum Bau des Kanals verabschiedet. Reichskanzler von Bis-

Heutige Lage des Nord-Ostsee-Kanals (seit 1895)

marck hatte zu diesem Zeitpunkt längst die Notwendigkeit erkannt, die damals im britischen Besitz befindliche Insel Helgoland von den Briten zu erwerben. So drängte er Leo von Caprivi, seinen Nachfolger im Amt des Reichskanzlers und preußischen Ministerpräsidenten, auf einen schnellen Vertragsabschluss des »Helgoland-Sansibar-Vertrages«, da sich sonst vor dem strategisch wichtigen, im Bau befindlichen Kanal ein englischer Brückenkopf befunden hätte. Ein Scheitern der Vertragsverhandlungen wäre möglicherweise das Ende des ehrgeizigen Bauvorhabens gewesen. Trotz aller Unwägbarkeiten durch die noch laufenden Verhandlungen mit den Briten erfolgte die Grundsteinlegung in Kiel-Holtenau am 3. Juni 1887 persönlich durch Kaiser Wilhelm I. Nach annähernd acht Jahren Bauzeit konnte am 21. Juni 1895 von dessen Neffen und Nachfolger Wilhelm II. am selben Ort ebenso feierlich der Schlussstein gelegt werden. Die Baukosten in Höhe von 156 Millionen Reichsmark übernahm das Reich. Zur allgemeinen Überraschung übergab der Kaiser den neuen Kanal nicht ohne Stolz seiner Bestimmung und nannte ihn »Kaiser-Wilhelm-Kanal«. Vorangegangen war dem feierlichen Akt ein Tag zuvor ein Schiffskorso, der von der kaiserlichen Yacht HOHENZOLLERN angeführt wurde. In der Zwischenzeit waren sich Deutschland und Großbritannien am 1. Juli 1890 zum Glück auch über den Helgoland-Sansibar-Vertrag einig geworden. Es war ein Glücksfall für die deutsche Marine. Helgoland wurde damit nach langer Zeit wieder deutsch – und die Nordsee war für die deutsche Flotte endlich frei.

Bedingt durch die parallel laufende, immer schneller voranschreitende Aufrüstung der Marine wurden die neuen Schiffe der deutschen Flotte immer länger und breiter. Auch ihr Tiefgang nahm zu. Daher musste die neue Wasserstraße schon sehr bald erweitert werden. Nur zwölf Jahre nach der feierlichen Einweihung wurde der Kanal ab 1907 erneut ausgebaut: auf 110 Meter Breite und elf Meter Tiefe. Die Bauarbeiten dauerten sieben Jahre und kosteten den Staat noch einmal fast 250 Millionen Reichsmark. Zur Finanzierung des Kanalbauprojekts und für den Aufbau der Kaiserlichen Hochseeflotte führte Wilhelm II. im Jahr 1902 eine Sekt- oder Schaumweinsteuer ein – eine Steuer, die übrigens nach wie vor erhoben wird und 2011 immerhin noch 422 Millionen Euro für den Bundeshaushalt einbrachte!

Im Zuge der beiden Weltkriege und der zwischenzeitlichen Wirtschaftskrise ließ die Nutzung des Kanals deutlich nach – und die Wasserstraße verfiel immer mehr. 1948 gaben die Alliierten die Anweisung, den Kaiser-Wilhelm-Kanal wieder in Nord-Ostsee-Kanal (NOK) umzutaufen. Anfang der 1960er Jahre ging es erstmals wieder bergauf. Die ständige Zunahme der Schiffspassagen macht aber auch deutlich, wie hoch der Modernisierungsbedarf inzwischen war. Ab 1965 begann daher der bislang letzte Umbau, der jedoch in Teilen noch immer nicht abgeschlossen ist. Der heute in der internationalen Schifffahrt auch »Kiel-Canal« genannte Seeweg hat eine Länge von 98,6 Kilometern. Er ist nach mehreren Erweiterungsarbeiten auf Höhe des Wasserspiegels 162 Meter breit, seine Wassertiefe beträgt weiterhin elf Meter. Der Verkehr fließt unter insgesamt zehn Hochbrücken mit einer Durchfahrtshöhe von 42 Metern hindurch. Zwei Tunnel, ein Fahrzeug- und ein Fußgängertunnel, wurden außerdem erbaut. Offiziell kann der innerdeutsche Kanal von Schiffen befahren werden, die eine maximale Länge von 235, eine maximale Breite von 32,50 und einen

Feierliche Grundsteinlegung des Nord-Ostsee-Kanals am 3. Juni 1887

Tiefgang bis zu sieben Metern haben. Da sich große Schiffe während der Durchfahrt nicht überall begegnen können, der NOK aber dennoch 24 Stunden am Tag in beide Richtungen befahrbar sein sollte, wurden zwölf Ausweichstellen errichtet, die als Weichen bezeichnet werden. So ist es möglich, dass große Schiffe ohne langes Warten zeitgleich von beiden Seiten den Kanal nutzen und sich vor der Begegnung innerhalb des Kanals ausweichen können. Interessantes Detail am Rande: Während die Anzahl der Schiffe (ohne Sportschifffahrt) zwischen 1996 und 2010 um 13,8 Prozent sank, erhöhte sich im selben Zeitraum die beförderte Tonnage um gut 75 Prozent. Gemessen an der Bruttoraumzahl (BRZ) – das ist eine dimensionslose Maßeinheit, die etwas über die Größe eines Schiffes aussagt – erhöhte sich das abgeleitete Transportvolumen in den letzten 15 Jahren sogar um fast 100 Prozent.

Vom Nord-Ostsee-Kanal, der nach wie vor zu den am meisten befahrenen künstlichen Wasserstraßen der Welt zählt, geht eine ganz besondere Anziehungskraft aus. Das liegt neben seiner landschaftlich reizvollen Lage sicher auch an der Vielzahl und Vielfalt der Schiffe, die den Seeweg befahren. Mehr als hundert Nationen nutzen den »Kiel-Canal« und verdeutlichen, dass hier der Weltverkehr zu Hause ist. Neben dem Suezkanal (1869) und dem Panamakanal (1914) gehört er zu den drei großen künstlichen Wasserstraßen der Welt. Obwohl die Nutzung der Wasserstraße leicht rückläufig ist, passieren ihn über das Jahr verteilt immer noch über 50.000 Schiffseinheiten – darunter annähernd 20.000 Sportboote und weit über 100 Kreuzfahrtschiffe – und damit mehr Fahrzeuge als den Panama- und den Suezkanal zusammen. Der NOK gilt vor allem noch immer als bedeutendes »Tor zur Ostsee« – als Hauptverkehrsader Nordeuropas, die Skandinavien und die baltischen Staaten an den Weltverkehr anschließt. Große Frachter und Kreuzfahrtschiffe verleihen ihm einen ganz besonderen Glanz und sind der Grund, warum sich immer wieder Tausende von Menschen an die Kanalufer begeben, um die riesigen Schiffe zu bestaunen und von fernen Ländern zu träumen. Das größte Kriegsschiff, das jemals den Nord-Ostsee-Kanal durchquert hat, war im September 1940 das 252 Meter lange legendäre deutsche Schlachtschiff BISMARCK. Als größtes Kreuzfahrtschiff wurde im Jahr 1998 die NORWEGIAN DREAM verbucht. Mit einer Länge von 232,40 Metern, einer Breite von 22,40 Metern und einem Tiefgang von 6,60 Metern sowie einer Bruttoraumzahl von über 50.000 war sie größer als die berühmte TITANIC.

Die einzige künstliche Wasserstraße zwischen zwei Ozeanen

Der Panamakanal

Am 4. September 2010 geriet der chinesische Massengutfrachter FORTUNE PLUM (Glückspflaume) in die internationalen Schlagzeilen. Mit einer Ladung von etwa 40.000 Tonnen Stahlerzeugnissen passierte er an jenem Tag vom Pazifik aus kommend den Panamakanal. Das wäre nicht einmal eine Erwähnung in der panamaischen Tagespresse wert gewesen, hätte es sich nicht um ein bemerkenswertes Jubiläum gehandelt: die einmillionste Schiffspassage durch die einzige von Menschenhand geschaffene direkte Verbindung zwischen zwei Weltmeeren.

Knapp 500 Jahre vor dieser Jubiläumsfahrt der FORTUNE PLUM hatte der Spanier Vasco Nuñez de Balboa vom an der Atlantikküste gelegenen Santa Maria de la Antigua del Darién aus – immerhin der ersten von Europäern gegründeten Siedlung auf dem amerikanischen Festland, die Bestand haben sollte – nach einem strapaziösen 25-tägigen Marsch die Landenge von Panama durchquert. Am 25. September des Jahres 1513 hatte er als erster Europäer das »Meer auf der anderen Seite«, so nannten die dort lebenden indianischen Ureinwohner den Pazifik, erblickt und mit dem üblichen Prozedere für die Spanische Krone in Besitz genommen. De Balboa nannte es das »Südmeer«, weil dieser Bereich Mittelamerikas in Ost-West-Richtung verläuft und das »andere Meer« folglich südlich davon liegt. Die Bezeichnung Pazifischer bzw. Stiller Ozean erhielt es erst sieben Jahre später von dem portugiesischen Seefahrer

Fernando Magellan, als dieser während der ersten Weltumsegelung in dieses Weltmeer vorstieß.

Nachdem klar war, dass de Balboa tatsächlich die andere Seite des amerikanischen Kontinents erreicht hatte, wollten die Spanier unbedingt eine natürliche Wasserverbindung zwischen beiden Ozeanen ausfindig machen. Da es diese jedoch nicht gab, suchten sie vergeblich danach. So blieben für den Handelsverkehr vorerst nur der mühsame Landweg durch die Regenwälder von Panama oder aber die zeit- und kostenaufwendige Umsegelung Südamerikas um Kap Hoorn herum oder durch die Magellanstraße hindurch. Angeblich soll bereits der spätere Kaiser des Heiligen Römischen Reiches Karl V., der als Carlos I. im Jahr 1516 König von Spanien geworden war, die Idee einer künstlichen Wasserverbindung angeregt haben. Doch bis es tatsächlich zu ersten ernsthaften Planungen für einen Kanalbau durch Panama kam, sollten noch dreieinhalb Jahrhunderte vergehen.

Obwohl das Thema zwischendurch immer wieder von Politikern auf der einen und Wissenschaftlern auf der anderen Seite aufgegriffen wurde, gelangten letztlich alle von ihnen bis Mitte des 19. Jahrhunderts zu dem Ergebnis, dass eine künstliche Wasserstraße nicht zu realisieren sei. Als eine schnelle Handelsverbindung von der amerikanischen Pazifik- zur Atlantikküste aufgrund von Goldfunden in Kalifornien immer wichtiger wurde, begannen 1848 in der panamaischen Region Darién die Arbeiten an einer interozeanischen Eisenbahnverbindung, die zehn Jahre darauf ihren Betrieb aufnahm. Ein weiteres Jahr später sorgte der Baubeginn eines Kanalprojektes in einer ganz anderen Region der Welt für Aufsehen: in Ägypten. 1859 begannen hier unter der Leitung des französischen Juristen und Diplomaten Ferdinand Graf de Lesseps die Bauarbeiten am Suezkanal zwischen dem Mittelmeer und dem Roten Meer, der 1869 eröffnet wurde. Dies war für die potenziellen Investoren, allen voran Franzosen, eine Art Startschuss, sich jetzt intensiver mit der Realisierung einer Kanalverbindung zwischen dem Pazifik und dem Atlantik zu befassen.

Bereits 1871 kamen Geografen, Ingenieure und Geologen aus mehr als 20 verschiedenen Nationen in Antwerpen zusammen, um hier im Rahmen des ersten Internationalen Geografischen Kongresses die Möglichkeiten eines solchen Projektes auszuloten. Doch erst bei der darauffolgenden Zusammenkunft dieser Spezialistengruppe 1875 in Paris wurden Nägel mit Köpfen gemacht und die Internationale Gesellschaft des Interozeanischen Kanals von Darién (»Société Civile Internationale du Canal Interocéanique du Darién«) gegründet. In den beiden Folgejahren erkundeten zwei Expeditionen vor Ort die Möglichkeiten der Realisierung des Projekts, und im März 1878 erwarb die Kanalgesellschaft von Kolumbien – Panama war zu jener Zeit eine kolumbianische Provinz – die Konzession zum Bau des Kanals und das Recht, ihn nach seiner Fertigstellung 99 Jahre lang zu betreiben. Ein Jahr später übernahm die neue Panamakanal-Gesellschaft unter ihrem Präsidenten Ferdinand de Lesseps die Konzession mit dem Ziel, eine Aktiengesellschaft zu gründen, um ausreichend Kapital für das Projekt zu beschaffen.

Weil der Suezkanal nach anfänglichen wirtschaftlichen Schwierigkeiten inzwischen erfolgreich betrieben wurde, hatte das zu diesem Zweck zusammengestellte Bankenkonsortium keine Mühe, genügend Käufer für die 600.000 Aktien der 1881 gegründeten Aktiengesellschaft, der »Compagnie Universelle du Canal Interocéanique de Panamá«, zu finden. Im Gegenteil: Die Nachfrage überstieg das Angebot bei weitem – die Aktienausgabe war also stark überzeichnet. Wie der Suezkanal hatte de Lesseps die Wasserstraße durch Panama als einen schleusenlosen sogenannten Niveaukanal konzipiert, der parallel zur Eisenbahnstrecke zwischen Colón am Atlantik und der Stadt Panama am Pazifik verlaufen und nach sechs Jahren Bauzeit fertiggestellt sein sollte.

Im Januar 1881 erfolgte unter der Leitung des bereits 75-jährigen de Lesseps der erste Spatenstich. Doch das Vorhaben startete wenig erfolgversprechend, da die in US-amerikanischem Besitz befindliche Panama-Eisenbahngesellschaft ungeachtet der erworbenen Konzession das Verkehrsmonopol auf dieses Gebiet besaß und die Panamakanal-Gesellschaft nur durch den überteuerten Erwerb der »Panama Railroad« für 20 Millionen US-Dollar an die Verkehrsrechte gelangte. Doch das war erst der Anfang. Von Beginn an starben außergewöhnlich viele Arbeiter an Tropenkrankheiten wie Malaria und Gelbfieber oder an ansteckenden Krankheiten wie Cholera und Ruhr. Auch deshalb gingen die Arbeiten nur schleppend voran, und die Kosten stiegen weit über die geplante Summe hinaus, weshalb immer neue Anleihen ausgegeben werden mussten. Als die Gesellschaft 1885 erstmals offiziell von Schwierigkeiten sprach, begann ihr Aktienkurs zu bröckeln. Nachdem ein Jahr später bekannt wurde, dass bis dahin erst ein Sechstel der geplanten Erdmassen ausgehoben war, sackte der Kurs noch mehr ab, und die Kapitalbeschaffung wurde immer schwieriger.

Aufgrund der wirtschaftlichen und technischen Probleme änderte de Lesseps seine ursprünglichen Pläne und schloss 1887 mit seinem Landsmann, dem Ingenieur Gustave Eiffel, einen Vertrag zur Herstellung eines innerhalb von drei Jahren zu vollendenden Schleusenkanals. Die Finanzierung der Mehrkosten sollte über eine Art Staatslotterie gesichert werden. Um die dafür erforderliche Zustimmung durch die französische Nationalversammlung zu erhalten, flossen Bestechungsgelder in erheblichem Umfang an zahlreiche Abgeordnete, während Journalisten und andere Persönlichkeiten des öffentlichen Lebens mittels Geldzahlungen dazu bewogen wurden, gute Stimmung zugunsten der Lotterie zu verbreiten – vergeblich. Trotz der Bestechungen und der Versuche, die Öffentlichkeit über die Medien zu täuschen, konnte das notwendige Kapital nicht annähernd beschafft werden. Im Dezember 1888 war die Gesellschaft zahlungsunfähig, und die Bauarbeiten wurden eingestellt. Anfang Februar 1889 verfügte ein Gericht ihre Auflösung, und als drei Jahre später das ganze Ausmaß des Bankrotts – etwa 800.000 Anleger hatten ein Gesamtvermögen von über 1,8 Millionen Francs in Gold verloren – ans Tageslicht kam, entpuppte sich das französische Panamakanal-Projekt als der größte Finanzskandal des 19. Jahrhunderts. Übrigens: Einen Monat nach Auflösung der Gesellschaft, im März 1889, war eine andere Auftragsarbeit von Gustave Eiffel erfolgreich fertiggestellt und feierlich ihrer Bestimmung übergeben worden: der Pariser Eiffelturm.

Ende 1894 hatte die französische Auffanggesellschaft »Compagnie Nouvelle du Canal de Panamá« die Fortführung der Arbeiten wieder in Erwägung gezogen. Doch auch jetzt konnte dieses Vorhaben mangels finanzieller Mittel nicht realisiert werden. Damit lag das Projekt vorerst für mehrere Jahre auf Eis. Inzwischen aber hatten die USA die enorme strategische Bedeutung einer Wasserverbindung vom Pazifik zum Atlantik durch Mittelamerika sowohl für ihre Handelsinteressen als auch für ihre militärischen Zwecke erkannt. Als 1901 der ehemalige stellvertretende US-Marineminister Theodore »Teddy« Roosevelt das Amt des Präsidenten der Vereinigten Staaten von Amerika übernahm, kam neuer Schwung in das Kanalprojekt. Denn Roosevelt befürwortete im Gegensatz zu der bisher in den USA bevorzugten Lösung eines Kanals durch Nicaragua diejenige durch Panama – zumal er die Chancen erkannte, die ein Erwerb der nach wie vor im Besitz der Auffanggesellschaft befindlichen Konzession bedeutete. So kauften die USA ihr 1902 die Rechte inklusive der bereits geleisteten Arbeiten, von denen weit mehr als ein Drittel verwendet werden konnte, als Gesamtpaket für 40 Millionen US-Dollar ab und boten Kolumbien im Januar 1903 weitere 25 Millionen US-Dollar für die Kontrolle über ein Kanalgebiet mit einer Breite von jeweils acht Kilometern beidseits der geplanten Hauptfahrrinne. Doch Kolumbien lehnte das Angebot ab. Daraufhin schlossen die USA einen Geheimvertrag mit der panamaischen Freiheitsbewegung und versprachen, die Region bei ihrer Trennung von Kolumbien zu unterstützen. Als Gegenleistung erhielt der neu gegründete Staat Panama – Kolumbien wurde durch eine starke Präsenz von US-Kriegsschiffen vor der Küste während des unblutigen Umsturzes im November 1903 von einem Eingreifen abgehalten – zehn Millionen US-Dollar sowie ab 1913 eine Teilhabe an den künftigen Einnahmen aus den Kanalgebühren in Höhe von jährlich 250.000 US-Dollar. Dafür gestand Panama den USA die Kanalbaurechte und die Hoheit über die insgesamt 84.000 Hektar umfassende Kanalzone zu. Damit war der Weg frei für die Weiterführung des Kanalprojekts.

Die Arbeiten wurden zwar schon Anfang 1904 wieder aufgenommen, ihr Fortgang litt jedoch anfänglich unter einer miserablen Organisation und mangelnder Qualifikation auf allen Ebenen. Als schließlich auch die gesundheitlichen Probleme durch Tropen- und ansteckende Krankheiten wieder einsetzten und zu Arbeitsausfällen sowie einer regelrechten Fluchtwelle von Arbeitskräften führten, machte Präsident Roosevelt das Projekt zur Chefsache. Er löste die bisher aus sieben Personen bestehende Kommission im April 1905 durch eine dreiköpfige ab. Entscheidend war zwei Monate später die Übergabe der technischen Leitung an den neuen Chefingenieur John Stevens. Innerhalb von zwei Jahren konnte er die organisatorischen, logistischen sowie hygienischen Mängel grundlegend beseitigen und damit die Basis für eine erfolgreiche Fortsetzung des Projekts schaffen.

Am 5. Februar 1906 fiel die Entscheidung gegen einen Niveaukanal auf Meereshöhe zugunsten des sogenannten Gatún-Planes, der eine Schleusenlösung vorsah. Dazu musste auf der Atlantikseite der Fluss Chagres mit einem gewaltigen Damm aufgestaut werden. Innerhalb von acht Jahren entstand dort der Gatúnsee, der zweitgrößte jemals von Menschen geschaffene Stausee der Welt. In seiner Mitte verläuft die Fahrrinne eines Teils des Kanals. Doch das war nicht die einzige Meisterleistung der Bauingenieure, denn auf der Pazifikseite standen sie vor einem weiteren großen Hindernis. Dort verlief der Culebra-Bergrücken quer zum geplanten Kanalgraben. Tausende von Arbeitern und Technikern machten sich daran, diesen Berg von 96 auf zwölf Meter über dem Meeresspiegel abzutragen – und das bei einer Breite von oben bis zu 550 und unten mehr als 90 Metern sowie über eine Entfernung von 13,5 Kilometern. Die abgetragenen Erdmassen verwendeten sie zur Aufschüttung des Gatún-Staudammes. Nach jahrelanger Arbeit – inzwischen unter Leitung des neuen Chefingenieurs George Washington Goethals – war im Oktober 1913 der Durchbruch geschafft, und die Wasser des Gatúnsees konnten nun auch durch das letzte Kanalstück, den sogenannten Culebra-Graben, in Richtung Pazifik fließen. Zusätzlich waren die Schleusenanlagen entstanden, um die Schiffe auf die Höhe des Gatúnsees von 26 Metern über dem Meeresniveau anzuheben und entsprechend abzusenken.

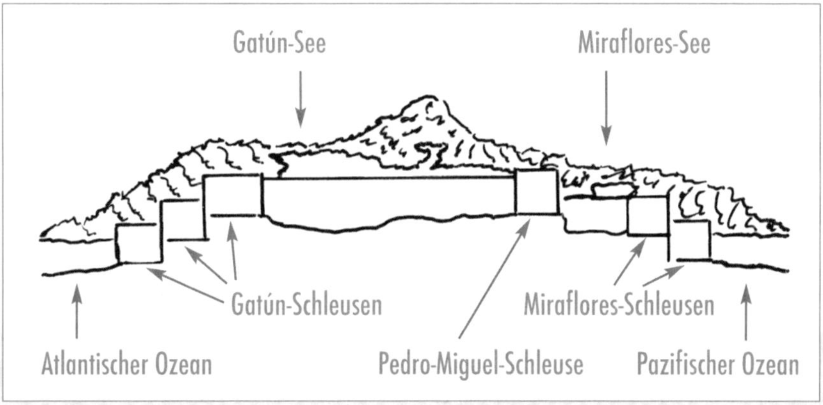

Skizze mit dem Querschnitt des Panamakanals vom Atlantischen zum Pazifischen Ozean

Mit der Fertigstellung des Panamakanals war eine der größten Bauleistungen in der Geschichte der Menschheit vollendet. Die Kosten von 1904 bis 1914 beliefen sich auf 385 Millionen US-Dollar, was auf heutige Verhältnisse umgerechnet mehr als acht Milliarden US-Dollar entsprechen dürfte. In den zehn Jahren amerikanischer Bautätigkeit wurden rund 75.000 Männer vor allem aus der Karibik eingesetzt, die für den Kanal über 177 Millionen Kubikmeter Erdreich bewegten. Allerdings kamen während dieser Bauperiode auch über 5.500 Arbeiter durch Unfälle oder Krankheiten ums Leben. Das waren im Vergleich zu den ca. 22.000 Todesfällen während der französischen Bauphase von 1891 bis 1898 zwar vergleichsweise wenig, aber angesichts der Gesamtzahl von ca. 27.500 Toten beim Bau dieses zivilen Projektes um die Wende vom 19. zum 20. Jahrhundert war das ein verdammt hoher Preis.

Am 15. August 1914 sollte der Panamakanal mit der Durchfahrt der US-Kriegsflotte feierlich eröffnet werden. Da jedoch nur wenige Tage zuvor

Die S.S. ANCON, wie sie am 15. August 1914 als erstes Schiff den neu eröffneten Panamakanal durchfährt

in Europa der Erste Weltkrieg ausgebrochen war, sagten die Verantwortlichen die geplanten Eröffnungsfeierlichkeiten kurzerhand ab – sie wurden 1920 nachgeholt. Stattdessen befuhr der Dampfer ANCÓN an jenem Tag offiziell als erstes Schiff die neue Wasserstraße. Allerdings hatten inoffiziell zwei Wochen zuvor sein Schwesterschiff, die SS CRISTÓBAL, sowie bereits Anfang Januar 1914 das französische Kranschiff ALEXANDRE LA VALLEY im Rahmen der Bauarbeiten den Kanal vollständig durchfahren.

Nachdem der Kanal und die Kanalzone jahrzehntelang völlig unter US-Verwaltung standen, unterzeichneten der damalige US-Präsident Jimmy Carter und der panamaische General Omar Torrijos ein Vertragswerk, das am 1. Oktober 1979 in Kraft trat und die schrittweise Übergabe des Kanals und der Kanalzone an Panama festschrieb. Am 31. Dezember 1999 um 12.00 Uhr mittags gingen die Rechte vollständig auf Panama über. Allerdings musste sich der neue Eigentümer dazu verpflichten, diese Rechte im Dienste des freien Welthandels nicht zu missbrauchen und demokratische Verhältnisse im Land selbst zu gewährleisten. Für den Fall der Nichteinhaltung dieser Voraussetzungen haben sich die USA vorbehalten, notfalls auch militärisch einzugreifen.

Zur Zeit fahren täglich etwa 42 Schiffe durch den Kanal, die für die knapp 82 Kilometer lange Strecke je nach Verkehrsaufkommen acht bis zwölf Stunden benötigen. Sie müssen dafür eine Gebühr entrichten, die sich an der Größe des kommerziell genutzten Schiffsraumes orientiert: im Durchschnitt gegenwärtig ca. 48.000 US-Dollar. Die höchste Gebühr be-

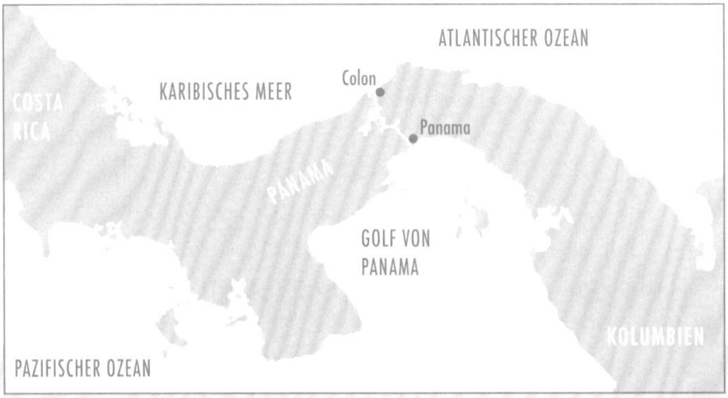

Aufgrund der geografischen Lage Mittelamerikas und des Nord-Süd-Verlaufs des Panamakanals befindet sich seine Einfahrt vom Pazifik – also von Westen – her kommend weiter östlich als die Ausfahrt in den Atlantik hinein, der sich bekanntlich an der Ostseite des amerikanischen Kontinents befindet.

zahlte im Mai 2008 die Reederei des panamaischen Containerschiffs MSC FABIENNE mit 317.142 US-Dollar. Dagegen betrug der niedrigste Preis für eine Passage gerade einmal 36 US-Cent: Eingestuft nach dem günstigsten Tonnagemaß für ein Schiff, musste der US-Amerikaner Richard Halliburton diesen Preis bezahlen, als er den Panamakanal 1928 als erster Mensch durchschwamm – inklusive aller sechs Schleusen. Als Gegenleistung für die Gebühr sparen die Schiffe auf der Route zum Beispiel von New York nach San Francisco knapp 7.900 Seemeilen oder 14.560 Kilometer gegenüber

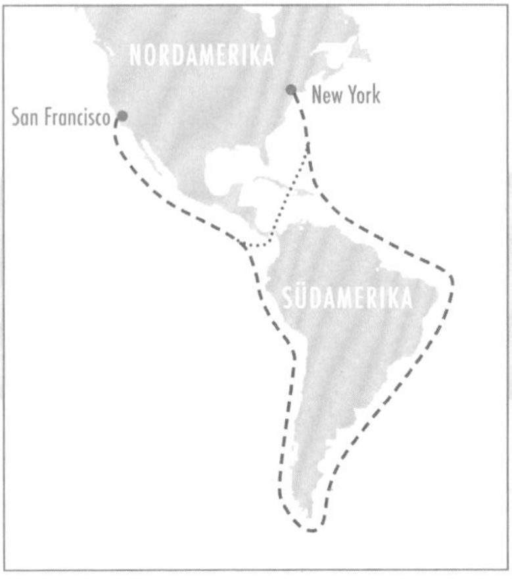

Fast 15.000 Kilometer bzw. beinahe 8.000 Seemeilen sparen Schiffe durch den Panamakanal gegenüber dem Weg um Südamerika herum auf dem Weg von New York nach San Francisco.

der Strecke, die sie ohne den Kanal um Südamerika herum fahren müssten. Von New York nach Japan beträgt die Ersparnis ca. 2.600 Seemeilen (ca. 4.800 Kilometer) und von Ecuador nach Europa ca. 4.320 Seemeilen, bzw. etwa 8.000 Kilometer.

Um die Zukunft des Panamakanals zu sichern, wurde am 3. September 2007 mit einem aufwendigen Ausbau des Kanals begonnen, weil er für die großen Öltanker, Container- und Passagierschiffe ebenso wie für die modernen Flugzeugträger der US-Marine einfach zu klein geworden ist. Daher wird international auch zwischen den »Panamax«- und den »Postpanamax«-Schiffen unterschieden. Während die Schiffe der erstgenannten Klasse aufgrund ihrer Abmessungen gerade noch so durch den Panamakanal passen, können ihn die letztgenannten nicht passieren. Das »Nadelöhr« sind die Schleusen. Hauptziel des auf gut fünf Milliarden US-Dollar – Kritiker rechnen mit erheblich mehr – veranschlagten Ausbauprojektes ist daher eine Vergrößerung der sechs Schleusen von derzeit jeweils 34 auf 55 Meter Breite und von 305 auf 427 Meter Länge. Die Fertigstellung ist für 2014 geplant – also zum 100-jährigen Jubiläum der ersten Kanaldurchfahrt.

Bildnachweis (s/w-Bebilderung im Text):

S. 12: Cheopspyramide; Quelle: Wikipedia, Freie Enzyklopädie; Urheber unbekannt / S. 14: Ägyptische Puntflotte, Wandmalerei im Grabtempel der Hatschepsut; Zeichnung von Torgay Säve-Söderbergh / S. 28: Modell einer Triere, Deutsches Museum München, Foto: Matthias Kabel / S. 31: Tetradrachme mit Kopf Alexanders des Großen, Quelle: Münzenhandlung Ritter, Düsseldorf / S. 48: Kreuzritter; Gemälde (ca. 1630) Urheber unbekannt / S. 51: Balboa; Lithograph: Annie C. Cady; LC-USZ62-3016 Library of Congress, Prints and Photographs Division / S. 53: James Cook, Gemälde von William Hodges aus dem National Maritime Museum, London / S. 65: Historisches Bildnis der Warägergarde, Urheber unbekannt / S. 66: Schiffsmotiv, Teppich von Bayeux, Wikipedia, Freie Enzyklopädie / S. 71: Löwe von St. Markus; Quelle: Palazzo Ducale, Venedig / S. 73: Marine-Flagge Italiens; Quelle: World Flag Database, Urheber: Denelson83 / S. 78: Vertrag von Tordesillas; Foto: Joserebelo, Biblioteca Nacional de Lisboa / S. 83: Gemälde Heinrich der Seefahrer, Nuno Gonçalves, National Museum of Ancient Art, Lisabon / S. 87: Osman I.; Gemälde von unbekannt / S. 95: Mustafa Kemal Atatürk; Urheber: unbekannt / S. 99: Kaufvertrag Manhattan, 5. November 1626, Quelle: Wikipedia, Freie Enzyklopädie / S. 101: Symbol der Niederländischen Ostindien-Kompanie; Quelle: VOC-Amsterdam.svg; Urheber: Golradir / S. 104: Michiel de Ruyter; Gemälde von Ferdinand Bol, Niederlande / S. 107: Stonehenge; Foto: Heinz-Josef Lücking/ S. 108: Artus, Wikipedia / S. 108: Robin Hood, Wikipedia, Olaf1541 / S. 108: Sheriff von Nottingham, Wikipedia / S. 110: Porträt von Heinrich VIII.; Wikipedia, Freie Enzyklopädie, Urheber: Hans Holbein der Jüngere, etwa 1537 / S. 112: Porträt von Oliver Cromwell; Quelle: National Portrait Gallery, London, Urheber: Robert Walker, ca. 1658 / S: 119: Britischer Flugzeugträger; Wikipedia – www.netmarine.net / S. 123: Flagge des Kurfürstentums Brandenburg, 17. Jahrhundert, Urheber: Elbarto2323 / S. 126: Familie Kaiser Wilhelms II.; Quelle: Deutsches Bundesarchiv, Bild 146-2008-0152, Urheber: Julius Cornelius Schaarwächter 1896 / S. 129: Einsatzgruppenversorger Berlin; PIZ Marine / S. 141: Russischer Doppeladler; Quelle: Alex Tora (basierend auf Marcin Bielski, Kronika Polska – Krakow 1597 / S. 144: Andreaskreuz, Flagge der russischen Marine, Urheber: Zscout SeNeKa / S. 146: Zimmermannszeugnis von Zar Peter dem Großen (Deckname Pjotr Michailow), Original in Moskau, Zentrales Staatsarchiv „alter Akten", 9/1/28/I/24 Routes; Nachbau: Atelier Siems / S. 148: Schiff Pieter und Paul; Gemälde von Abrahm Storck, um 1700 / S. 150: Peter der Große, Gemälde von Paul Delaroche 1838 / S. 152: Seeschlacht bei Lissa 1866; Gemälde von Kappler (1908); Quelle: Österreichs Hort. Geschichts- und Kulturbilder aus den Habsburgischen Erbländern, Wien 1908, Band 2, Seite 449 / S. 156: Schlachtschiff Viribus Unitis 1912, Wikipedia, Freie Enzyklopädie, Urheber: unbekannt / S. 163: Cardinal Richelieu; Gemälde von Philippe de Champaigne (etwa 1637) aus der National Gallery, London / S. 164: Karte von Marseille; Kartograf: Franz Hogenberg um 1575 / S. 169: Boston Tea Party; Urheber: Daniel Chodowiecki, 1726-1801; Quelle: cph.3a02240 Library of Congress, Prints and Photographs Division / S. 185: Funktionsweise eines Treibankers; Skizze:: Weber/ Siems / S. 189: Trojanisches Pferd; Fotografie (2011) Privat / S. 194: Bosporus Burg Rumeli Hisari; Foto: Radomil talk / S. 199: Straße von Hormus, ddp images / S. 205: Kaiserkanal; Fotografie (2010); privat / S. 206: Pagode am Kaiserkanal Fotografie (2010); privat / S. 212: Ferdinand de Lesseps; Quelle: web4.si.edu/sil/scientific-identity/display_results.cfm?alpha_sort=N / S. 213: Suezkanal-Anleihe, 1858; Foto: Privat / S. 218: Korinth-Kanal Ansicht, 2011 privat / S. 220: Korinth-Kanal; Foto: Dieter Müller, Antdorf / S. 227: Nord-Ostsee-Kanal Vertrag, Nachbau: Atelier Siems / S. 229: Grundsteinlegung Nord-Ostsee-Kanal von 1887, Urheber: Fritz Stoltenberg / S. 236: Querschnitt des Panamakanals; Skizze: Weber/Siems / S. 237: ANCON Panamakanal; © Corbis / Seekarten: Seite 9, 10, 11, 18, 21, 26, 30, 34, 37, 41, 42, 46, 55, 57, 62, 64, 69, 79, 80, 81, 91, 93, 102, 116, 122, 139, 154, 166, 170, 173, 177, 183, 186, 191, 197, 203, 210; 217, 223, 224, 226, 238, 238, Quelle: Grafisches Atelier Lothar Siems, Vechelde

Bildnachweis (Farbbildteil und Umschlag):

S. 130: Sonnenbarke des Cheops, Gizeh, Foto: Berthold Werner / S. 131 oben: Bild zur ägyptischen Expedition nach Punt unter Hatschepsut, Foto: Hans Bernhard (Schnobby) / Seite 131 unten: Gemälde zur Eroberung Jerusalems, Original: England, um 1200 n. Chr. / S. 132–133: Weltkarte ORBIS TERRARUM, Petrus Plancius, Niederlande, 1594 / S. 134 oben: Mehmet II. beim Kampf um Konstantinopel, Gemälde von Fausto Zunaro (1854–1929) / S. 134 unten: Porträt von Queen Elizabeth I. von England mit Armada, Ölgemälde von George Gower, um 1588 / S. 135: Ölgemälde zur Schlacht von Chesme 1770, Iwan K. Aiwasowski 1848 / S. 136 oben: Brandenburgische Marine auf offener See, Ölgemälde von Lieve Pietersz. Verschuier, Niederlande, 1684 / S. 136 unten: Gemälde zum ersten Salut für das Segelschiff Andrew Doria 1776 der US-Navy, Phillips Melville, U.S. Navy Art Collection, Washington, D.C. / S. 137: Unabhängigkeitserklärung der Vereinigten Staaten von Amerika, 4. Juli 1776, Urheber William Stone / Umschlagklappe (U3): Porträt von Norbert Vörding; Foto: Marek Kruszewski, Braunschweig; Porträt von Andreas Weber; Foto: Jonas Weber, Braunschweig / Rücktitel (U4): Schiffsmotiv, Teppich von Bayeux, Wikipedia, Freie Enzyklopädie / Titelbild: © Freesurf-Fotolia.com/Verlag